《铁路技术管理规程（普速铁路部分）》条文说明

（第一次修订）

上册

《技规》条文说明编写组

中国铁道出版社有限公司

2025年·北 京

内 容 简 介

中国铁路总公司《铁路技术管理规程》(简称《技规》)条文说明按照高速铁路部分和普速铁路部分分别编写，每部分分为上、中、下三册，共六册。上册是《技规》总则和第一编技术设备的条文说明，其中技术设备包括基本要求，线路、桥梁及隧道，信号、通信，铁路信息系统，车站及枢纽，机车车辆，供电、给水，房屋建筑，铁路用地。中册是《技规》第二编行车组织的条文说明，其中普速铁路部分包括基本要求、编组列车、调车工作、行车闭塞和列车运行。下册是《技规》第三编信号显示的条文说明，包括基本要求、固定信号、移动信号及手信号、信号表示器及标志、听觉信号。为便于读者学习，在每条说明前都附有条文。

图书在版编目(CIP)数据

《铁路技术管理规程(普速铁路部分)》条文说明：第一次修订．上册/《技规》条文说明编写组编．—北京：中国铁道出版社，2018．5(2025．8 重印)
ISBN 978-7-113-24418-7

Ⅰ．①铁…　Ⅱ．①技…　Ⅲ．①铁路运输-技术管理-管理规程-中国　Ⅳ．①U29-65

中国版本图书馆 CIP 数据核字(2018)第 073517 号

书　　名：《铁路技术管理规程(普速铁路部分)》条文说明(第一次修订)　上册
作　　者：《技规》条文说明编写组

责任编辑：刘　钢　　**编辑部电话**：(010)51873055
封面设计：崔　欣
责任校对：苗　丹
责任印制：赵星辰

出版发行：中国铁道出版社有限公司(100054，北京市西城区右安门西街 8 号)
网　　址：https://www.tdpress.com
印　　刷：三河市国英印务有限公司
版　　次：2018 年 5 月第 1 版　2025 年 8 月第 17 次印刷
开　　本：880 mm×1 230 mm　1/32　印张：8　字数：237 千
书　　号：ISBN 978-7-113-24418-7
定　　价：30.00 元

前　言

为适应国家铁路运输高度集中、各工作环节紧密联系的特点，确保国家铁路安全正点、方便快捷、高速高效，实现国家铁路科学、规范的技术管理，中国铁路总公司制定了《铁路技术管理规程》(简称《技规》)。

《技规》是中国铁路总公司铁路技术管理的基本规章，是长期生产实践和科学研究的总结。铁路有关部门、单位和人员，必须共同遵守《技规》的有关规定，中国铁路总公司其他规章、标准和规范性文件，以及各部门、各单位制定的技术管理文件等，必须符合《技规》的规定。

本书是对中国铁路总公司第1版《技规》条文的说明，逐条对《技规》条文进行了解释说明，对铁路广大职工和从事铁路有关工作人员学习、掌握《技规》内容，具有重要参考作用。

2014年，中国铁路总公司原科技管理部和原运输局共同组织编写了《技规》条文说明，编写组由铁路管理、科研、行车、设计等部门和单位的人员组成。编写过程中，参编人员认真调研，收集资料，反复讨论，集思广益，力求编写能够充分体现国家铁路技术设备、行车组织、管理体制的特点和要求。条文说明力求详尽完整，以帮助读者深入详细地了解《技规》内容。

参加2014年《技规》条文说明编写工作的主要有中国铁路总公司原科技管理部，原运输局，建设部，安监局，劳卫部，铁路公安局，铁科院，通号公司设计院，沈阳、北京、济南、郑州、西安、武汉、上海、南昌、成都局，广铁集团公司等部门和单位80余人。

2017年9月总公司对第1版《技规》进行了第一次修订，针对《技规》修订条款及其他需完善内容，总公司科信部会同运监局、客运部、货运部、调度部、机辆部、工电部及安监局组织铁科院运经所技术规章管理研究室对条文说明内容进行了修订，参加修订工作的包括总公司相关部门、铁科院、通号公司设计院、哈尔滨、沈阳、北京、太原、郑州、武汉、西安、济南、上海局集团公司等部门和单位60余人。

本书编写与修订过程中，得到了中国铁路总公司各级领导的关怀、指导，得到了铁路局、设计院等有关专家的支持，在此深表感谢！

由于编写组水平有限，书中难免有不妥之处，敬请读者批评指正。

《技规》条文说明编写组

2018年3月6日

目　　录

说　　明

《〈铁路技术管理规程〉条文说明》第一次修订内容中，普速铁路部分修改条款如下：第 36 条、第 37 条、第 38 条、第 47 条、第 51 条、第 60 条、第 151 条、第 152 条、第 167 条、第 179 条、第 199 条、第 203 条、第 209 条、第 218 条、第 231 条、第 233 条、第 243 条、第 252 条、第 253 条、第 257 条、第 262 条、第 266 条、第 292 条、第 294 条、第 296 条、第 307 条、第 310 条、第 316 条、第 319 条、第 347 条、第 348 条、第 349 条、第 366 条、第 371 条、第 388 条、第 392 条、第 412 条、第 454 条、第 459 条、附图 1。

《技规》修改的条款，在编号下加“____”表示；条文说明修改的条款，在编号前加“*”表示。

此外，在“计量单位符号”后增加“词语释义”内容。

总　则

铁路是国民经济大动脉、国家重要基础设施和大众化交通工具，是综合交通运输体系骨干、重要的民生工程和资源节约型、环境友好型运输方式，在我国经济社会发展中的地位至关重要。

铁路运输具有高度集中的特点，各工作环节须紧密联系、协同配合。为加强中国铁路总公司（简称铁路总公司）铁路技术管理，确保国家铁路安全正点、方便快捷、高速高效，根据有关法律、法规、规章和技术标准等制定本规程。本规程适用于国家铁路。

本规程包括高速铁路和普速铁路两部分，本部分为普速铁路部分，适用于200 km/h以下的铁路（仅运行动车组列车的铁路除外）。

本规程是国家铁路技术管理的基本规章，各部门、各单位制定的技术管理文件等，都必须符合本规程的规定。在铁路总公司明令修改以前，任何部门、任何单位、任何人员都不得违反本规程的规定。

国家铁路工作人员必须严格遵守和执行本规程的规定，在自己的职责范围内，以对国家和人民负责的态度，保证安全生产。各单位对遵守本规程成绩突出者，应予表扬或按有关规定给予奖励；对违反者，应视其违反程度和造成事故的性质、情节及后果，给予教育、处分。

总则概要描述了铁路在国民经济中的地位与作用、铁路运输的特点，阐明了中国铁路总公司（以下简称铁路总公司）第1版《铁路技术管理规程》（以下简称《技规》）的基本性质、制定目的、法律依据、适用范围和定位等。

一、《技规》制修订背景、过程、目的

1950年，为使铁路各部门、各单位、各工种安全、准确、迅速、协调地

开展运输生产活动，原铁道部制定了第1版《技规》，于1950年2月2日公布、6月1日起正式实行。50多年来，《技规》先后进行了9次修订，使其不断完善，适应不同时期铁路建设和运输的需要，发挥了铁路基本技术规章的作用。随着铁路实行管理体制改革、政企分开，为加强铁路总公司铁路技术管理，确保国家铁路安全正点、方便快捷、高速高效，根据国务院机构改革和职能转变方案，铁路总公司在原铁道部第10版《技规》《铁路200～250 km/h既有线技术管理办法》《铁路客运专线技术管理办法》等基础上，制定形成铁路总公司第1版《技规》。

二、《技规》制定的法律依据

铁路实行政企分开后，铁路总公司《技规》与行业标准和规范的关系发生了变化，铁路总公司《技规》应遵循国家和行业有关法规、标准和相关规定，考虑到铁路技术管理的相关依据较多，本总则不一一列举，仍以《中华人民共和国铁路法》和《铁路安全管理条例》为主要法律依据。

《铁路法》于1990年9月7日经中华人民共和国主席令第三十二号公布，自1991年5月1日起施行，是铁路管理的基本法律，在铁路的分类、铁路运输营业、铁路建设、铁路安全与保护等方面确立了一系列的基本原则和基本法律制度。

《铁路安全管理条例》于2013年8月17日经国务院令第639号公布，自2014年1月1日起施行，该条例对铁路建设质量安全、铁路专用设备质量安全、铁路线路安全、铁路运营安全、监督检查以及法律责任等做了全面规定。

以上两法律、法规所规定的一系列原则和制度，是铁路总公司铁路技术管理必须遵循的，如铁路建设的标准轨距、铁路交叉与道口、铁路线路安全保护区等。

三、《技规》的定位

铁路总公司《技规》是国家铁路技术管理的基本规章，定位为企业内部的基本技术规章，统领铁路总公司各专业技术规章、企业标准等。各部门、各单位制定的技术管理文件等，都必须符合本规程的规定。国家铁路工作人员必须严格遵守和执行本规程的规定，在自己的职责范围内，以对国家和人民负责的态度，保证安全生产。各单位对遵守本规程成绩突出者，应予表扬或按有关规定给予奖励；对违反者，应视其违反程度和造成事故的性质、情节及后果，给予教育、处分。在铁路总公司明令修改以前，任何部门、任何单位、任何人员都不得违反本规程的规定。确因受地质条件及周边环境等因素限制，如电力线路的电杆内缘至线路中心的水平距离、大风区段设挡风墙时的列车运行等，无法满足本规程的规定时，由铁路局制定安全措施或特殊行车组织办法，报铁路总公司批准。

四、《技规》的主要内容

铁路总公司《技规》分高速铁路部分和普速铁路部分两册，每册分别包含总则、技术设备、行车组织、信号显示、附图、附件、缩写词对照表、计量单位符号等几个部分。第一编技术设备规定了国家铁路的基本建设、产品制造、验收交接、技术性能、使用管理及保养维修方面的基本要求和标准；第二编行车组织规定了与行车相关的各部门、各单位、各工种在从事铁路运输生产时，必须遵循的基本原则、责任范围、工作方法、作业程序和相互关系；第三编信号显示规定了信号的显示方式和执行要求；附图规定了铁路建筑限界和机车车辆限界。与原铁道部第 10 版《技规》相比，本规程主要增加了 200 km/h 及以上铁路的技术设备、行车组织、信号显示、限界等方面的内容，补充了 200 km/h 以下铁路新技术设备配置和行车组织方式变化的要求。

五、《技规》的适用范围

铁路总公司《技规》适用于国家铁路，包括高速铁路和普速铁路两部分，本部分为普速铁路部分，适用于 200 km/h 以下的铁路（仅运行动车组列车的铁路除外），包括设计速度 200 km/h 以下客货共线铁路、重载铁路以及仅运行普通旅客列车的铁路等，不包括仅运行动车组列车的铁路。这里所说的动车组指 CRH 型动车组。

六、《技规》特点

铁路总公司《技规》具有以下特点：

一是科学定位、系统完整。为体现高速铁路与普速铁路设备配置和行车方式等方面的差异，便于准确、全面地表述，便于各专业、各工种人员学习和使用，将《技规》分为高速铁路部分和普速铁路部分。铁路政企分开后，铁路总公司《技规》作为企业规章，不再对社会企业和人员在铁路线路影响范围内的活动进行规定，这些内容按《铁路安全管理条例》执行。铁路总公司《技规》沿用了原铁道部《技规》结构形式，并将原铁道部第10版《技规》(铁道部令第29号)和《铁路200～250 km/h既有线技术管理办法》《铁路客运专线技术管理办法》等基本技术规章文件内容，系统整合为铁路总公司《技规》。

二是适应设备、体现发展。自2006年原铁道部第10版《技规》颁布以来，我国铁路技术设备特别是高铁技术设备发生了巨大的变化，铁路总公司《技规》大幅度增加了高速铁路的技术设备内容，同时对普速铁路线路、桥梁及隧道、通信信号、车站枢纽、机车车辆等设备提出了新的要求，行车组织方面的内容也有许多变化。

三是安全第一、兼顾效率。铁路总公司《技规》大部分条文内容都直接涉及铁路运输安全，《技规》始终把安全放在首位，对涉及安全的技术设备配置、行车作业组织等内容和要求，力求全面、准确、规范。同时在保证安全的前提下，针对铁路技术装备发展的新情况，在设备配置、行车作业方式等许多方面兼顾了运输效率。

四是先进适用、经济合理。铁路总公司《技规》在高速铁路部分和普速铁路部分都体现了技术的先进性和适用性，在高速铁路部分更多地对先进技术装备的应用进行了规定，在普速铁路部分更多地对适用技术的应用进行了规定。同时，有针对性地突出了经济合理建设和管理高速和普速铁路的要求。

五是科学规范、协调一致。铁路总公司《技规》强调要从源头上避免规章不一致的情况。铁路总公司《技规》作为企业基本规章，在统领专业规章、企业标准的同时，强调与国家标准、行业标准协调一致。在具体条文编写过程中，对于应由《铁路安全管理条例》规定的，严格按条例编写；对于需与设计规范相协调的，相同条款内容保持一致；对于应由专业技术规章规定的，《技规》只作原则规定。

六是务实严谨、便于操作。铁路总公司《技规》内容力求完整，描述准确，使相关单位和广大一线职工易于学习掌握。

第一编 技术设备

第一章 基本要求

基建、制造及其验收交接

第1条 铁路的基本建设、产品制造应综合配套，保证质量，采用系统集成技术，实现各子系统顶层协调统一，采用保证行车安全的技术设备，实现技术设备标准化、系列化、模块化、信息化，不断提高运输能力。

本条是关于铁路基本建设和产品制造基本要求的规定。

铁路基本建设和产品制造的发展速度和规模，应根据国民经济的发展和运输市场的需求，综合配套，保证质量，以确保行车安全和不断提高铁路运输能力。

铁路基本建设和产品制造都是一个比较庞大的系统，涉及专业多，范围广，技术全面，必须采取系统集成技术，统筹考虑各子系统间的协调一致，在实现各子系统的目标时，要确保总体效果最优。系统集成技术是近年来铁路建设采用的重要方法和重要手段。

《铁路主要技术政策》(铁道部令第34号)规定："铁路建设应合理安排建设规模，科学确定建设标准和建设工期，强化质量、安全、工期、投资效益、环境保护的措施，深入推进标准化管理，以机械化、工厂化、专业化、信息化为重要支撑手段，建立健全并落实技术、管理、作业三大标准，建设优质工程"。实现技术设备标准化、系列化、模块化、信息化，不断提高运输能力。其中：

标准化是指各项技术设备应有统一的规格和技术标准；

系列化是指同类技术设备应根据使用要求，将其主要参数和性能指标按一定的规律排列起来，形成多级型号；

模块化是指各项技术设备要尽量向模块组装结构发展，以便于实行换件修，从而简化维修作业，减少维修工作量，延长设备整体使用寿命；

信息化是指应用于铁路调度指挥、客货营销和运营管理的技术设备，都要采用计算机、网络传输技术，以实现铁路管理的现代化。

第2条 铁路基本建设应严格按照国家规定的程序进行，必须符合国家相关法律法规，执行国家标准、行业标准和技术规范。

设计工作必须由具有相应资质等级的单位承担，根据已批准的可行性研究报告进行，并充分听取建设单位、使用部门的意见。

设计文件须经有关部门审查，并按规定的审批程序批准。

本条是关于铁路基本建设程序和设计工作基本要求的规定。

根据《铁路安全管理条例》(国务院令第639号)、《铁路建设管理办法》(铁道部令第11号)和《铁路建设项目勘察设计管理办法》(铁总建设〔2014〕124号)的规定，铁路建设必须贯彻国家有关方针政策，严格执行国家有关法律法规、规章和工程建设国家标准、行业标准、铁路总公司标准，严格执行国家规定的建设程序；严格执行国家有关保密规定，高度重视环境保护、水土保持、文物保护、防灾减灾、运输安全和施工安全工作，节约能源和土地，推行标准化管理，使用先进、成熟、经济、适用、可靠的技术、工艺、设备和材料，提高铁路建设水平，提高铁路运输能力和运输效率。

铁路建设项目勘察设计工作必须严格执行铁路基本建设程序，坚持“先勘察、后设计”的原则。铁路大中型建设项目应在决策阶段开展预可行性研究和可行性研究，在实施阶段开展初步设计和施工图设计。

预可行性研究报告是项目立项的依据，根据国家批准的中长期铁路网规划，收集相关资料，进行社会、经济和运量调查、现场踏勘，系统研究项目在路网及综合交通运输体系中的作用和对社会经济发展的作用，论证项目建设的必要性，编制预可行性研究报告，科学合理提出项目建设规模、主要技术标准、投资预估算和项目工期建议，并同步完成线路场站及毗邻土地综合开发机会研究报告。

可行性研究文件是项目决策的依据，根据国家批准的中长期铁路网规划或项目建议书开展初测，进行社会、经济和运量调查，综合考虑运输能力、运输质量、路网协调配套、投入产出效益等，从技术、经济、环保、水保、节能、土地利用、社会风险稳定、项目经营开发等方面进行全面深入的论证，分析建设项目的工程技术可行性，编制可行性研究报告，并同步完成线路场站及毗邻土地综合开发方案研究报告。可行性研究的工程数量和投资估算要有较高的准确度，环境保护、水土保持、节能评估和征地拆迁调查等工作应达到规定的深度。

初步设计文件是确定建设规模和投资的主要依据，根据批准的可行性研究报告、综合开发研究报告和环评、水保、节能评估报告及其批复文件开展定测、现场调查，通过局部方案比选和达到规定深度的设计，提出工程数量、主要设备和材料数量、征地拆迁数量（含三电迁改、管线迁改、改路改沟改渠等数量）、用地总量与分类及补偿费用、施工组织设计及工程总概算。初步设计文件应满足主要设备采购、征地拆迁和施工图设计的需要。

施工图设计文件是工程实施和验收的依据，为工程建设提供施工图、表、设计说明和施工图预算。

铁路大中型建设项目的勘察设计单位应依法通过招标选定。建设单位应选择具备相应勘察设计资质的单位承担铁路建设项目勘察设计工作，并签订勘察设计合同。根据建设项目实际需要和勘察设计单位书面申请，建设单位可同意中标的勘察设计单位将部分专业勘察设计业务分包给其他具有相应资质条件的工程勘察设计单位，中标的勘察设计单位对分包的勘察设计业务的质量负总体责任。

基本建设项目一般由建设单位组织实施，建成后由使用单位和部门使用，所以设计工作还应充分听取建设单位和使用部门的意见，以完善设计方案。

铁路建设项目设计文件实行审查制度，建设单位应根据项目批准文件、设计文件编制规定，对勘察设计单位提交的勘察设计文件（含大临工程）进行审查；项目建议书和可行性研究报告按规定程序审查，需要上报的，按国家和铁路总公司规定程序上报。铁路大中型建设项目的初步设计文件由铁路总公司组织审查，审查重点包括涉及公共利益、公众安全、工程建设强制性标准等内容、主要技术标准、建设规模、重大设计原则及总概算等。铁路建设项目的施工图实行审核制度，由建设单位负责组织施工图审核；重大桥梁、隧道、新型无砟轨道、省会城市及重点城市客运车站站房以及典型工程的施工图审核由铁路总公司有关单位直接组织。未经审核或审核不合格的施工图，不得交付施工。

第3条 工程施工须按照批准的设计文件的要求进行，严格执行工程建设项目招投标和监理制度。建设单位应会同相关铁路运输企业和工程设计、施工单位制定安全施工方案，按照方案进行施工，加强环境保护，确保工程质量。施工完毕应及时清理现场，不得影响铁路运营安全。

涉及营业线施工时，须按铁路总公司规定程序审批，且必须保证行车安全，减少对运输的影响。

本条是关于工程施工基本要求的规定。

根据《铁路建设管理办法》(铁道部令第11号)和《铁路安全管理条例》(国务院令第639号)规定，为确保工程质量，应按批准的设计文件和概算进行施工。每一项工程要集中人力、物力，避免分散力量和拖延工期，尽早发挥经济效益。施工要有秩序，讲效益，采用科学的施工组织和先进的施工方法，尽量采用新材料、新工艺和新技术。施工前，要做好施工组织设计，准备好材料、机具，安排好劳动力，制定安全措施。

施工期间必须贯彻“以人为本”的原则，妥善处理环境保护、噪声控制、扬尘污染及道路交通等问题。工程项目的勘察、设计、施工、监理以及建设物资、设备的采购，应严格按照公开、公平、公正的原则，执行招、投标制度。工程建设项目，必须对工程质量、施工工期和工程预算实行监理制度，以确保上述各项指标按计划执行。铁路建设工程的勘察、设计、施工单位依法对勘察、设计、施工的质量负责，监理单位依法对施工质量承担监理责任。在铁路线路及其邻近区域进行铁路建设工程施工，应当执行铁路营业线施工安全管理规定。铁路建设单位应当会同相关铁路运输企业和工程设计、施工单位制定安全施工方案，按照方案进行施工，不得影响铁路安全。

在营业线或邻近营业线上施工，铁路总公司有铁路营业线施工安全管理办法等相应规章，必须按照规定的程序审批和执行，同时应按《技规》第十四章中“施工及路用列车的开行”的有关规定办理。施工前，施工单位要和使用部门、维修部门和运输部门密切配合，共同研究拟定施工方案和保证行车安全的措施；施工中，各部门要主动配合，紧密联系，协同动作，确保安全，力争减少对运输的影响，按计划完成施工任务；施工完毕应当及时清理现场，不得影响铁路运营安全。

第4条 新建工程竣工后，应按规定进行验收，并进行安全评估。改建工程竣工后，应按规定进行验收。在确认工程符合技术标准、设计文件的要求，并检查竣工文件和技术设备使用说明书等资料齐全后，方可交接。新建、改建的工程设施必须有明确的质量保证期。

如运输生产急需，可按上述原则分段验收交接。

本条是关于工程竣工验收基本要求的规定。

新建、改建工程竣工后，应按《铁路建设项目竣工验收交接办法》（铁建设〔2008〕23号）规定进行竣工验收。铁路建设项目组织竣工验收后，方可正式移交接管使用单位运营。未经验收或验收不合格的建设项目一律不得交付，接管使用单位不得接管使用。达到竣工验收条件的建设项目应及时进行验收；验收合格的建设项目，接管使用单位应及时接管并办理有关手续。

铁路大中型建设项目竣工验收分为静态验收、动态验收、初步验收、安全评估和正式验收等五个阶段。初步验收合格后进行安全评估，安全评估通过后可开通初期运营；正式验收合格后投入正式运营。改建项目、简单建设项目和小型建设项目可适当合并简化验收阶段。新建工程竣工后，应按规定进行验收，包括安全评估。但改建工程竣工后，可根据工程大小、难易适当合并简化验收阶段，所以提出按规定进行验收，没有明确提出进行安全评估。

静态验收是对建设项目的工程按设计完成且质量合格、设备安装调试完毕且质量合格进行检查确认的过程。

动态验收是在静态验收合格后，组织整个系统验证性综合调试，并通过动态检测对工程安全运行状态进行全面检查和验收的过程。

初步验收是在动态验收合格后，对工程建设情况，以及静态验收、动态验收情况进行检查和确认的过程。

安全评估是经初步验收合格后，且初步验收发现的影响运营安全的问题得到解决后，对安全管理、设备设施、规章制度、人员素质等是否具备开通安全运营条件进行检查评价的过程。

正式验收是对开通初期运营一年以上建设项目整体情况进行检查和评价的过程。

根据《中国铁路总公司关于进一步规范铁路基建大中型项目竣工验收工作的通知》(铁总建设〔2014〕91 号)规定，铁路局是普速铁路建设项目竣工验收主体(铁路总公司予以明确的除外)，负责组织铁路建设项目静态、动态和初步验收工作。铁路公司管理的普速铁路建设项目，由运营接管铁路局牵头，与铁路公司共同组织普速铁路建设项目或运营管段内的工程的竣工验收。

竣工验收依据有:国家有关法律、法规，经批准的可行性研究报告，经批准的初步设计(含变更设计)文件，审核合格的施工图，设备技术说明书，国家、行业和铁路总公司颁布的设计规范、工程施工质量验收标准等。

竣工验收主要内容有:检查工程是否按批准的设计文件建成，配套、辅助工程是否与主体工程同步建成;检查工程质量是否符合国家、行业和铁路总公司颁布的相关设计规范及工程施工质量验收标准;检查工程设备配套及设备安装、调试情况，国外引进设备合同完成情况;检查概算执行情况及财务竣工决算编制情况;检查动态检测、运行试验情况;检查环保、水保、劳动、安全、卫生、消防、安全防护、办公生产生活房屋等设施是否按批准的设计文件建成、合格，相关资料是否移交设备管理单位，工机具、常备材料是否按设计配备到位，地质灾害整治及建筑抗震设防是否符合规定;检查工程竣工文件编制完成情况，竣工文件是否齐全、准确;检查建设用地权属来源是否合法，面积是否准确，界址是否清楚，手续是否齐备。

根据《铁路建设工程质量管理规定》(铁道部令第 25 号)，从事铁路建设工程建设、勘察设计、咨询、施工、监理的单位必须对铁路建设工程合理使用年限内的质量负责。

铁路建设单位必须严格执行有关法律、法规、规章和工程建设强制性标准，依据批准的设计文件组织工程建设，对工程质量负总责。

勘察设计单位应按其资质等级及业务范围承揽铁路建设工程，不得转包或违法分包所承揽的工程;必须严格执行有关法律、法规、规章和工程建设强制性标准,按照有关规程、规范和标准进行勘察设计,并对其勘察设计的质量负责。勘察单位的勘察成果必须真实、准确,设计单位应根据勘察成果进行设计,不得简化程序和工序。勘察设计应当达到规定的内容及深度要求,明确工艺工序及质量要求,注明工程合理使用年限。特殊工程、新技术、新工艺、新设备、新材料等应在设计文件中作出详细说明。

施工单位应在其资质等级许可的范围内承揽铁路建设工程,不得转包、违法分包工程;必须严格执行有关法律、法规和规章,严格执行工程建设强制性标准,按照有关规程、规范、标准和审核合格后的施工图施工,对施工质量负责。依法分包的专项工程,分包单位应当对分包工程的质量向总承包单位负责,总承包单位对分包工程的质量承担连带责任。联合体中标的,联合体牵头人应对中标工程质量负总责。联合体各方应当共同与招标人签订合同,就中标项目工程质量向招标人承担连带责任。施工单位必须按照投标承诺和合同约定,设置现场施工管理机构,确定项目经理、技术负责人和质量负责人,明确其质量责任,并按规定在工程档案中明确记载,且未经铁路建设单位同意,不得更换。

监理单位必须按其资质等级及业务范围承担铁路建设工程监理业务,不得转让所承担的工程监理业务;必须严格执行有关法律、法规和规章,依照有关规程、规范、标准、批准的设计文件和委托监理合同实施监理,并对施工质量承担监理责任;必须按照投标承诺和委托监理合同约定,设置现场监理机构,配置现场监理人员,配备必需的试验、检测、办公设备及交通、通讯工具等;必须加强现场监理管理,制定监理工作管理制度,建立健全质量保证体系,明确和落实质量责任,并分阶段采取有效的质量控制措施,保证监理工作质量。监理单位在开工前和施工中应核对施工图,发现差错或与现场实际情况不符,必须及时书面通知建设、设计、施工单位;必须按规定对施工单位的施工组织设计、开工报告、分包单位资质、进场机械数量及性能、投标承诺的主要管理人员及资质、质量保证体系、主要技术措施等进行审查,提出意见和要求,并检查整改落实情况。

建设项目一般按整个项目进行验收,验收交接范围应包括全部项目。但因运输生产急需时,在确保运输安全的前提下,经批准后可分期、分段,并按批准的阶段组织验收,工程全部完工后,再办理整个项目的验收。分期、分段验收交接的要求和程序与全面验收的要求和程序原则相同，不应降低标准、缺省程序。

第5条 铁路基本建设项目中的环境保护、节能、水土保持、劳动安全、职业卫生、消防、安全防护、公共安全等设施，必须和主体工程同时设计、同时施工、同时投产。

本条是关于铁路基本建设项目中的环保、节能、水保等设施设计、施工和投产基本要求的规定。

环境保护、节能、水土保持、劳动安全、职业卫生、消防、安全防护、公共安全等设施，相关内容和要求在《铁路建设管理办法》(铁道部令第11号)、《铁路建设项目勘察设计管理办法》(铁总建设〔2014〕124号)和《铁路安全管理条例》(国务院令第639号)等文件中做了详细规定。

第6条 铁路重要产品须按有关规定，执行行政许可、产品认证等铁路产品准入制度。

本条是关于铁路产品准入制度基本要求的规定。

1.《中华人民共和国工业产品生产许可证管理条例》(国务院令第440号)第二条第五款规定，国家对生产铁路工业产品的企业实行生产许可证制度。

根据“关于公布实行生产许可证制度管理的产品目录的公告”(国家质检总局公告2007年第174号)，实施工业生产许可证管理的铁路产品包括预应力混凝土铁路桥简支梁、预应力混凝土枕两类。

2011年1月19日，国家质量监督检验检疫总局发布《预应力混凝土铁路桥简支梁生产许可证实施细则》(国家质检总局第10号令)，对后张法、先张法2个单元、6个品种的预应力混凝土铁路桥简支梁实施工业产品生产许可证制度。

2013年4月26日，国家质量监督检验检疫总局发布《预应力混凝土枕生产许可证实施细则 》(国家质检总局第60号令)，有砟、无砟轨道2

个单元，共计 8 个品种、19 个规格的混凝土枕实施工业产品生产许可证制度。

2.《铁路安全管理条例》(国务院令第 639 号)第三章“铁路专用设备质量安全”，规定了铁路专用设备行政许可制度、认证制度的要求。

《铁路安全管理条例》第二十一条规定，设计、制造、维修或者进口新型铁路机车车辆，应当符合国家标准、行业标准要求，并分别向国务院铁路行业监督管理部门申请领取型号合格证、制造许可证、维修许可证或者进口许可证。

《铁路安全管理条例》第二十二条规定，生产铁路道岔及其转辙设备、铁路信号控制软件和控制设备、铁路通信设备、铁路牵引供电设备的企业，应当符合相应的条件并经国务院铁路行业监督管理部门依法审查批准……

《铁路安全管理条例》第二十三条规定，铁路机车车辆以外的直接影响铁路运输安全的铁路专用设备，依法应当进行产品认证的，经认证合格方可出厂、销售、进口、使用。

3. 为规范铁路机车车辆行政许可工作，加强铁路运输安全监督管理，保障公众生命财产安全，交通运输部发布《铁路机车车辆设计制造维修进口许可办法》(交通运输部令 2013 年第 13 号)，自 2014 年 1 月 1 日起施行。2014 年 4 月，国家铁路局发布《铁路机车车辆设计制造维修进口许可实施细则》(国铁设备监〔2014〕19 号)。该两个规范性文件要求，设计、制造、维修或者进口新型铁路机车车辆，包括直接承担铁路公共运输和检测试验任务的铁路机车、动车组、客车、货车等移动设备，以及在铁路上运行并承担施工、维修、救援等作业的铁路轨道车、救援起重机、铺轨机和架桥机(组)车辆、接触网作业车和大型养路机械等自轮运转特种设备，应分别向国家铁路局申请领取型号合格证、制造许可证、维修许可证或者进口许可证。需办理许可的铁路机车车辆目录由国家铁路局制定、调整并发布。

4. 为规范铁路运输基础设备生产企业行政许可工作，加强铁路运输安全监督管理，保障公众生命财产安全，交通运输部发布《铁路运输基础设备生产企业审批办法》(交通运输部令 2013 年第 21 号)，自 2014 年 1 月 1 日起施行。2014 年 2 月，国家铁路局先后发布《铁路牵引供电设备生产企业审批实施细则》(国铁设备监〔2014〕13 号)、《铁路道岔设备生产企业审批实施细则》(国铁设备监〔2014〕14 号)、《铁路通信信号设备生产企业审批实施细则》(国铁设备监〔2014〕15号)等,这些规范性文件要求,在中华人民共和国境内生产铁路运输基础设备的企业,应当向国家铁路局提出申请,经审查合格取得"铁路运输基础设备生产企业许可证"(以下简称"生产许可证")。铁路运输基础设备是指铁路道岔及其转辙设备、铁路信号控制软件和控制设备、铁路通信设备、铁路牵引供电设备等。铁路运输基础设备目录由国家铁路局制定、调整并公布。

5. 产品认证是指由法定资质的认证机构证明产品符合相关技术规范、相关技术规范的强制性要求或者标准的合格评定活动。根据《中华人民共和国认证认可条例》(国务院令第390号)第二十九条规定,国家对必须经过认证的产品(即国家强制性认证产品),统一产品目录,统一技术规范的强制性要求、标准和合格评定程序,统一标志,统一收费标准。国家认证认可监督管理委员会(简称"国家认监委")统一负责产品认证制度的管理。凡列入强制性产品认证目录的产品,必须经国家认监委指定的认证机构认证合格,取得相关证书并标注认证标志后,方可出厂、销售、进口、使用。目前纳入强制性认证目录的铁路专用产品有机车车辆用电线电缆、铁道车辆用安全玻璃等。

6. 2012年5月14日,原铁道部、国家认监委联合发布新版《铁路产品认证管理办法》(铁科技〔2012〕95号),进一步明确了铁路产品认证采信制度的管理要求,产品认证成为铁路专用产品准入管理的主要方式之一。该办法要求:"国家对铁路产品认证采取强制性产品认证与自愿性产品认证相结合的方式,实行自愿性产品认证管理的铁路产品认证采信目录(以下简称采信目录),由原铁道部制定、调整并公布。纳入强制性产品认证管理和列入采信目录的铁路产品,依法取得认证后,方可在铁路领域使用。……"

2014年5月15日,铁路总公司发布《中国铁路总公司铁路专用产品认证管理办法》(铁总科技〔2014〕135号),明确"总公司对铁路专用产品实行采信认证管理,总公司科技管理部会同有关业务主管部门制定总公司铁路专用产品认证采信目录(简称《目录》),……""纳入《目录》中的产品,取得认证机构相应认证后,方可在国家铁路领域使用。"

7.《铁路安全管理条例》第二十四条规定,用于危险化学品和放射性物品运输的铁路罐车、专用车辆以及其他容器的生产和检测、检验,依照有关法律、行政法规的规定执行。因危险化学品和放射性物品的特殊性，国家制定了专门的法律法规，对上述两类物品的生产储存、经营使用、包装运输等方面作出了明确、详细的规定，包括《危险化学品安全管理条例》《放射性物品运输安全管理条例》等。

8.《铁路安全管理条例》第二十五条规定，用于铁路运输的安全检测、监控、防护设施设备，集装箱和集装化用具等运输器具，专用装卸机械、索具、篷布、装载加固材料或者装置，以及运输包装、货物装载加固等，应当符合国家标准、行业标准和技术规范。

第7条 铁路运输企业和建设单位应严格控制进入铁路的产品质量，建立必要的产品质量检验和质量问题追究制度。质量抽查不合格或实行准入管理但未获得相关资质的产品，不得在铁路使用。

制造、检修的机车车辆及其重要配件须经铁路总公司指派的监造机构监造，符合要求后，方准交付使用。

本条是关于严格控制进入铁路的产品质量的规定。

1.《中华人民共和国产品质量法》明确规定了产品生产者和销售者的质量责任。该法第三条规定，“生产者、销售者应当建立健全内部产品质量管理制度，严格实施岗位质量规范、质量责任以及相应的考核办法”；第三十三条规定，“销售者应当建立并执行进货检查验收制度，验明产品合格证明和其他标识”；第三十四条规定，“销售者应当采取措施，保持销售产品的质量”。

铁路运输企业和建设单位虽然不是《中华人民共和国产品质量法》中定义的销售者，但作为铁路产品的直接用户或最终用户，在运输生产经营活动中采购、使用、维修铁路产品，对产品质量监督起着至关重要的作用。因此，本条要求铁路运输企业和建设单位应严格控制进入铁路的产品质量，建立必要的产品质量检验和质量问题追究制度。

2.《工业产品生产许可证管理条例》规定，在中华人民共和国境内生产、销售或者在经营活动中使用列入目录产品的，应当取得或外购取得生产许可证的产品，应当查验产品的许可证标志和编号。

3.《铁路安全管理条例》第三章中也明确了铁路专用设备制造、维修、使用单位的安全主体责任以及缺陷产品召回制度。其中,第二十一条规定,“铁路机车车辆的制造、维修、使用单位应当遵守有关产品质量的法律、行政法规以及国家其他有关规定,确保投入使用的机车车辆符合安全运营要求。”第五十九条规定,“铁路运输企业应当加强运输过程中的安全防护,使用的运输工具、装载加固设备以及其他专用设施设备应当符合国家标准、行业标准和安全要求。”第六十条规定,“铁路运输企业应当建立健全铁路设施设备的检查防护制度,加强对铁路设施设备的日常维护检修,确保铁路设施设备性能完好和安全运行。”第八十五条规定,“依法应当进行产品认证的铁路专用设备未经认证合格,擅自出厂、销售、进口、使用的,依照《中华人民共和国认证认可条例》的规定处罚”等。

4.《铁路安全管理条例》第三章中也明确了缺陷产品召回制度。条例第二十六条规定,“铁路机车车辆以及其他铁路专用设备存在缺陷,即由于设计、制造、标识等原因导致同一批次、型号或者类别的铁路专用设备普遍存在不符合保障人身、财产安全的国家标准、行业标准的情形或者其他危及人身、财产安全的不合理危险的,应当立即停止生产、销售、进口、使用;设备制造者应当召回缺陷产品,采取措施消除缺陷。具体办法由国务院铁路行业监督管理部门制定。”

5.《铁路产品质量监督抽查管理办法》(国铁科法〔2014〕33 号)第六章规定,“检验机构向科法司报送检验结果,科法司定期起草《关于监督抽查铁路产品质量情况的通报》,由国家铁路局批准发布。”“对通报的不合格产品,生产企业不得销售,使用单位不得采购。”

6.《中国铁路总公司产品质量抽查管理办法》(铁总科技〔2014〕44 号)第三十八条规定,对监督抽查不合格产品,总公司各单位一律不得采购、验收;对用户库存及在用产品,使用单位应评估其安全性,依据相关法律法规、总公司规定及合同要求进行索赔或要求产品生产企业召回缺陷产品。国家、行业监督抽查通报的不合格产品,按照本条规定执行。

7.《铁路产品认证管理办法》(铁科技〔2012〕95 号)第五条规定,“纳入强制性产品认证管理和列入采信目录的铁路产品,依法取得认证后,方可在铁路领域使用。”第二十九条规定,“原铁道部各业务部门和铁路各有关单位在运输设备检查中,应加强认证产品使用情况的检查监督。”

8.《中国铁路总公司铁路专用产品认证管理办法》(铁总科技〔2014〕

135号)第十条规定,“纳入《目录》中的产品,取得认证机构相应认证后,方可在国家铁路领域使用。”第十二条规定,“总公司各相关职能部门和各有关单位应当加强认证产品使用情况的监督检查,并将监督检查中发现的问题及时反馈认证机构。”

9.《铁路安全管理条例》取消了原《铁路运输安全保护条例》中有关铁路机车车辆在投入使用前,应当经国务院铁路主管部门验收合格的规定,该职能转入了铁路总公司。在财政部批复的中国铁路总公司组建方案建议用全名和公司章程建议用全名中明确规定:“中国铁路总公司负责铁路运输装备的购置、验收及调配、处置,承担设备运用维护管理责任。”因此,本条规定了“制造、检修的机车车辆及其重要配件须经铁路总公司指派的监造机构监造,符合要求后,方准交付使用。”机车车辆包括各类机车、机车牵引的车辆、动车组及自轮运转特种设备。

第8条 新设备(包括改造后的设备)投入使用前须有操作规程、竣工图纸等技术文件和保证安全生产的办法与管理细则,经过技术测验合格并对有关人员进行培训后,方可使用。

本条是对新设备(包括改造后的设备)在投入使用前有关要求的规定。

新设备在管理、使用和养护、维修上都有新的技术要求,如违反或不认真执行这些要求,不仅可能损坏设备,甚至危及行车及人身安全。因此,在新设备使用前,有关单位必须根据施工部门和设备供应商提供的操作规程、竣工图纸等技术文件,制定保证安全生产的作业办法、设备养护维修办法和管理细则,供有关人员学习、执行。新设备正式使用前应进行技术测验,测验合格方可使用;设备使用和检修人员应进行技术培训,熟悉新设备性能和操作程序以及养护维修、排除故障等办法后,方可担任操作和检修工作。

第9条 铁路机车车辆、线路、桥隧、通信、信号、牵引供电、电力、信息、安全、给水、房建等技术设备,均须有完整和正确反映其技

术状态的文件及技术履历等有关资料。

上述技术资料由有关部门或单位妥善保管，并根据变化情况及时记载修订。

第10条 机车车辆等技术设备须有铁路总公司统一规定的标记。隐蔽的建（构）筑物及设备须在地面上设有标志。

本条依据铁路总公司统一标记的要求，对机车车辆等技术设备及地面隐蔽建（构）筑物、设备的标记设置进行了规定。

为便于运用和管理，机车车辆等移动技术设备应在明显的部位标明其所属单位、类型及编号等标记。机车的标记见第166条的规定，车辆的标记见第178条的规定，动车组的标记见第189条的规定。

给水工程的地下管道，通信、信号和电力工程的地下电缆，无管沟等隐蔽设备，其线路走向不易识别，因此均应在地面设置标志，以便检查时易于查找。路基的盲沟、渗水沟和暗检查井等工务部门隐蔽建（构）筑物及设备，亦应在其出口处，面向线路设置标志。

第11条 机车、客车、动车组等主要设备的报废、调拨及其重大改变须经铁路总公司批准。货车按铁路总公司规定实行统一管理。

本条是关于机车、客车、货车、动车组等主要设备管理的基本规定。

机车、客车、动车组等主要移动设备实行集中统一管理，为合理使用和有计划更新，对其报废、调拨及重大改变等，均须经铁路总公司批准。

机车车辆报废时，须按机车车辆报废相关管理办法规定的程序和手续办理。报废前，须经过技术鉴定，报铁路总公司批准。

机车、客车、动车组均配属于各铁路局，局与局间进行调拨时须经铁路总公司批准。调拨时，应由接收单位派人去调出单位办理固定资产（包括技术文件）交接手续。

重大改变是指机车车辆的重要结构和主要部件设计发生变化，改变了机车车辆的主要性能，不仅仅是结构的改变，包括在机车车辆上加装装置，增加或完善机车车辆的功能等。机车、客车、动车组等主要设备的重大改变，须经铁路总公司批准。重大改变后变更机车车辆型号的，不属本条的范围，应按《铁路安全管理条例》（国务院令第 639 号）第二十一条规定，申请型号合格证。

根据货物运输的需要，货车一般是在国家铁路范围流转，统一使用，因此，通用货车的管理规定与机车、客车、动车组不同，无固定配属，由铁路总公司统一管理。

第 12 条 高原铁路应考虑高寒缺氧特点，为旅客和工作人员提供必要的救助设施，应采用高可靠、少维修、远程监控的运输设备。

本条是关于高原铁路应采用的运输设备的规定。

高原铁路高寒缺氧，需要针对其特殊的地理环境配备相适应的设施和设备，包括为旅客和工作人员提供救助的设施。为尽量减少工作人员上高原作业，应采用可靠性高、维修量少的设备，并对设备采取远程监控。

高原寒冷形成的冻融对铁路设施的正常状态有巨大的影响，铁路的各种设施和设备都应适应当地气候特征，保证各种技术设施的正常状态和运营的安全。高原地区高寒缺氧，因此还要考虑高原铁路的运营环境对工作人员和旅客的影响，采用特殊机车车辆及其他运输设备保证旅客的乘车安全，采用高可靠、少维修、远程监控适应高原特点的运输设备，尽可能减少运营与维修人员和工作量，降低运营成本。

第 13 条 对现有不符合本规程规定标准的技术设备，应有计划地逐步改造或更换。

本条是关于现有不符合本规程规定标准的技术设备改造或更换的规定。

为加强铁路技术管理工作，充分发挥各项技术设备的使用效率和确保运输安全，铁路各项技术设备均应符合《技规》规定的统一标准。随着铁路技术的不断进步,《技规》和相关技术标准也经历过多次修改,经过多年设备更新换代和技术改造,大大促进了技术设备水平的发展。但对不符合《技规》规定标准的设备进行改造或更换需要一个过程,还需要一定的投资,因此,对现有不符合《技规》规定标准的部分设备,在不影响运输安全的前提下,允许暂时使用,并应根据运量增长情况和设备技术状态,有计划、有步骤地逐步进行改造或更换。

限界、安全保护区

第14条 一切建(构)筑物、设备,均不得侵入铁路建筑限界。与机车车辆有直接互相作用的设备,在使用中不得超过规定的侵入范围。客货共线铁路建筑限界见附图1。

在设计建(构)筑物或设备时,距钢轨顶面的距离应附加钢轨顶面标高可能的变动量(路基沉降、加厚道床、更换重轨等)。

机车车辆无论空、重状态,均不得超出机车车辆限界。客货共线铁路机车车辆限界见附图2。

1. 铁路建筑限界

建筑限界是一个和线路中心线垂直的极限横断面轮廓。建筑限界是确保机车车辆和装载货物在运行时不与线路上的设备和建(构)筑物发生刮蹭、碰撞,能够安全通过的空间。为确保列车运行安全,规定除与机车车辆有直接相互作用的设备(如车辆减速器、接触线等)外,一切建(构)筑物、设备,均不得侵入铁路的建筑限界。且此类设备必须符合有关技术标准,在使用中不得超过规定的侵入范围。客货共线铁路建筑限界适用于客货共线运行的铁路,分为三种,见附图1。

由于建筑限界是以钢轨顶面为基准,因此在设计建(构)筑物或设备时,必须考虑钢轨顶面标高可能产生的变动量,例如站台的高度应考虑路基沉降带来的轨道的下沉量,跨线桥、雨棚应考虑加厚道床、更换重轨带来的轨道的抬高量,使其在轨顶标高变化后,仍不侵入建筑限界轮廓。

2. 机车车辆限界

机车车辆限界是一个和线路中心线垂直的极限横断面轮廓。机车车辆限界为静态限界轮廓，规定了机车车辆不同部位的宽度、高度的最大尺寸和其零部件至轨面的最小距离。机车车辆无论是空车或重车，无论是具有最大标准公差的新车，或是具有最大标准公差和磨耗限度的旧车，停放在水平直线上，无侧向倾斜与偏移，除使用中需要探出的部分（如受电弓、后视镜、塞拉门等）需符合其他相关规定外，任何部分都应容纳在限界轮廓内，不得超越。机车车辆在新造、技术改造、加装附属品或日常运用中，都须严格注意各部尺寸，不得超出限界规定的要求。客货共线铁路机车车辆限界适用于在客货共线铁路运行的机车车辆，见附图2。

第15条　区间及站内两相邻线路中心线间的最小距离规定如下：

1. 直线部分

直线部分铁路线间距见第1表。

第1表　铁路线间距

<table>
<tr><th>序号</th><th colspan="4">名　　称</th><th>线间最小距离(mm)</th></tr>
<tr><td rowspan="3">1</td><td rowspan="3">区间双线</td><td colspan="3">$v \leqslant 120$ km/h</td><td>4 000</td></tr>
<tr><td colspan="3">120 km/h $< v \leqslant$ 160 km/h</td><td>4 200</td></tr>
<tr><td colspan="3">160 km/h $< v \leqslant$ 200 km/h</td><td>4 400</td></tr>
<tr><td>2</td><td colspan="4">三线及四线区间的第二线与第三线</td><td>5 300</td></tr>
<tr><td>3</td><td colspan="4">站内正线</td><td>5 000</td></tr>
<tr><td rowspan="7">4</td><td rowspan="7">站内正线与相邻到发线</td><td colspan="3">无列检作业</td><td>5 000</td></tr>
<tr><td rowspan="6">有列检作业或上水作业</td><td rowspan="2">$v \leqslant 120$ km/h</td><td>一般</td><td>5 500</td></tr>
<tr><td>改建特别困难</td><td>5 000</td></tr>
<tr><td rowspan="2">120 km/h $< v \leqslant$ 160 km/h</td><td>一般</td><td>6 000</td></tr>
<tr><td>改建特别困难</td><td>5 500</td></tr>
<tr><td rowspan="2">160 km/h $< v \leqslant$ 200 km/h</td><td>一般</td><td>6 500</td></tr>
<tr><td>改建特别困难</td><td>5 500</td></tr>
<tr><td>5</td><td colspan="4">到发线间或到发线与其他线</td><td>5 000</td></tr>
<tr><td>6</td><td colspan="4">站内线间设有高柱信号机时，相邻两线（含正线）均需通行超限货物列车</td><td>5 300</td></tr>
</table>

续上表

序号	名　　称		线间最小距离(mm)
7	站内线间设有高柱信号机时,相邻两线(含正线)只有一条通行超限货物列车		5 000
8	牵出线与其相邻线	调车作业繁忙车站	6 500
		改建困难或仅办理摘挂取送作业	5 000

注:线间有建(构)筑物或有影响限界的设施,最小线间距按建筑限界计算确定。既有线列车最高运行速度提速到140～160 km/h时,可保持4 m线间距。

站内正线须保证能通过超限货物列车。此外,在编组站、区段站及区段内选定的三至五个中间站上,单线铁路应另有一条线路,双线铁路上、下行各另有一条线路,须能通行超限货物列车。

2. 曲线部分

曲线地段的中心线间的水平距离和线间设施(含站台边缘)至线路中心线的最小距离,均按曲线半径大小,根据本规程附图1规定的 $v \leqslant$ 160 km/h客货共线铁路的曲线上建筑限界加宽办法计算确定。

本条是关于区间及站内两相邻线路中心线间最小距离的规定。

铁路线路无论在区间或站内,平行的两线路中心线间必须有一定的距离。这个距离,一方面要保证列车按规定速度运行的安全;另一方面还要考虑到通行超限货物列车和在两线间装设行车设备的需要;在站内还需考虑到工作人员的行走安全。

1. 直线部分

第1表规定了客货共线铁路直线部分的线间距。线间距是指相邻线路中心线间的距离。

(1)第1项规定双线区间两线路中心线间的距离,按不同运行速度不得少于4 000、4 200、4 400 mm,是考虑机车车辆限界半宽1 700 mm,列车信号两个侧灯宽各100 mm,并在两侧各留200 mm的安全量,以此为基础($v \leqslant$120 km/h),再考虑列车速度提高使列车运行摆幅和相对运行列车空气压力增大所需的安全空间(120 km/h$<v \leqslant$160 km/h时为200 mm,160 km/h$<v \leqslant$200 km/h时为400 mm),即

$v \leqslant 120$ km/h 时，正线最小线间距＝1 700×2＋100×2＋200×2＝4 000 mm

120 km/h＜$v \leqslant 160$ km/h 时，正线最小线间距＝1 700×2＋100×2＋200×2＋200＝4 200 mm

160 km/h＜$v \leqslant 200$ km/h 时，正线最小线间距＝1 700×2＋100×2＋200×2＋400＝4 400 mm

当双线区间两线间仅有 400 mm 安全量时，在列车运行时两线中间不能放置工具和停留人员；当列车速度为 160 km/h＜$v \leqslant 200$ km/h 时，虽线间距较大，但正线间停留人员也不能保证安全。

当超限货物列车运行在双线、多线或并行的单线区间的直线地段时，邻线列车运行速度小于 120 km/h 的，两运行列车的最小距离大于 350 mm者不限速；在 300～350 mm 之间者，时速不得超过 30 km；小于 300 mm者，区间禁止会车（曲线地段根据规定相应加宽）。

所以，双线区段考虑一线通行中部一级超限货物列车（宽 1 900 mm），另一线通行一般货物列车（1 700 mm），加侧灯 100 mm，再加 300 mm 富余量，即

1 900＋1 700＋100＋300＝4 000 mm

（2）第 2 项规定三线及四线区间的第二线至第三线中心线间距离不得少于 5 300 mm，是考虑在第二线与第三线间需要装设信号机，且可不限速在区间会超限货物列车。其值为建筑限界半宽度 2 440×2 mm，加上信号机最大宽度 410 mm，即

2 440×2＋410＝5 290≈5 300 mm

（3）第 3 项规定站内正线间线路中心线距离不得少于 5 000 mm，是考虑正线通行超限货物列车（采用建筑限界半宽度 2 440 mm），并考虑相邻线安装有信号机的限界（2 150 mm），加上信号机的最大宽度 410 mm，即

2 440＋2 150＋410＝5 000 mm

（4）第 4 项规定站内正线与相邻到发线的间距，无列检作业时，线间距与第 3 项相同；有列检作业或加水作业时，为确保列车运行安全和列检作业安全，按正线通过列车最高运行速度需扩大的线间距为：

$v \leqslant 120$ km/h 时

一般情况　最小线间距＝5 500 mm

改建特别困难情况　最小线间距=5 000 mm

120 km/h<v≤160 km/h 时

一般情况　最小线间距=6 000 mm

改建特别困难情况　最小线间距=5 500 mm

160 km/h<v≤200 km/h 时

一般情况　最小线间距=6 500 mm

改建特别困难情况　最小线间距=5 500 mm

随着列车速度的提高，线间距逐步加宽，主要是考虑人员防护的安全距离，正线列车速度 120 km/h 及以下时，安全防护距离不应小于 1 m；列车速度 120 km/h<v≤160 km/h 时，安全防护距离不应小于 1.5 m；列车速度 160 km/h<v≤200 km/h 时，安全防护距离不应小于 2 m。

(5)第 5 项规定站内到发线与相邻到发线的间距，与第 3 项考虑的因素相同。

(6)第 6 项规定了站内相邻两线均需通行超限货物列车的线间距。根据本规程第 70 条规定，色灯信号机应采用高柱信号机，计算线间距不得小于 5 300 mm(计算同第 2 项)；经批准采用矮型信号机时，其线间距不得小于 5 000 mm(计算同第 3 项)。

(7)第 7 项规定，站内两线只有一股道通行超限货物列车时，线间距不得小于 5 000 mm(计算同第 3 项)。

(8)第 8 项规定是考虑保证通过列车和调车人员安全等因素确定的。

如果相邻线路间有建(构)筑物或设有影响限界的设施，为了保证列车运行安全，线间距需要按照建筑限界和线间设施的宽度计算确定。

目前部分 140～160 km/h 提速线路的既有线间距为 4 m，如按照第 1 表的规定，提速后区间线间距需要扩大到 4.2 m 或 4.4 m，可能引起较大的改建工程，有些改建工程十分困难，废弃工程和投资巨大；如降低列车运行速度，则会对运输效率产生较大影响。故此部分提速的既有线可维持既有 4 m 线间距，以后逐步通过线路改造使之满足第 1 表规定的线间距。

站内正线须具备接发超限货物列车条件，保证能通过超限货物列车。为保证超限货物列车在站内会让和越行，在编组站、区段站及区段内选定的三至五个中间站上，单线铁路应另有一条线路，双线铁路上、下行各另有一条线路，须能通行超限货物列车。

2. 曲线部分

列车在曲线上行驶时，转向架随线路的曲度可以转动，但车身是一个整体，不能随之弯曲，所以车体两端突出于曲线外侧，而中部向曲线内侧偏移，因而相邻两曲线上的两车辆之间净空减少。当相邻两曲线的外轨超高度不同时，车体倾斜度不同，也影响净空。为保持相邻曲线上车体有一定净空以及线路上的车辆与邻近的建筑物保持一定净空，所以曲线地段的中心线间的水平距离和线间设施(含站台边缘)至线路中心线的最小距离需要加宽。

曲线上建筑限界需加宽多少，与车体长度(L)，转向架中心销间距离(l)及曲线半径(R)有关。如果 L 大、R 小，则车体偏入曲线内侧的距离 f 也大。偏入多少，可根据几何图形计算。

如图 15-1，$\triangle AOD$ 与$\triangle BOD$ 是相似三角形，设 $AO=f$(曲线内偏移量)

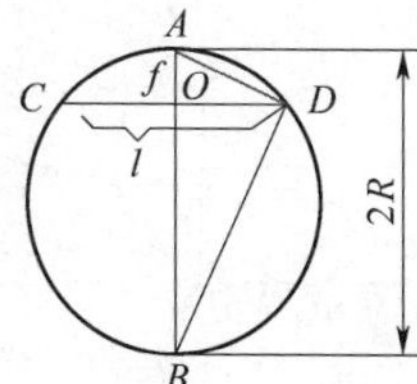

图 15-1　圆曲线上弦长与正矢关系图

因为　$f:\frac{l}{2}=\frac{l}{2}:(2R-f)$

化简　$f(2R-f)=\frac{l^2}{4}$

$$2Rf-f^2=\frac{l^2}{4}$$

$$2Rf=\frac{l^2}{4}+f^2$$

f^2 与$\frac{l^2}{4}$数值比较，小得很多，f^2 可以省去不计。

所以　$2Rf=\frac{l^2}{4}$

即 $f=\frac{l^2}{8R}$

在计算需要最大的加大量时，车体长度采用 $L=26$ m，转向架中心销间距离采用 $l=18$ m。将 $l=18$ m 代入上式，即可求得车体向曲线内侧的偏移量。

$$
\begin{aligned}
f &= \frac{l^2}{8R} \\
&= \frac{18^2}{8R}\times 1\ 000 \\
&= \frac{40\ 500}{R} \quad (\text{mm})
\end{aligned}
$$

因曲线外轨超高 h 而引起的车体内倾所需线路加宽量 x，也可以由图 15-2 所示的图形来计算，并近似地取两钢轨踏面中心线间距离为 1 500 mm，则

$$\frac{x}{H}=\frac{h}{1\ 500}$$

$$x=\frac{H}{1\ 500}h$$

所以曲线内侧需要的加宽量 W_1 为

$$W_1=\frac{40\ 500}{R}+\frac{H}{1\ 500}\times h \quad (\text{mm})$$

曲线外侧需要的加宽量 W_2，可按图 15-3 计算，即

$$
\begin{aligned}
W_2 &= NE=NM-EM \\
&= \frac{26^2}{8R}\times 1\ 000-\frac{18^2}{8R}\times 1\ 000 \\
&= \frac{44\ 000}{R} \quad (\text{mm})
\end{aligned}
$$

曲线线路中心线与建筑限界的水平距离，依建筑物在曲线的内侧或外侧，按上式 W_1 和 W_2 分别计算。在两个相邻曲线线路间应加宽的距离 W 为：

$$W= W_1+ W_2=\frac{84\ 500}{R}+\frac{H}{1\ 500}h \quad (\text{mm})$$

式中 W——相邻曲线线路间加宽值(mm)；

W_1——曲线内侧加宽值(mm)；

W_2——曲线外侧加宽值(mm)；

R——曲线半径(m);

H——轨顶面至计算点的高度(mm);

h——外轨超高值(mm)。

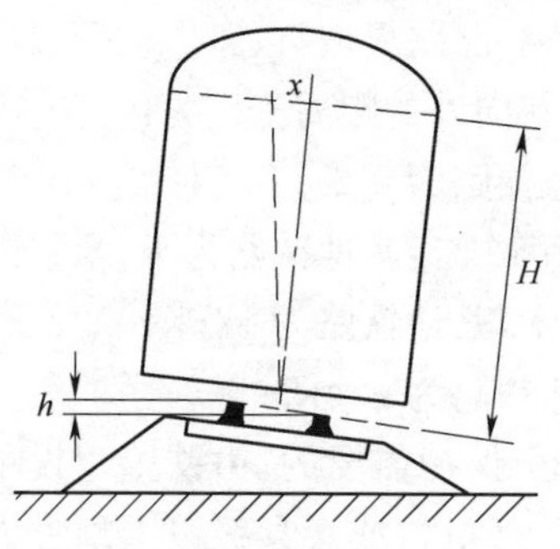

图 15-2 曲线外轨超高所需内侧限界加宽示意图

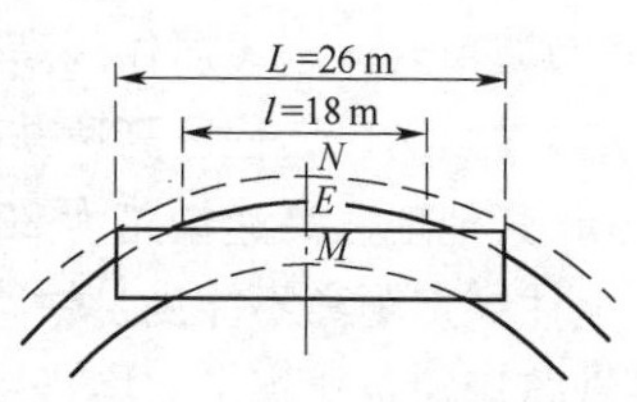

图 15-3 曲线外侧加宽示意图

曲线地段线间距的加宽也采用上述公式,但式中的 H 值所表述的含义与建筑限界加宽不同,其采用的是自轨面至机车车辆限界计算点的高度,曲线地段第一、二线线间距加宽取 3 850 mm。不同情况下加宽办法也不同,具体见《铁路线路设计规范》(GB 50090—2006)第 3.1.8 条的条文说明。

第 16 条 铁路线路两侧应按规定设立铁路线路安全保护区,在铁路线路安全保护区边界设置标桩,并根据需要设置围墙、栅栏、防护桩等防护设施。

在铁路线路安全保护区内修建各种建(构)筑物等设施,取土、挖砂、挖沟、采空作业或者堆放、悬挂物品,应征得铁路运输企业同意并签订安全协议。铁路运输企业应当派员对施工现场实行安全监督。

在铁路线路安全保护区以外、影响范围内进行影响铁路线路安全稳定的作业时,应当与铁路运输企业协商一致。

本条是关于铁路线路安全保护区设立、保护区内施工及保护区外、影响范围内作业的规定。

1. 根据《铁路安全管理条例》第二十七条的规定，铁路线路两侧应当设立铁路线路安全保护区，并在铁路线路安全保护区边界设置标桩。铁路线路安全保护区范围如下：

铁路线路安全保护区的范围，从铁路线路路堤坡脚、路堑坡顶或者铁路桥梁（含铁路、道路两用桥，下同）外侧起向外的距离分别为：

(1)城市市区高速铁路为 10 米，其他铁路为 8 米；

(2)城市郊区居民居住区高速铁路为 12 米，其他铁路为 10 米；

(3)村镇居民居住区高速铁路为 15 米，其他铁路为 12 米；

(4)其他地区高速铁路为 20 米，其他铁路为 15 米。

上述规定距离不能满足铁路运输安全保护需要的，由铁路建设单位或者铁路运输企业提出方案，铁路监督管理机构或者县级以上地方人民政府依据保障铁路运输安全和节约用地的原则划定。

在铁路用地范围内划定铁路线路安全保护区的，由铁路监督管理机构组织铁路建设单位或者铁路运输企业划定并公告。在铁路用地范围外划定铁路线路安全保护区的，由县级以上地方人民政府根据保障铁路运输安全和节约用地的原则，组织有关铁路监督管理机构、县级以上地方人民政府国土资源等部门划定并公告。

铁路线路安全保护区与公路建筑控制区、河道管理范围、水利工程管理和保护范围、航道保护范围或者石油、电力以及其他重要设施保护区重叠的，由县级以上地方人民政府组织有关部门依照法律、行政法规的规定协商划定并公告。

新建、改建铁路的铁路线路安全保护区范围，应当自铁路建设工程初步设计批准之日起 30 日内，由县级以上地方人民政府依照《铁路安全管理条例》的规定划定并公告。铁路建设单位或者铁路运输企业应当根据工程竣工资料进行勘界，绘制铁路线路安全保护区平面图，并根据平面图设立标桩。

此外，根据需要设置围墙、栅栏、防护桩等防护设施，是由于普速铁路各条线行车量、列车运行速度、线路周围环境等因素差别较大，应酌情考虑是否设置。列车运行速度 120 km/h 及以上线路和重载运煤专线等线路两侧，应按标准进行栅栏封闭。

2. 对于《铁路安全管理条例》有规定的，尽量引用原文，所以本条第二款内容摘自《铁路安全管理条例》第三十条规定，"在铁路线路安全保护区内建造建筑物、构筑物等设施，取土、挖砂、挖沟、采空作业或者堆放、悬挂物品，应当征得铁路运输企业同意并签订安全协议，遵守保证铁路安全的国家标准、行业标准和施工安全规范，采取措施防止影响铁路运输安全。铁路运输企业应当派员对施工现场实行安全监督。"

3.《铁路安全管理条例》第三十二条、第三十三条、第三十四条、第三十五条、第三十六条、第三十七条、第三十八条、第三十九条都是对在铁路线路影响范围内从事各种活动时的要求，若影响铁路线路的安全稳定，或者对铁路运输生产有影响，都必须与铁路运输企业协商一致。本条第三款就是根据上述内容制定的。

第17条 铁路线路安全保护区内的道路和铁路线路路堑上的道路、跨越铁路线路的道路桥梁，应按照国家有关规定设置防止车辆以及其他物体进入、坠入铁路线路的安全防护设施和警示标志。

下穿铁路桥梁、涵洞的道路应按照国家标准设置车辆通过限高、限宽标志和限高防护架。

本条是关于在有关道路、道路桥梁设置安全防护设施和警示标志的规定。

第一款根据《铁路安全管理条例》第四十四条内容制定，"铁路线路安全保护区内的道路和铁路线路路堑上的道路、跨越铁路线路的道路桥梁，应当按照国家有关规定设置防止车辆以及其他物体进入、坠入铁路线路的安全防护设施和警示标志，并由道路管理部门或者道路经营企业维护、管理。"

第二款根据《铁路安全管理条例》第四十三条内容制定，"下穿铁路桥梁、涵洞的道路应当按照国家标准设置车辆通过限高、限宽标志和限高防护架。城市道路的限高、限宽标志由当地人民政府指定的部门设置并维护，公路的限高、限宽标志由公路管理部门设置并维护。限高防护架在铁路桥梁、涵洞、道路建设时设置，由铁路运输企业负责维护。"

根据原铁道部、交通部、公安部、建设部联合发布的《关于贯彻〈铁路运输安全保护条例〉,加强铁路桥梁(涵洞)、线路安全保护工作的通知》(铁办〔2005〕134号),以及《"铁跨公"立交桥涵限高防护架管理办法》(铁运〔2005〕193号)的规定,为保护铁路桥梁不受机动车辆的撞击,下穿铁路桥梁、涵洞的道路,其净空不足5 m的,应当按照《道路交通标志和标线》(GB 5768—2009)的相关要求设置限高、限行及禁令标志,并设置限高防护架。所有新建、改建铁路,在修建"铁跨公"立交桥涵时,对符合设置条件的,必须做到限高防护架和限高、限行标志与立交桥主体工程同时设计、同时施工、同时投入使用。限高防护架设置净高(横梁底至路面)在任何情况下均应低于净高20 mm至100 mm,并与"限高"警示标志一致。限高防护架由铁路运输企业按"铁路限高防护架通用图"的要求设置并负责维护。限高防护架的设置位置不能影响其他相邻道路的正常通行,设置宽度不得小于道路路面的实际宽度,距桥梁边缘的距离应满足铁路安全保护区距离的规定(因条件限制无法满足规定距离要求时可酌情调整)。除有特殊要求外,限高防护架要按规定涂刷黄黑相间警示条文。

养护维修及检查

第18条 铁路技术设备的养护维修工作,应实现机械化、自动化、专业化、信息化,落实责任制和检验制,坚持以预防为主、检修与保养并重、预防与整治相结合的原则,合理确定检修项目和检修周期,组织定期检查,加强日常维修,提高设备质量。

基础设施实行天窗修制度,并推行预防性计划修、专业化集中修制度。

本条是关于铁路技术设备养护维修工作基本要求的规定。

加强技术设备的养护维修工作,是提高设备质量、发挥设备潜力和延长其使用年限的主要措施,对保证行车安全、完成运输任务具有重要意义。

养护维修工作应积极实现机械化、自动化、专业化、信息化,这样可以提高养护维修工作的质量和效率,并能大大减轻工作人员的劳动强度。

落实技术设备养护维修和管理的责任制,是增强维修人员和使用人员的责任心，提高养护维修工作水平，使设备经常保持良好状态的有效措施。因此，各种技术设备均应建立包机、包车或包修等责任制度。

落实技术设备的检验制，是保证技术设备质量的重要手段，除应设专职人员检验外，还应加强维修、使用人员的自检、互检制度。

对技术设备的养护维修，应贯彻以预防为主、检修与保养并重、预防与整治相结合的原则，做到“无病防病，有病根治”。为此，维修人员应熟悉技术设备的性能，掌握其技术状态的变化规律，做到精心维修；使用人员要爱护所使用的技术设备，正确执行操作规程，按规定检查和保养，并做好自检、自修工作；各有关单位，应合理确定检修周期，组织好定期检查，有计划地进行检修和季节性的整治工作。

天窗是指在列车运行图中，不铺画列车运行线或调整、抽减列车运行线，为营业线施工、维修作业预留的时间，按用途分为施工天窗和维修天窗。

预防性计划修是以通过的总重、计划的时间周期或其他指标为目标而开展的设备维修方式。专业化集中修是调集一定数量的设备和人力，集中一段时间对某一条线进行专门维修，长大繁忙干线或重载线路往往采取这种维修方式。预防性计划修和专业化集中修对确保维修质量，提高天窗使用效率，满足设备维修要求有积极作用，是普速铁路修程修制改革的重要内容和发展方向。

第19条 铁路技术设备应保持完整良好状态。根据设备变化规律、季节特点，安排设备检修。检修单位应保证检修质量符合规定的标准和使用期限，并经检验合格后，方准交付运用。

本条是关于铁路技术设备检修检验基本要求的规定。

为保证不间断及安全地组织列车运行和调车工作，铁路各种技术设备，应经常保持良好完整状态。

各种技术设备由于长期不间断地使用和季节变化等多种因素的影响，会引起部件磨耗和技术质量的降低，因此必须根据设备在使用期间的变化规律及季节性等特点，正确、及时安排检查和修理。检修单位应严格执行有关技术标准，确保技术设备的检修质量。经过检修的技术设备，须按规定进行检验合格后，方准交付使用。

第 20 条 为满足检修需要，应建立检修基地，设置检修、试验设备（包括检查车、试验车）、运输工具、必要的生产辅助车间和生产房屋，并应储备定量的器材和备品，以备急需和替换时使用。储备的器材和备品动用后，应及时补齐。

对各种机械设备应制定相应的检修、保养范围及安全操作规程。有关人员应做到正确使用，精心保养，细心检修，保持其良好状态。

本条是关于建立检修基地基本要求的规定。

为保证各种技术设备的良好状态，满足其检修的需要，铁路检修基地应合理布局，在适当地点建立各种技术设备的修理工厂和日常检修的机务段、机车检修段、车辆段、动车段（所）、工务（桥工）段、工务机械段或大型养路机械运用检修段、工务大修段、电务段、通信段、供电段、房建段等。各检修基地应根据需要，设置必要的检修、试验设备，配备各种检查车（如钢轨探伤车、轨道检查车、限界检查车等）、试验车（如电务试验车等）和各种运输工具，必要时还应建立生产辅助车间和生产房屋等。为保证及时完成各项设备的检修任务，缩短检修时间，各检修基地均应储备定量的重要部件、器材及其零部件，以备急需和替换使用，动用后应及时补齐。

保持各种机械设备的良好状态，是完成铁路技术设备生产和检修任务的重要保证条件。为加强对各种机械设备的养护维修工作，根据其性能和运转特点，明确规定其检修、保养范围及安全操作规程。有关人员应严格遵守安全操作规程，正确使用机械；爱护设备，勤清扫、勤检查、勤给油，精心保养；并应按照规定的检修范围及作业程序，细心检修，保持机械设备状态良好。

第 21 条 铁路技术设备，除由直接负责维修及管理的部门经常检查、周期维修外，铁路局还应按规定组织有关人员进行定期全面检查和专项检查。具体办法由铁路局规定。

固定行车设备定期全面检查和专项检查的检查结果记入《行车设备检查登记簿》内。检查中发现问题，要及时解决；对危及行车安全的，须立即采取措施；当时不能解决的，要安排计划，限期完成，并进行复查；需要上级解决的，要按程序上报。

本条是关于铁路技术设备检查基本要求的规定。

为了保证运输安全，铁路技术设备除由直接负责维修及管理的部门经常检查和周期维修外，铁路局还应组织有关人员进行定期全面检查和专项检查。由于各等级车站技术设备涉及专业多，各铁路局情况不统一，专业范围和管理制度不完全一致，为更具操作性，《技规》对设备检查只作原则性规定，不再对检查的组织机构和检查内容进行详细规定，具体办法由铁路局根据具体情况细化规定。

检查时应高标准、严要求，发现的问题要及时解决；对危及行车安全的，必须立即采取措施，防止事故发生。检查中不能立即解决的，要安排计划，限期完成，并要进行复查；需要上级解决的，要按程序上报。

在进行定期全面检查和专项检查时，需要检查的内容很多，固定行车设备的检查结果在《行车设备检查登记簿》内登记，包括利用移动设备对固定行车设备的检查结果。这里将原铁道部第10版《技规》中的“直接负责维修及使用的部门”改为“直接负责维修及管理的部门”，是由于设备的使用部门不一定是管理部门。

第22条 铁路局有关专业管理部门应按规定组织专项检查。其中：

1. 对重要线路的平面及纵断面复测、限界检查，每五年不少于一次；技术复杂及重要的桥梁、隧道检定，其他线路的平面及纵断面复测、限界检查，每十年不少于一次；对其他桥梁、隧道检定，应根据实际需要进行。对驼峰及调车场线路溜放纵断面复测，每五年不少于一次。

2. 登乘机车、动车组列车或其他旅客列车尾部对线路全面检查，每月不少于一次。

3. 对干线地面信号、机车信号、轨道电路设备和列车无线调度通信设备等的运用状态，每月检查一次；场强覆盖每季度检查一次。登乘机车检查信号显示距离、机车信号显示状态及列车无线调度通信设备运用质量，每月不少于一次。

4. 对接触网状态，每月检查一次；对接触网设备限界检查，每五年不少于一次；对其他供电设备定期检查。

5. 对为客货运服务的建(构)筑物(包括限界)和生产、办公房屋检查，每年不少于一次；对客运服务设备每年春运前进行一次全面检查。

铁路局根据需要可加密检查或随时检查。

铁路总公司专业技术机构根据线路的年通过总重、线路允许速度，使用专用设备定期对主要线路进行轨道、通信信号、接触网检查和钢轨探伤。

救援设备

第23条 在铁路总公司指定地点设事故救援列车、电线路修复车、接触网抢修车，配备应急通信设备，并处于整备待发状态，其工具备品应保持齐全整洁，作用良好。

根据运输生产需要，铁路局应在无救援列车的编组站、区段站和二等以上车站成立事故救援队，配备简易起复设备和工具。

铁路总公司、铁路局应急救援指挥中心应建设应急平台，配备相应的应急指挥设施和通信等设备，确保事故现场的图像、话音及数据在规定的时限内传送至应急救援指挥中心。

机车、自轮运转特种设备上均应备有复轨器和铁鞋(止轮器)。

动车组应配备止轮器(铁鞋)、紧急用渡板、应急梯、过渡车钩和专用风管。

救援列车停留线，原则上应设在两端接通、便于救援列车出动的段管线(站线)上。救援列车基地应配备生产、生活、培训设施设备。

本条是对事故救援列车的设置、救援队伍组织和救援装备的规定。

根据《铁路交通事故应急救援规则》(铁道部令第 32 号)中的有关规

定，“加强铁路交通事故的应急救援工作，最大限度地减少人员伤亡和财产损失，尽快恢复铁路运输秩序”，为及时处理行车事故，起复机车车辆，清除线路故障，迅速恢复行车，在铁路总公司指定的沿线适当地点设事故救援列车、电线路修复车、接触网抢修车，配备应急通信设备，并处于整备待发状态，其工具备品应保持齐全整洁，作用良好。各种维修、救援车辆上配备应急通信设备，如对讲机或其他专用通信设备，保证车上工作人员、现场和铁路局应急救援中心之间通信通畅，提高工作效率。

救援列车是在铁路线路上发生列车脱轨、颠覆和线路水害、塌方等事故时，用以排除线路故障物、起复机车车辆的专用车列。

电线路修复车是为了修复自然灾害或其他原因造成的信号、通信电线路损坏而装备的有工具、器材的专用车辆，可编入救援列车开往事故现场。

接触网检修车是为了修复电气化铁路接触网断线、电杆及铁塔倒伏、瓷瓶破损等情况而特设的专用车。

除上述三种救援设备外，为使发生轻微脱轨的机车车辆及时起复，根据运输生产需要，铁路局应在无救援列车的编组站、区段站和二等以上车站成立事故救援队，配备简易起复设备和工具。

随着铁路通信事业的发展和救援工作的需要，铁路总公司、铁路局应急救援指挥中心应建设应急平台，配备相应的应急指挥设施和通信等设备，确保事故现场的图像、话音及数据在规定的时限内传送至应急救援指挥中心，各种救援、维修车辆上配备应急通信设备，保证救援工作顺利进行。

为防止机车、自轮运转特种设备在线路上无动力停留时溜逸，应使用铁鞋（止轮器）防溜。为使发生轻微脱轨的机车、自轮运转特种设备能及时起复，开通区间或线路，减少救援列车的出动，规定机车、自轮运转特种设备上均应备有复轨器，大型养路机械及轨道车还需配备液压复轨器。有关乘务人员应掌握复轨器的使用方法。

动车组应配备铁鞋（止轮器），以防止无动力停留时溜逸。在应急状态下，为方便动车组上的旅客换乘或疏散，需使用紧急用渡板、应急梯，故需随车配备。使用机车救援动车组时，需使用过渡车钩和专用风管，因此动车组还应配备过渡车钩和专用风管。

《铁路交通事故应急救援规则》(铁道部令第 32 号)第三十条规定:“事故应急救援需要出动救援列车时,救援列车应当在接到出动命令后 30 分钟内出动”,为保证迅速出动救援,救援列车停留线,原则上应设在两端接通、便于救援列车出动的段管线(站线)上。其固定停放线路,须与正线或到发线衔接,能够开入区间。救援列车基地应配备生产、生活、培训设施设备。

灾害防护

第 24 条 铁路局应根据历年降雨、洪水规律和当年的气候趋势预测,发布防洪命令,制定防洪预案,汛期前进行防洪检查处理,组织有关部门对沿线危树、危石进行检查,完成防洪工程和预抢工程,储备足够的抢险料具及机具,组织抢修队伍并进行演练,依靠当地政府建立群众性的防洪组织。加强雨中和雨后的检查,严格执行汛期安全行车措施,强化降雨量和洪水位警戒制度、防洪重点处所监护制度。对于可能危及行车安全的地点,有条件时可安装自动报警装置。对水流量大、河床不稳定的桥梁,要设置必要的监测仪器,建立观测制度,掌握桥梁水文及河床变化情况,及时采取预防和整治措施。汛前,须将防洪重点处所抄送相邻相关铁路局。

一旦发生灾害,积极组织抢修,尽快修复,争取不中断行车或减少中断行车时间。设备修复后,须达到规定标准。

加强对电子电气设备的雷电防护及电磁兼容防护工作,逐步建立雷电预警系统,减少或防止雷电等自然灾害对设备的影响。

本条是对防洪工作、电子电气设备的雷电防护及电磁兼容防护工作的规定。

1. 防洪

降低汛期防洪安全风险,把握铁路水害发生规律,破解水害事故多发的难题,最大限度地保障汛期运输安全,一直是铁路运输安全工作的重点。防洪安全工作应贯彻落实“安全第一,预防为主、综合治理”的指导思想,以全面排查、防治并举、超前预警、果断处置为工作主线,依靠当地政府建立群众性的防洪组织，扎实做好汛期防洪抢险各项工作：根据历年降雨、洪水规律和当年的气候趋势预测，制定防洪预案，发布防洪命令，汛期前要进行防洪检查处理，组织有关部门对沿线危树、危石进行检查，按时完成防洪工程，储备足够的料具及车辆，组织抢修队伍并进行演练，充分发挥广大干部职工和沿线群众参加防洪抢险的积极性，加强雨中雨后检查，严格落实汛期安全行车措施，强化防洪地点巡守和雨量警戒制度，全员防洪、科学防洪、常态防洪，确保行车安全。

主要干线发生水害断道后，要全力抢修，先通后固，先行抢通再行复旧加固，全力以赴保障主要干线运输秩序。对于行车密度较小的非主要干线和支线铁路，由于对干线路网运输影响较小，发生水害后抢险与复旧可一并进行。水害复旧要遵循先急后缓、干线优先，兼顾上下行前后段，干一处保一段，注重工程整治的针对性和有效性等原则，努力形成区段抗洪能力。

2. 电子电气设备的雷电防护及电磁兼容防护

电子电气设备容易受到雷电攻击和电磁干扰，从而影响铁路运输和行车安全，所以加强对电子电气设备的雷电防护及电磁兼容防护的工作非常重要。要逐步建立雷电预警系统，提高设备抗御电磁干扰的能力，减少或防止雷电等自然灾害对设备的影响。

雷电电磁脉冲干扰是造成铁路信号设备损坏和寿命减少的主要原因，它包含两部分概念，一是建筑物防雷击和通信、控制系统雷电电磁脉冲保护；二是电磁兼容(EMC)防护，即防止对系统的电磁干扰。

电子电气设备的雷电防护及电磁兼容防护应符合《轨道交通　电磁兼容》(GB/T 24338—2009)、《建筑物电子信息系统防雷技术规范》(GB 50343—2012)、《铁道信号设备雷电电磁脉冲防护技术条件》(TB/T 3074—2003)和《铁路信号设备雷电及电磁兼容综合防护实施指导意见》(铁运〔2006〕26 号)等有关规定，其中信号设备雷电及电磁兼容防护在《铁路信号设备雷电及电磁兼容综合防护实施指导意见》(铁运〔2006〕26 号)中规定如下：

(1)铁路信号设备雷电防护应采取综合防护的方法，主要为三个方面：

①改善电磁兼容环境条件，包含屏蔽、等电位设置以及合理布线；

②分区分级设置防雷保安器；

③良好接地措施。

(2)铁路信号设备本身的电磁兼容性应当符合《铁道信号电气设备电磁兼容性试验及其限值》(TB/T 3073—2003)规定要求。电气化牵引区段，与钢轨连接的信号设备，还应符合 TB/T 3073—2003 标准附录 A 牵引电流传导性干扰试验(即不平衡牵引电流抗干扰度试验)要求。

(3)与室外连接的信号设备，其雷电电磁脉冲的抗扰度应符合《铁道信号设备雷电电磁脉冲防护技术条件》(TB/T 3074—2003)第 9 章"信号设备雷电电磁脉冲防护水平"要求。

我国铁路大部分车站都处于远离城市中心的雷电暴露环境下，信号设备间附近往往伴有无线列调天线塔、大型灯光桁架、吊机等易引导雷电的高大建筑物，而且信号系统设备都大量、长距离地连接室外采集和控制对象，其中轨道电路就是长距离、大面积暴露于地面，又是电力机车牵引电流的通道，极易遭受雷击和瞬态过电压侵害。防雷包括外部防雷(防直击雷)和内部防雷(防雷电电磁脉冲)。采用屏蔽、共用接地、等电位连接、合理布线和设置防雷保安器等综合防护技术，对信号、控制系统设备进行分区、分级、分设备的系统防雷保护，减少雷电电磁脉冲影响，可有效延长设备使用寿命，提高设备可靠性。

电磁环境除雷电电磁脉冲外，还有来自电气化区段牵引线路高电压、大电流影响，电力机车升降弓的电弧辐射磁场影响，无线电干扰，设备电气开关电路动作引起的浪涌过电压、过电流产生的电磁脉冲干扰等。电磁兼容是相对电磁干扰而言，实现电磁兼容，需要包括抗干扰(即设备或系统抵抗电磁干扰的能力)和控制电磁发射(即控制设备或系统发射电磁能量)两个方面。电磁兼容的设计通常分别从屏蔽、滤波和接地三方面考虑，通过减低或阻断电磁干扰波"辐射"和沿电缆"传导"对设备或系统产生影响。

信号设备应对雷电感应过电压进行防护，交流电源的引入、计算机设备、轨道检查装置、遥控遥信与外线连接的信号设备必须装设雷电防护装置。信号设备接地电阻值应符合《铁路信号设计规范》(TB 1007—2006)的有关规定。

机务段、车辆段、动车段、洗罐所、大机段等有大型装卸油品设施或库房，其输油管道、油罐、泵房、钢栈桥等，应设防雷和防静电装置。

定期检查和测试设备的屏蔽、滤波和接地性能，保证设备安全可靠工作。站车及通信信号装备应符合电磁兼容标准，确保设备状态优良。

要逐步建立雷电预警系统，提高设备抗御电磁干扰能力，减少或防止雷电等自然灾害对设备的影响。

第25条 对防寒工作，应提前做好准备。铁路局要抓好以下工作：

1. 对有关人员进行防寒过冬培训，并按规定做好防寒劳动防护用品的配备和发放工作；

2. 对铁路技术设备进行防寒过冬检查、整修，并根据需要做好包扎管路等工作；

3. 做好易冻设备、物资的防冻解冻工作；

4. 储备足够的防寒过冬材料、燃料和工具，检修好除冰雪机具和防雪设备，组织好除冰雪队伍。

第26条 在需要进行防暑工作的调度室、行车人员值班室、较大车站的生产车间、作业人员间休室等重要生产房屋，应设有降温设备。露天作业场所根据需要设置凉棚。

在炎热季节应有足够的防暑用品和药物，并应有供职工饮用的清凉饮料。

在暑季前，应对防暑降温设备进行检查、整修。

第27条 有旅客或工作人员的机车车辆内，均须备有灭火器。客车内的燃煤锅炉、茶炉，餐车低压锅炉、炉灶须有防火措施。餐车低压锅炉还须有防爆措施。

机车车辆停车及检修库、油脂库、洗罐所、通信信号机械室、计算机机房、牵引变电所控制室及为客货运服务的建(构)筑物等主要处所,均须备有完好的消防专用器具。

有关单位应建立和健全消防组织,定期进行检查。

本条是对机车车辆及检修库所等主要处所的消防规定。

1. 有旅客或工作人员的机车车辆内均应备有灭火器。这里的机车车辆包括机车、客车、动车组、轨道车、检查车、发电车、试验车、大型养路机械及工程宿营车等。灭火器配置应符合《建筑灭火器配置设计规范》(GB 50140—2005)要求,由于以上各种机车车辆一般有高、低压电器设备,或带有各种易燃、易爆物质或人员集中,万一发生火灾,如不及时扑灭,危害极大。为能迅速灭火或避免扩大火灾事故,这些机车车辆均应配备足够数量的灭火器。灭火器应保证作用良好,有关部门应进行定期检查、更换。

2. 客车内的燃煤锅炉、茶炉,餐车低压锅炉、炉灶都应有防火措施。餐车低压锅炉还需有防爆措施,以保证旅客列车的安全。为防止客车发生火灾、爆炸事故,确保旅客安全,应经常注意检查车内防火装置及锅炉各阀、表的作用是否良好,要求各种管路必须通畅。

3. 机车车辆停车及检修库、油脂库、洗罐所、通信信号机械室、计算机机房、牵引变电所控制室及为客货运服务的建(构)筑物等主要处所,均应备有完好的防火专用器具,平时不得随意动用,并应定期进行检查。此外,还应注意保证这些建筑物的通风排烟和消防通道的通畅,这些重要建筑物的室内装修应采用不可燃和不易燃材料。当有条件时,应逐步建立自动喷水灭火系统、排烟设施和火灾自动报警系统,提高抗突发火灾的能力。

有关单位应建立和健全消防组织,并定期进行检查,遇有火警,能起到及时救火的作用。

行车安全监测设备

第 28 条 铁路行车安全监测设备是保障铁路运输安全的重要

技术设备，应具备监测、记录、报警、存取功能，保持其作用良好、准确可靠，并定期进行计量校准。

铁路行车安全监测设备主要包括：

1. 机车车辆的车载监测设备；

2. 机车车辆的地面监测设备；

3. 轨道、通信、信号、牵引供电、电力等固定设备的移动检测设备；

4. 线路、桥梁、隧道、通信、信号、牵引供电、电力等固定设备的在线自动监测设备；

5. 车站行车作业监控设备；

6. 自然灾害综合监测预警设备；

7. 列车安全防护预警系统、道口及施工防护设备。

本条是关于铁路行车安全监测设备基本要求的规定。

铁路行车安全监测设备是指对铁路运输移动设备、固定设备的运行状态进行实时监测，对设备故障及时报警，并具有数据记录和存取功能的装置。安全监测设备应安装在被监控设备上或其附近，一般不参与设备的直接控制。根据需要可选择车载和地面两种形式。

随着铁路列车运行速度的提高、新技术装备的应用，行车安全监控设备在保证铁路运输安全方面所发挥的作用越来越大。铁路各专业部门运用科技手段，建立和运用了一大批行车安全监控设备，并且逐步实现了安全监测系统的网络化、信息化。

铁路行车安全监测设备应保持技术状态完好，以保证其充分发挥作用。根据国家铁路局和铁路总公司的有关规定，计量检测设备(含器具、仪器)必须制定相应的计量检定规程或校准规范，定期进行计量检定、校准，以保证监测设备检测数据的准确、可靠。

1. 机车车辆的车载监测设备，是指安装在机车、客车、货车上，对其本身运行状态和故障进行监测的安全技术设备。例如机车、货车行车安全监测诊断系统、客车轴温报警及运行安全监控系统、列车运行状态信息车载设备、机车车载安全防护系统等车载设备。车载监测设备对机车和车辆出现的故障可通过报警提示司机，不直接对列车运行进行控制。

2. 机车车辆的地面监测设备，是指安装在铁路线路两侧地面上，对机车车辆运行状态进行安全监测的技术设备。例如铁道车辆运行品质轨边动态监测系统、车辆轴温智能探测系统、货车故障轨边图像检测系统、车辆滚动轴承故障轨边声学诊断系统、客车运行故障图像检测系统等地面监测设备。地面监测设备应满足铁路限界规定，不得影响行车安全，且便于维修养护。

3. 轨道、通信、信号、牵引供电、电力、电力贯通（自闭）线等固定设备的移动检测设备，是指利用安装在移动设备上的装置对固定设施进行监测的安全技术设备。例如综合检测车、车载式线路检查仪、轨道检查车、电务试验车、接触网检测车、钢轨探伤车、隧道检查车、隧道限界检测车等。

4. 线路、桥梁、隧道、通信、信号、牵引供电、电力等固定设备的在线自动监测设备，是指安装在地面上，对固定设备进行监测的安全技术设备。例如信号计算机监测、道岔电气机械状态监测装置、轨温检测与报警、桥梁监测、路基安全、隧道运营机械通风监控、视频监控、高危路段线路障碍自动监测预警、信号微机监测、信号设备故障专家诊断、车站信号应急联锁、电力远动自动监测等系统设备。

5. 车站行车作业监控设备，是指安装在车站对站内行车作业进行安全监控的设备。例如货运站安全监控管理、货运计量安全检测监控、危险货物运输安全监控、铁路限界管理及超限超重货物运输、调车作业监控系统、货车装载视频监视系统、铁路散堆装货物运输抑尘智能控制及作业质量监控、车务远程网络监控、客运站视频监控、牵引变电所远程视频监控、公安编组站站车安全监控、货场视频监控、调车作业监控货车装载安全状态监测（安全门）、货车装载安全监控视频系统等设备。

6. 自然灾害综合监测预警设备，是指对铁路沿线不良地质条件和线路周边环境等自然灾害进行现场监测的设备。

7. 列车安全防护预警系统、道口及施工防护设备，是指列车接近铁路沿线的平交道口和施工作业位置的安全防护预警系统设备。例如道口自动防护设备、施工人员对讲机定位设备等。

第29条 铁路行车安全监测设备应实现信息共享，为运输组

织、行车指挥、设备检修、救援及事故分析等提供信息。

本条是关于铁路行车安全监测信息共享的规定。

将行车安全监测设备监测到的信息及时传输到相关工种和部门，充分实现信息共享，是保障行车安全、充分发挥行车安全监测设备功能和作用、提高工作效率的重要前提。相关单位、部门和工种应打破各自利益界限和部门专业界限，站在维护铁路总体利益、确保行车安全、提高工作效率的高度，重视行车安全监测信息共享的重要性，积极主动为信息及时传输和共享创造条件。为此，应建立良好的管理制度和沟通平台，协调好信息传输与共享工作。应建立适应共享信息传输的标准，规范管理，实现行车安全监测信息共享、资源共享，并做到及时共享和充分共享。信息传输网络应满足信息传输的要求，并保证网络的畅通。

行车安全监测信息是指为运输组织、行车指挥、设备检修、救援及事故分析等提供的信息，一般不直接控制行车。

第二章　线路、桥梁及隧道

一般要求

第30条　为了保证线路、桥隧、路基等设备质量，应设工务段等工务维修机构。

工务段管辖正线长度，应根据单线或双线、平原或山区等条件确定。在工务段管辖范围内有枢纽或编组站时，应适当减少正线管辖长度。

铁路局根据需要和条件，设供铁路专用的采石场和林场。

本条是关于工务维修机构设置的规定。

线路、桥隧、路基等设备，是列车运行的基础，是铁路的大型技术设备，其状态的好坏，直接关系到铁路行车的安全和运输效率。

工务维修机构包括工务（桥工）段、工务机械段、大型养路机械运用检修段、工务大修段等。为了保持线路、桥隧、路基等设备能够经常处于良好状态，保证设备质量，使列车按照规定的行车速度安全和不间断地运行，延长设备的使用寿命，应设立工务（桥工）段，负责线路、桥隧、路基等设备的计划维修、临时补修和重点病害整治以及巡守工作；设立工务机械段或大型养路机械运用检修段，配置大型养路机械，负责线路、桥隧、路基等设备的大修、综合维修。工务机械段或大型养路机械运用检修段还应承担铁路局工务部门大型养路机械的检修和维护。

工务段管辖区域的划分，应考虑既有铁路和路网规划的结合。工务段的所在地应考虑位置适中，并且要尽量与机务、车务和电务等站段设在一处，以利于管理顺畅和职工生活便捷。

工务段管辖正线长度，应根据单线或双线，平原或山区，线路、桥隧、路基等设备的多少或繁简情况，以及是否便于管理等具体条件确定。

双线线路的实际长度比单线线路增加一倍，正线管辖长度应适当缩短；山区线路、桥隧、曲线、坡道较多时，质量保持周期较短，养护维修工作量增大，正线管辖长度应比平原地区适当缩短。管辖范围内如有枢纽或编组站时，因有联络线、迂回线，而且岔线、站线及道岔也较多，会增加养护维修工作量和管理上的困难，因此也应适当缩短管辖正线长度。

铁路局根据需要和条件，设立供应道砟、砂石的采石场（砂场）和设立专为铁路线路防护和绿化服务的林场。

第 31 条 工务维修机构应有机具检修、配件修理、辅助加工等设施，动力、机修、起重、试验等设备，以及轨道车和汽车等运输工具；根据养护维修需要还应有大型养路机械、工务专用机械设备、移动检测设备，以及检修、焊轨基地等。

铁路线路

第 32 条 铁路线路分为正线、站线、段管线、岔线、安全线及避难线。

正线是指连接车站并贯穿或直股伸入车站的线路。

站线是指到发线、调车线、牵出线、货物线及站内指定用途的其他线路。

段管线是指机务、车辆、工务、电务、供电等段专用并由其管理的线路。

岔线是指在区间或站内接轨，通向路内外单位的专用线路。

安全线是为防止列车或机车车辆从一进路进入另一列车或机车车辆占用的进路而发生冲突的一种安全隔开设备。

避难线是在长大下坡道上能使失控列车安全进入的线路。

本条是关于铁路线路分类的规定。

铁路线路分为正线、站线、段管线、岔线、安全线及避难线。

1. 正线

正线是指连接车站并贯穿或直股伸入车站的线路。正线可分为区间正线及站内正线。连接车站的正线为区间正线，贯穿或直股伸入车站的部分为站内正线。但新建线路直股伸入站内正线外的其他股道时，如股道未按正线设计(改造)，不作为正线管理。

2. 站线

车站内除设有正线外，还根据业务性质、运量大小及技术作业的需要，分别铺设其他配线，这些配线统称为站线，如到发线、调车线、牵出线、货物线及指定用途的其他线路等。

到发线是指供列车到达、出发使用的线路。

调车线是指进行列车编组与解体作业使用的线路。

牵出线是指设在调车场的一端，并与到发线连接，专供车列解体、编组及转线等牵出使用的线路。

货物线是指专供办理货物装卸车使用的线路。

站内指定用途的其他线路，是指站内救援列车停留线、机车走行线、机车等待线、车辆站修线、轨道衡线、加冰线、换装线、货车洗刷线、驼峰迂回线等。

3. 段管线

段管线是指由机务、车辆、供电、工务、电务等段专用，以及动车段(所)专用，并由其管理的线路。

4. 岔线

岔线是指在区间或站内接轨，通往路内外单位(厂矿企业、砂石场、港湾、码头及货物仓库)的专用线路。

5. 安全线

安全线是为防止列车或机车车辆从一进路进入另一列车或机车车辆占用的进路而发生冲突的一种安全隔开设备，为特殊用途线。

6. 避难线

避难线是在长大下坡道上能使失控列车安全进入的线路，为特殊用途线。避难线是为防止长大下坡道上失去控制的列车发生冲突或颠覆而设置的。

第33条 Ⅰ、Ⅱ级铁路区间线路最小曲线半径及最大限制坡度规定见第2表和第3表。

第2表 铁路区间线路最小曲线半径(m)

铁路等级	Ⅰ			Ⅱ	
路段设计行车速度(km/h)	200	160	120	120	80
一般	3 500	2 000	1 200	1 200	600
困难	2 800	1 600	800	800	500

第3表 铁路区间线路最大限制坡度(‰)

铁路等级		Ⅰ		Ⅱ	
		一般	困难	一般	困难
牵引种类	电力	6.0	15.0	6.0	20.0
	内燃	6.0	12.0	6.0	15.0

第34条 车站应设在线路平道、直线的宽阔处。

车站必须设在坡道上时，其坡度不应大于1‰；在地形特别困难的条件下，会让站、越行站可设在不大于6‰的坡道上，且不应连续设置，并保证列车的起动。

车站必须设在曲线上时，到发线有效长范围内不得设在反向曲线上，其曲线半径不得小于该区段内的最小曲线半径，且不得小于第4表中规定的数值。

第4表 车站平面最小曲线半径

路段设计行车速度(km/h)	最小曲线半径(m)		
	区段站	中间站、会让站、越行站	
		一般	困难
80	800	600	600
120		1 200	800
160	1 600	2 000	1 600
200	2 000	3 500	2 800

本条是关于车站设置对线路条件要求的规定。

车站是为了列车停留作业而设置的。客运列车的作业包括旅客乘降、列车交会及越行、上水作业、大坡道运行安全停留、机车换挂等；货物列车作业包括列车交会及越行、大坡道运行安全停留、中间站车辆甩挂、机车换挂等。车站平面布置应考虑列车停车、起动、调车等作业时，司机和行车人员瞭望信号及邻线行车情况。车站设在线路平道、直线的宽阔处，有利于作业人员瞭望，同时列车起动条件也好。在山区、城市中心、既有线改建等困难条件下，经过技术经济比选，车站需要设在曲线上时，应按车站类别和速度等级选择曲线半径。

车站必须设在曲线上时，到发线有效长范围内不得设在反向曲线上，其曲线半径不得小于该区段内的最小曲线半径，且不得小于第4表中规定的数值。

车站到发线坡度设置主要考虑列车和车辆的停留安全、起动条件。根据车辆起动阻力试验，单辆货车的单位起动阻力最小为1.7 N/kN。为保证车辆不出现溜逸，还需考虑自然界风的影响和邻线列车通过产生的风压力，若综合风速按8 m/s计算，则单位风力约为0.6 N/kN。由此可见，当到发线坡度在1‰及以下，风速不超过8 m/s时不会发生溜逸，但还应考虑附近列车通过时线路的振动也会对停留车辆产生影响，故对坡度1‰及以下的到发线上停留的车辆仍需采取防溜措施。车辆停放线宜设在平道上，在困难条件下，可设在不大于1‰的坡道上。

车站设在坡道上不利于列车运行速度控制，对站内停留车辆的安全有一定影响，虽然会让站和越行站不摘去机车也可以保证列车安全，但远期因运量增加而车站改为中间站时，相邻站设置连续大坡度不利于线路纵断面调整，因此，在地形特别困难的条件下，会让站、越行站可设在不大于6‰的坡道上，且不应连续设置，并保证列车的起动。

线路平面及纵断面

第35条 线路平面及纵断面应保持原有标准状态。区间线路变动时，须经铁路局批准，但曲线半径不得小于该区间规定的最小曲线半径，坡度不得大于该区间规定的最大限制坡度。线路平面及纵

断面有变动时，必须及时通知有关单位。

凡变更线路平面及纵断面，竣工后由施工单位立即检查，并形成完整的竣工资料，移交负责维修和使用的单位。

在任何情况下，线路平面及纵断面的变动，必须满足限界要求。

本条是关于保持、变更线路平面及纵断面有关要求的规定。

线路平面和纵断面直接影响铁路运输能力，是决定行车速度和机车牵引定数的重要因素之一。因此，线路平面和纵断面应经常保持原有的标准状态。但是，经过较长时间的使用，受列车运行的强大压力和冲击以及风砂、雨水等自然灾害的侵袭，其线路状态可能会发生局部变动。为防止改变原有线路技术标准状态，遇改建（改造）区间线路必须变动平面或纵断面时，须经铁路局批准，但曲线半径不得小于该区间规定的最小曲线半径，坡度不得大于该区间的最大限制坡度，以免影响该区段行车速度和机车牵引定数。

线路平面及纵断面有变动时，必须及时通知有关部门，进站信号机（包括接车进路信号机、自动闭塞区间进站信号机前方的通过信号机）外制动距离内的纵断面，因对列车起动和车站接车有影响，应尽可能不要变动；如有变动，必须通知机务、运输、工务、电务等有关单位，使各部门都了解变动后的线路状态，必要时根据变动情况修订《行车组织规则》、联锁关系和各种技术资料，以确保行车安全。

任何情况，线路平面和纵断面的变动都不得影响和侵入建筑限界。

所谓“进站信号机外制动距离内”，是指从进站信号机设置地点开始向远离车站方向延伸的一个紧急制动距离的范围，该范围应为在该区段运行的各种列车紧急制动距离的最大值。

路　基

***第 36 条**　路基面的宽度，应考虑远期发展的铁路等级、维修和机械化作业，并根据路拱断面、轨道类型、道床标准形式及尺寸、线间距、电缆槽、接触网支柱、路肩宽度等计算确定。

有砟轨道路肩宽度：线路设计速度为 200 km/h 区段的路肩宽

度不应小于 1.0 m；线路设计速度为 160 km/h 及以下的铁路，位于路堤上的路肩宽度不应小于 0.8 m，位于路堑上的路肩宽度不应小于 0.6 m。牵出线的中心线至路肩边缘的宽度不得小于 3.5 m。

曲线地段路基外侧加宽办法按铁路有关规定、规范执行。

路基应避免高堤深堑。

路肩标高受洪水或潮水位控制时，其路肩标高不低于设计洪水位加波浪侵袭高加壅水高再加 0.5 m。

路基两侧应留有足够宽度的铁路用地，保证路基稳定，满足维修检查通道、栅栏设置、绿色通道建设及防沙工程的要求。

本条是关于路基面的宽度要求的规定。

1. 路基形式，垂直于线路中心线的路基截面称为路基横断面。路基按其横断面形式分为路堤、路堑等。路堤是指路肩高于原地面，以土石填筑方式构成的路基。路堑是指路肩低于原地面，以挖掘土石方式构成的路基。

2. 路基面的宽度等于轨道的道床坡脚间所占的路基面宽度加上两侧的路肩尺寸，分为区间路基面（包括单线和双线）宽度和站场路基面宽度。

线路等级、正线数目（单线或双线）不同，路基面宽度也不同。路基是一种永久性土工结构物，因此，根据远期采用轨道类型及道床宽度、厚度的不同要求，路基宽度也不同。路基面应设计为三角形路拱，由路基中心线向两侧设人字排水坡。曲线加宽时，路基面仍应保持三角形。

路基宽度值应考虑远期发展的铁路等级、维修和机械化作业，并根据路拱断面、轨道类型、道床标准形式及尺寸、线间距、电缆槽、接触网支柱和路肩宽度计算确定。

区间路基面宽度计算公式如下：

(1)单线标准路基面宽度

从图 36-1 得

$$B = A + 2x + 2C \tag{36-1}$$

式中

$$x = \frac{h + \left(\frac{A}{2} - \frac{1.435 + g}{2}\right) \times 0.04 + e}{\frac{1}{m} - 0.04}$$

B——路基面宽度(m)；

A——道床顶宽(m)；

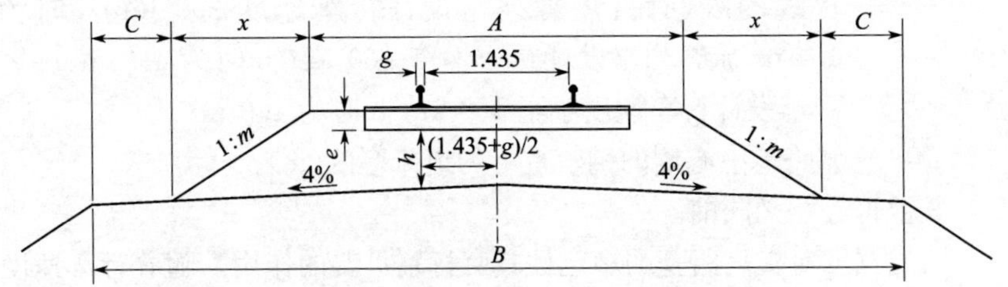

图 36-1　单线铁路直线地段标准路基面宽度示意图　（单位：m）

m——道床边坡坡率：轻型轨道为 1∶1.5，其余为 1∶1.75；

h——钢轨轨枕下道床厚度(m)；

e——轨枕埋入道砟深度：Ⅲ型钢筋混凝土枕为 0.185 m，Ⅱ型钢筋混凝土枕为 0.165 m；

g——轨头宽度(m)：75 kg/m 轨为 0.075 m，60 kg/m 轨为 0.073 m，50 kg/m 轨为 0.07 m；

c——路肩宽度(m)：200 km/h 区段的路肩宽度不应小于 1.0 m；160 km/h 及以下的铁路，位于路堤上的路肩宽度不应小于 0.8 m，位于路堑上的路肩宽度不应小于 0.6 m；牵出线的中心线至路肩边缘的宽度不得小于 3.5 m；

x——砟肩至砟脚的水平距离(m)。

(2)双线标准路基面宽度

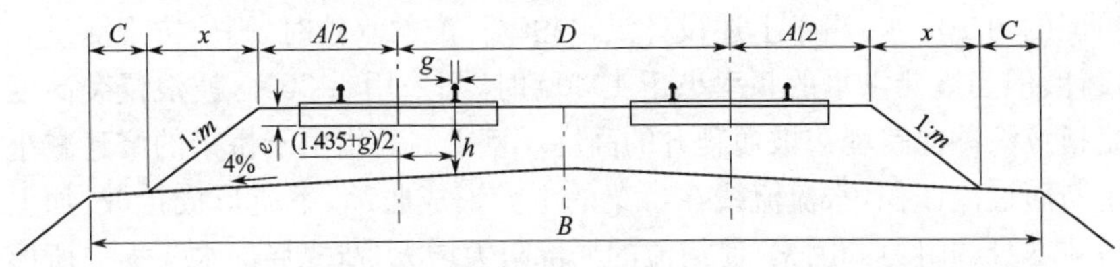

图 36-2　双线铁路直线地段标准路基面宽度示意图　（单位：m）

从图 36-2 得　$$B=2\left(c+x+\frac{A}{2}\right)+D \qquad (36\text{-}2)$$

式中　$$x=\frac{h+\left(\frac{A}{2}+\frac{1.435+g}{2}\right)\times 0.04+e}{\frac{1}{m}-0.04}$$

D——双线的线间距：旅客列车设计行车速度 200 km/h 时为 4.4 m，旅客列车设计行车速度 160 km/h 时为 4.2 m，旅客列车设计行车速度小于 160 km/h 时为 4.0 m；

h——靠路基中心侧的钢轨枕下的道床厚度(m)；

其他符号意义同前。

路肩宽度对提高路基的稳定性具有特别重要的作用。随着行车速度的提高，列车动荷载的量值及其在路基中的影响范围加大。设计速度 200 km/h 的线路适当增加路肩宽度正是出于提高路基稳定性的考虑。路肩加宽也会为路肩上的电缆槽及接触网支柱埋设、线路维修人员及行车工作人员等的走行创造更好的条件。考虑到实际情况，既有线路路堑地段的路肩宽度可维持现状，新建线路路堑地段的路肩宽度应按《铁路路基设计规范》(TB 10001—2016)执行。

曲线地段路基考虑到曲线半径、线间距、速度、超高等因素在外侧加宽，其加宽值经计算确定。

高路堤常常会增加地基处理和填筑施工过程中工期、质量和费用控制的难度，深路堑常常会增加不良地质地段加固处理的费用和养护维修的困难，所以路基设计应避免高堤深堑。

为了避免轨道结构受洪水的侵害，路肩标高应不低于设计洪水位加波浪侵袭高(或斜水流局部冲高)加壅水高再加 0.5 m。设计水位的洪水频率标准，Ⅰ、Ⅱ级铁路为 1/100。若观测洪水(包括调查可靠的、有重现可能的历史洪水)高于上述设计洪水频率标准的水位时，则应按观测洪水设计，但当观测洪水的频率小于 1/300 时，则采用 1/300。波浪侵袭高度是指波浪冲向路堤边坡而爬升的高度。壅水高是指由于桥梁的修建减小了断面过流面积，水流流线在桥梁的上游形成收缩，下游形成扩散，加上桥体本身的阻力等因素，使河流的局部阻力增大，造成局部水头损失所形成的桥梁上下游的水位差。

为了在铁路两侧设置必要的轨道检查和安全防护设施，确保路基两侧不被开挖而丧失路基的稳定，并为建设必要的绿化带或防沙带提供条件，路基两侧应留有足够宽度的铁路用地。

***第 37 条**　路基应按铁路等级采用优质填料填筑坚实，基床及

过渡段应强化处理，并设置良好的防排水设备、完善的防排水系统、安全可靠的防护设施和支挡结构，工后沉降应满足相应的限值要求。对不良地质条件、特殊土及特殊环境等地段的路基，应采取可靠的加固处理措施，困难时应以桥梁等结构物代替。应及时、彻底加固整治路基病害，对于一时难以彻底整治的病害，应加强路基监视和检查，并分期整治。

在路基范围内埋设电缆和接触网支柱基础时，必须保证路基的稳定和坚固及排水等设施的正常使用。

路基宜优先采用有利于环保的植物（以灌木为主）保护，并结合混凝土、土工合成材料等其他防护措施进行防护，但不得影响列车司机瞭望，倒树不应侵入限界和接触网的安全距离。

本条是关于路基填筑、基床及过渡段处理、不良地基处理、路基防护等的规定。

行车速度的提高对路基提出了更高的要求，在路基填筑、基床及过渡段处理、不良地基处理、路基防护等方面作出严格的规定。

减少路基工后沉降是保持线路稳定平顺的基本前提，是列车高速、安全运行的基础，必须采取措施，使路基的工后沉降小于允许值。

路基应修建成坚实、稳固和耐久的土工结构物，并经常保持干燥和完好状态。坚实是指路基本体必须有足够的强度和密实度，在承受轨道和列车荷载的作用下不致发生不允许的沉落和变形；稳固是指路基边坡和基底要保持固定的位置而不发生位移；耐久是指路基能抵抗在规定范围内各种自然因素的侵袭和破坏作用，持久保持原来的坚固稳定状态，以保证轨道稳定和列车安全运行。

路基应严格按铁路等级及《铁路路基设计规范》有关规定，选择符合标准的优质填料填筑，路基基床的表层和底层应强化处理，严格进行夯实、加固，土的密度要达到压实标准，必要时应采取换填及土质改良等措施，保证填土质量，不留隐患。如基床已发生道砟陷坑、翻浆冒泥、下沉、挤出、溜塌等病害，则应针对发生原因，分别采取排水、换填、灌注或设隔离层等办法及时采取措施，消除病源。

水是影响路基稳固的因素之一水会使路基土质软化、流动或受到冲刷，含水的路基冬季还会受冻凸起，这些病害都会造成路基变形。因此，应加强路基的防排水设计，即路基坡面的防护和地表及地下的排水设计，要求路基应有良好的排水设备和必要的防护、支挡设备。

路基防护主要是对边坡坡面和沿河地段受水流冲刷的路基进行防护。路基地表及地下排水主要是指天沟、侧沟、盲沟等。路基支挡是指修建加固建筑物以保证路基稳定的措施。路基防护和支挡的措施很多，形式多样，主要有用片石混凝土及混凝土护坡和导流、改道防护路基以及挡土墙、支挡等。

如果路基的状态不良，出现局部下沉和膨胀，将影响线路平顺，甚至引起其他各部分的破坏。如果路基不能保持完整状态，出现边坡及路肩裂缝、塌滑等现象，路基本体不能保持稳定，线路则会失去可靠的基础。对于不良地质条件和特殊土地段的路基，应采取可靠的加固措施，如采用桩网结构、桩板结构。特殊困难时应以桥梁等结构代替。

对于不稳固的路基，工务部门应进行调查研究，分析发生的原因和变化发展的规律，采取有效的措施，消除病害。工务段应当根据病害的具体情况，制定日常巡守或专人看守监视，以及定期或不定期进行观测检查的制度和办法，建立观测记录和专用检查记录簿以及标记，掌握变化规律，有计划地进行路基维修工作和日常养护，发生故障及时防护处理，保证行车安全。

电缆槽(井)、护肩、声屏障等设施应预留排水孔，确保路基面的水及时畅通排出。接触网支柱基础、声屏障基础均应满足路基强度、稳定性及防排水性能要求。

路基防护宜优先采用具有防浸入效果的灌木为主的植物防护，不仅成本低廉、成活率高、易于推广，而且还有利于环保、生态，还可采用混凝土、土工合成材料等其他防护措施进行防护。路基两侧采用植树造林防护，应符合铁路总公司的有关规定，防止林木生长影响机车司机瞭望及接触网供电安全，而且树木的高度和位置应考虑到倒树不能侵入铁路建筑限界和接触网的安全距离。

桥隧建(构)筑物

* **第 38 条**　铁路桥梁、涵洞及隧道，均应修建为永久性结构，具

有良好的耐久性，符合工程结构抗震和相应的技术规范要求，桥上和隧道内有砟轨道应满足大型养路机械清筛作业的要求，其限界应根据规划考虑发展的需要。

桥涵的承载能力和动力性能要符合有关规定的技术要求，并根据承载能力及技术状态，制定运用条件。桥涵建(构)筑物应确保通过的线路具有良好的稳定性和平顺性，结构构造应便于检查和养护，并设置检查设施。桥上通过超重货物列车、重型铁路救援起重机前，应进行承载性能检算。

隧道断面面积应满足旅客舒适性要求，衬砌、洞门结构、洞口仰坡、轨下基础应安全稳定，并具备良好的防排水系统。

全长 500 m 以上的钢桥、全长 3 000 m 以上的隧道设置通信设备，必要时设置固定照明、安全警报装置；非全封闭运营时，应进行巡守，必要时进行监视。

本条是关于桥隧建筑物的技术性能要求及通信、照明、安全装置设置等的规定。

铁路在通过江河、沟溪、谷地和山岭等天然障碍物或跨越道路、其他铁路、管道等，以及出于节约土地等目的时，需要修建各种桥隧建(构)筑物。桥隧建(构)筑物包括桥梁、涵洞和隧道等，是铁路线路的重要组成部分，造价高、结构构造复杂，一旦发生较大病害，修复和加固困难、整治时间长、投入高，影响铁路运输秩序和效率，应修建为永久性结构，并应具有良好的耐久性，在正常养护维修条件下满足设计寿命期间内安全使用要求。同时，应按铁路工程抗震设计标准进行抗震设计，满足抗震性能要求。桥上和隧道内采用有砟轨道时，其布置应满足大型养路机械清筛作业的要求。由于桥隧限界改造难度大、投入高、对运输影响大，应根据铁路规划满足电气化、双层集装箱运输等发展要求。

桥涵的承载能力和动力性能，应符合相关技术要求，满足列车安全和舒适运营。既有线桥梁的性能，应按《铁路桥梁检定规范》的有关技术规定进行检定。桥梁检定时，首先应做好检查工作，并结合检查情况进行必要的理论检算和结构静、动载试验，综合分析桥涵的技术状态和承载能力，判定是否能满足现行活载标准或运营活载的要求。根据线路大轴重货运发展需求，如桥涵检算承载能力不能满足现行活载标准或运营活载的要求，应在综合评估的基础上进行桥涵加固或改造；在未进行技术改造前，应结合其承载能力和技术状态，制定相应运用条件，如限制机型、车辆载重及行车速度等，并加强运营期间的桥涵状态检查和监控。超重货物列车、重型铁路救援起重机重量大，活载效应超过桥梁设计活载，桥梁通过超重货物列车、重型铁路救援起重机前，铁路局应对管内桥梁进行承载性能检算，必要时采取加固或限制行车速度等措施，确保运行安全。桥涵建筑物应具有合理的刚度，保障线路具有良好的稳定性和平顺性。桥隧建筑物结构构造应便于检查和养护，并根据需要设置便于检查的设施。

隧道断面面积应满足旅客乘坐舒适性等要求。衬砌、洞门结构、洞口仰坡、轨下基础的稳定与否，防排水系统的好坏，关系到隧道安全、行车安全和行车秩序，因此，隧道结构和仰坡必须安全稳定，具备良好的防排水系统。

根据大跨度钢梁桥和长大隧道设备养护需要，全长 500 m 以上的钢桥桥头、全长 3 000 m 以上的隧道口按照巡守需要设置普通固定电话，全长 5 000 m 以上隧道内按相关建设标准设置隧道应急电话等通信设备，必要时设置固定照明、安全报警装置；非全封闭运营时，应进行巡守，必要时进行监视。对明桥面特大钢梁桥，必要时才设置固定照明，而非全封闭线路的明桥面特大钢梁桥需设巡守。关于设置固定照明的隧道长度的变化，主要是隧道照明光度较低，不能满足隧道内线路维修照明要求；从安装的隧道照明设施使用维护情况看，照明设施极易侵蚀、损坏；固定照明设施被盗、人为损坏时有发生，使用效果不好，因此规定必要时对长隧道才设置固定照明。关于巡守和监视的隧道长度变化，主要是运行速度 120 km/h 及以上线路采用了全封闭；实际中，新线隧道一般不设巡守，既有中长隧道也已普遍不再设看守；随着地方交通道路的完善，当地村民将铁路隧道作为出行通道已较少，隧道使用受外部人为因素的影响明显降低；因此规定对非全封闭线路的长隧道应进行巡守，对有当地村民通行的隧道进行监视。

第 39 条　桥梁、涵洞孔径及净空，应满足国家防洪设防标准，能保证设计的最大洪水正常通过，并保证流冰、泥石流、漂浮物和通航等必要高度。

桥梁墩台基础应有足够深度，当基础及其附近存在超过容许冲刷时，应防护、加固既有桥涵基础，必要时改建原有桥涵。墩台基础工后沉降应满足相应的限值要求。

桥梁、涵洞应考虑排洪和灌溉等综合利用。

本条是关于桥涵应满足国家防洪设防标准的规定。

根据铁路等级，沿线跨越河流、沟渠的桥梁应采用统一的防洪标准。《铁路桥涵设计基本规范》(TB 10002.1—2005)规定采用统一的洪水出现频率的洪水流量和洪水水位作为设计的依据，以便使桥涵孔径、净空能够保证最大洪水正常通过，并保证流冰、泥石流、漂浮物和通航的必要高度。

墩台基础是桥涵的重要组成部分，应保证有足够的埋置深度以保证其稳定性。如出现在检定洪水下埋置深度不足的墩台浅基，应尽快采取防护、加固措施或予以根本改善。为保证桥上线路平顺性和桥上行车舒适性，基础的均匀沉降量和相邻基础间不均匀沉降量应满足相应规定要求；运营过程中，若发现存在异常沉降现象，应查明原因，及时进行处理。

桥涵还应尽可能地考虑为农业生产服务，并与地方排灌系统结合起来，综合利用，有利于桥涵上下游农田、房舍、排灌等设施的保护。

第40条 桥梁、隧道应按规定设置作业通道、避车台(洞)、电缆沟(槽)、电气化预埋件及必要的检查和消防设备等。铁路桥梁作业通道和隧道内安全空间、救援通道、应急照明和通信以及其他相关设施的设置等应符合有关设计规范规定。隧道内空气标准达不到规定要求时，应设置机械通风，瓦斯隧道还应设置必要的瓦斯监测设备。

直线桥梁自线路中心至作业通道栏杆内侧的净距：钢梁明桥面应不小于2.45 m，混凝土梁桥面应不小于3.00 m，线路允许速度160 km/h以上桥梁桥面应不小于3.25 m。作业通道宽度应不小于0.8 m。

本条是关于桥梁、隧道设置作业通道、避车台(洞)等设备的规定。

为了便于养护维修工作人员的作业和通行,桥梁、隧道应按规定分别设置作业通道、避车台、避车洞、电缆沟(槽)、电气化预埋件及必要的检查和防火设备。

1. 作业通道、救援通道是铁路的专用通道,用于铁路的养护维修和特殊条件下的救援疏散,桥梁上、隧道内均应按规定设置。桥面作业通道可兼作救援通道。钢梁明桥面和列车通过速度较低的混凝土梁桥,一般设有避车台,结合既有桥梁的实际情况,规定直线区段的桥梁自线路中心至栏杆内侧的净距:钢梁明桥面应不小于 2.45 m,混凝土梁桥面应不小于 3.00 m。对线路允许速度 160 km/h 以上的桥梁不能利用列车间隔作业,考虑自线路中心不小于 2.75 m(距轨头外侧 2.0 m+轨头外侧距线路中心线约 0.75 m)桥上避车安全距离以及人体宽度(平均按 0.5 m 计)等因素,规定桥面自线路中心至栏杆内侧的净距应不小于 2.75 m+0.5 m=3.25 m;曲线区段相应净距应按要求进行加宽。桥梁作业通道宽度应不小于 0.8 m。对时速 160 km 及以上的隧道,根据隧道长度、防灾救援等情况,考虑设置救援通道,其净空一般高 2.2 m,宽 1.25 m,距线路中心线 2.2 m。

线路中心至桥梁作业通道栏杆内侧的净距受建筑限界、桥上大机作业、桥上避车安全距离、作业通道,以及桥上接触网立柱、电缆槽、声屏障等桥面设施的影响。线路中心至桥梁作业通道栏杆内侧各部位尺寸为,对于直线区段,大机清筛作业要求线路中心至挡砟墙的最小净距2.20 m,挡砟墙(无砟桥面为防护墙)宽度为 0.20 m;对钢支架人行道电缆分槽外挂、不占用桥面宽度,对箱梁通信信号电缆槽合槽设置最小宽度 0.35 m、电力槽设于箱内;接触网立柱设于桥墩,接触网立柱内侧至线路中心净距不小于 3.00 m;桥面避车安全距离距线路中心 2.75 m 以外,桥面作业通道不小于 0.80 m。

对于直线区段,按桥面避车安全距离考虑,桥面线路中心至桥梁作业通道栏杆内侧的最小净距=桥面避车安全距离距线路中心 2.75 m+人体宽度 0.50 m=3.25 m。按桥上大机作业宽度+挡砟墙(防护墙)宽度+桥梁作业通道宽度=2.20 m+0.20 m+0.80 m=3.20 m,故桥面线路中心至桥梁作业通道栏杆内侧的最小净距为 3.25 m。桥梁作业通道净宽 0.85 m,避车安全空间宽度 0.50 m,通信信号电缆槽宽度大于 0.35 m,接触网立柱设于桥墩,其内侧至线路中心净距大于 3.35 m(栏杆宽度0.1 m),均可满足上述要求。曲线桥梁应按规定进行加宽。

2. 避车台(洞):对下道避车距离不满足要求的桥梁,在两台尾之间,沿桥梁全长每隔 30 m 左右,在每侧人行道栏杆外侧各设置避车台一座。当列车运行速度在 120 km/h 及以下时,单线桥应在两侧作业通道上按 30 m 左右交错设置避车台。双线及多线桥设有双侧作业通道时,应在每侧各相距 30 m 左右设置避车台。隧道内大、小避车洞应按规定设置在隧道两侧边墙上,大避车洞之间设置小避车洞。

3. 电缆沟(槽):当通信、信号和电力电缆等通过桥梁、隧道时,应按规定设置电缆沟(槽)或支架,以防止电线路的腐蚀、损坏并保证用电和人身安全。桥梁上可按要求设通信电缆槽或通信支架、电力支架及电杆;隧道内通信、信号电缆可设在同一个电缆槽内,但通信、信号电缆必须与电力电缆分槽铺设。

4. 对涵洞、护锥、桥下及隧道顶需设置便于人员接近的检查设备。对边坡较高的路堤、路堑,以及隧道边仰坡植被茂盛,有落石、滑塌可能时,设置检查维修台阶;墩台顶距地面高度较大(3 m)或经常有水的桥梁,墩台顶设围栏、吊篮;桥面至墩台顶设置梯子;钢桁梁设置检查维修车;空心墩、斜拉桥、系杆拱等设置适用检查设备;长大桥梁设专门的检修设备;桥下条件具备时配备升降式检查车;航行河道上的桥梁配备检修船只。隧道、明洞及棚洞,配备拆装方便的检查设备。采用明桥面的桥梁,应按规定设置防火水桶和(或)砂箱,长大和重要的桥梁(设有巡守的桥梁),视实际情况再(可)配备化学灭火器、水枪、抽水机等防火用具,桥下、桥头堡和上下游一定范围内,不应堆放易燃易爆物品,防止发生火灾事故。桥长超过 3 km 时,每隔约 3 km(单侧约 6 km)在线路两侧交错设置一处可上下桥的救援疏散通道,并设置防护门。

5. 隧道通风设备:洞内空气卫生标准不达标的隧道、瓦斯隧道应设置通风设备,以降低隧道内的有害气体浓度,保障隧道养护人员和乘务人员身体健康和瓦斯隧道安全。

轨　　道

第 41 条　新建、改建铁路正线采用 60 kg/m 钢轨的跨区间无缝线路,重载铁路正线宜采用 60 kg/m 及以上类型钢轨的无缝线路。钢轨优先采用 100 m(60 kg/m)、75 m(75 kg/m)长定尺轨。

设计速度 120 km/h 以上铁路正线有砟轨道应采用Ⅲ型轨枕和与轨枕配套的弹条扣件、一级碎石道砟。

本条是关于新建、改建铁路正线应采用的轨道基本装备的规定。

国内普速铁路轨道结构主要为有砟轨道,由钢轨、扣件、轨枕、道床及道岔等组成。有砟轨道弹性好,在一定维修质量条件下具有较好的轮轨接触关系;减振、降噪效果较好,维修较方便;造价相对较低。

跨区间无缝线路指轨条长度跨越两个或多个区间,且车站正线上采用无缝道岔的无缝线路。跨区间无缝线路减小了钢轨接头数量,其轨面平顺,结构连续,沿线路纵向弹性均匀,行车舒适平稳,养护维修工作量少,在国内已广泛推广应用。因此,新建、改建铁路正线应采用60 kg/m 钢轨的跨区间无缝线路。

我国铁路自 20 世纪 80 年代开始重载运输技术研究和重载铁路建设。近年来,在大秦、大包、北同蒲、迁曹等多条铁路线上开行了重载列车,铁路重载运输得以迅速发展。与国外相比,国内重载铁路运输的主要特点是运量大、编组长、密度大、速度快、轴重较小。国内重载铁路主要开行 25 t 轴重的万吨或 2 万 t 列车,年通过总重达 2 亿 t 以上,其中大秦线年通过总重已超过 4 亿 t。目前国内重载铁路一般采用区间无缝线路,道岔未与无缝线路焊接,主要是便于道岔尖轨、辙叉的更换。

长定尺钢轨平直度好,减少了焊接接头数量。我国 60 kg/m 钢轨标准轨定尺长度为 12.5 m、25 m、100 m。75 kg/m 钢轨标准轨定尺长度为 25 m、75 m、100 m,目前受钢轨制造工艺等方面的限制,75 kg/m 钢轨 100 m 长定尺轨的批量生产还有待深入研究。为减少铁路线路钢轨焊接接头数量,提高线路平顺性,60 kg/m 钢轨应优先采用 100 m 长定尺轨,75 kg/m 钢轨应优先采用 75 m 长定尺轨。

国内普速铁路正线混凝土轨枕主要为Ⅱ型、Ⅲ型,Ⅲ型轨枕与Ⅱ型轨枕相比,其轨下承载能力提高了 43%,枕中断面负弯矩承载能力提高了 65%。提高轨枕承载能力是确保轨道强度、保持轨道几何状态、减少维修工作量的有效方式。设计速度 120 km/h 以上铁路正线有砟轨道应采用

Ⅲ型轨枕。Ⅲ型轨枕分为有挡肩Ⅲa型混凝土枕和无挡肩Ⅲb型混凝土枕,有挡肩轨枕配套使用Ⅱ型弹条扣件;弹条Ⅲ型扣件是一种无螺栓扣件,与Ⅲ型无挡肩枕配套使用。

铁路道砟分为特级、一级两个等级。高速铁路采用特级道砟,普速铁路采用一级碎石道砟。一级道砟分为两种级配,为新建铁路用一级道砟粒径级配、既有线大修维修用一级道砟粒径级配。新建铁路用道砟级配,考虑线路的工后沉降,规定了粒径小于25 mm以下的细颗粒含量,有利于提高道床的纵横向阻力与密实稳定性。

第42条 轨距是钢轨头部踏面下16 mm范围内两股钢轨工作边之间的最小距离。直线轨距标准为1 435 mm,曲线轨距按第5表规定加宽。

第5表 曲线轨距加宽值

曲线半径 R(m)	加宽值(mm)
$R \geqslant 295$	0
$295 > R \geqslant 245$	5
$245 > R \geqslant 195$	10
$R < 195$	15

注:曲线轨距加宽值不符合上述规定时,应有计划地进行改造。

验收线路时,线路、道岔轨距相对于上述标准的静态允许偏差规定见第6表。

第6表 线路、道岔轨距静态允许偏差

线路允许速度(km/h)	$v \leqslant 120$	$120 < v \leqslant 160$	$160 < v \leqslant 200$
线　路(mm)	+6 −2	+4 −2	±2
道　岔(mm)	+3 −2	+3 −2	±2

本条是关于轨距的规定。

轨距是指自钢轨头部顶面下 16 mm 范围内两股钢轨作用边之间的最小距离。因为钢轨头部两侧呈圆弧形，钢轨在轨枕上又以向内倾斜 1/40的坡度放置，车轮轮缘踏面外形也有一定的斜度，车轮轮缘与钢轨的理论侧面接触点在钢轨顶面以下 10～16 mm 间，所以规定轨距在钢轨头部顶面下 16 mm 范围内两股钢轨作用边之间的最小距离处测量。

根据《铁路法》的规定，我国铁路的标准轨距为 1 435 mm，新建国家铁路必须采用标准轨距。

曲线轨距需要加宽，这是因为机车车辆走行部分是由两轴或多轴组成的转向架，有一定的固定轴距。转向架进入曲线后，转向架中心线不再与线路中心线平行，使轮轨之间形成一定的冲角。转向架固定轴距愈大，曲线半径愈小，冲角愈大，在转向架前轴外轮轮缘与钢轨接触的条件下，后轴外轮轮缘与钢轨之间的空隙(轮轨游间)愈小。为了保证转向架顺利通过曲线，减小轮轨磨耗，减小轮轨间的横向作用力，需对小半径曲线轨距进行加宽。原铁道部第 10 版《技规》曲线轨距加宽值(简称旧标准)的规定见表 42-1。

表 42-1　旧标准曲线轨距加宽值

曲线半径 R(m)	加 宽 值(mm)
$R \geqslant 350$	0
$350 > R \geqslant 300$	5
$R < 300$	15

根据原铁道部运输局《关于对〈铁路技术管理规程〉第 40 条进行修改的请示》(运基签〔2010〕62 号)，对曲线轨距加宽标准进行了修改，采用曲线轨距加宽标准(简称新标准)见表 42-2。本规程新标准缩小了需加宽轨距的曲线半径，克服了轮对游间过大的缺点，提高了旅客列车的舒适度；根据最大线间距 5 m 考虑，同心圆曲线半径最大差为 5 m，将曲线加宽对应的半径统一为 5 m 的整数倍，避免了同一位置两条曲线可能出现不同的加宽值，有利于加宽值的设置，方便了技术管理；同时在原来加宽值 5 mm 和 15 mm 两挡的基础上，增加了 10 mm 一挡，使加宽值合理地递增，方便了曲线钢轨磨耗后轨距的调整，有利于提高养护维修质量。既有曲线轨距加宽值不符合新标准规定时，应有计划地进行改造。

表 42-2 新标准曲线轨距加宽值

曲线半径 R(m)	加宽值(mm)
$R \geqslant 295$	0
$295 > R \geqslant 245$	5
$245 > R \geqslant 195$	10
$R < 195$	15

轨距静态允许偏差是指轨道在不承受列车荷载作用下使用静态检测手段所测的轨距与设计轨距之间的允许偏差值。轨道静态几何尺寸容许偏差管理值中,作业验收管理值为新建、改建、线路设备大修、综合维修、经常保养和临时补修作业的质量检查标准。本《规程》依据《铁路线路修理规则》(铁运〔2006〕146 号),对铁路正线、道岔作业验收轨距的静态允许偏差值做了规定。

第 43 条 线路两股钢轨顶面,在直线地段应保持同一水平。

曲线地段的外轨超高,应按有关规定的办法和标准确定。最大实设超高:双线地段不得超过 150 mm,单线地段不得超过 125 mm。

验收线路时,线路两股钢轨水平,较上述标准的静态允许偏差规定见第 7 表。

第 7 表 钢轨水平静态允许偏差

线路允许速度(km/h)	$v \leqslant 120$	$120 < v \leqslant 160$	$160 < v \leqslant 200$
正线及到发线(mm)	4	4	3
道　　岔(mm)	4	4	3

本条是关于线路直线钢轨顶面水平及曲线外轨超高的规定。

在直线地段,为了使机车车辆传来的荷载由两股钢轨均匀地承担,保证车辆运行平稳,要求两股钢轨顶面应保持同一水平。

曲线地段与直线地段不同，当列车在曲线上运行时，会产生离心力。离心力把列车推向外倾，使外轨承受的荷载增加，造成外轨和车轮加速磨耗，并降低了列车运行平稳性和旅客舒适度。为了抵消和平衡离心力的影响，使机车车辆能安全地通过曲线，曲线外轨需要设置超高度，使内外轨所受垂向荷载尽量相等。

曲线外轨超高 h 应根据具体曲线地段的列车速度分布情况，按下列公式进行计算并及时进行调整。

在客货列车共线运行的铁路上：

$$h \geqslant \frac{11.8 v_{\max}^2}{R} - [h_q]$$

$$h \leqslant \frac{11.8 v_c^2}{R} + [h_{gc}]$$

式中　h——实设超高(mm)；

$[h_q]$——允许欠超高(mm)；

$[h_{gc}]$——针对货车平均速度所允许的过超高(mm)；

$v_{\max}$——客车最高速度(km/h)；

v_c——货车平均速度(km/h)。

货车平均速度 v_c 按下式计算：

$$v_c = \sqrt{\frac{N_1 Q_1 v_1^2 + N_2 Q_2 v_2^2 + \cdots + N_i Q_i v_i^2}{N_1 Q_1 + N_2 Q_2 + \cdots + N_i Q_i}} = \sqrt{\frac{\sum_{i=1}^{n} N_i Q_i v_i^2}{\sum_{i=1}^{n} N_i Q_i}}$$

式中　N_i——一昼夜各类列车的次数；

Q_i——各类列车的列车重量；

v_i——各类列车的列车速度。

曲线实设超高的最大值与线路的运输性质和列车速度有关，受横向倾覆安全条件、轨道横向稳定条件、曲线停车舒适条件和防止轴箱油外流等因素控制。最大实设超高，双线地段不得超过 150 mm，单线地段不得超过 125 mm。因为在双线地段可以根据列车上、下行不同的通过速度，在上、下行线设置不同的超高，使实设超高与行车速度有较好的匹配关系，故实设超高值可以取得大一些。而在单线地段，当列车上、下行速度相差较大时，若仍按最大外轨超高150 mm的规定设置超高，将使低速列车对内轨产生较大的垂向作用力，为使两股钢轨受力不过分悬殊，规定单线地段最大实设超高不得超过125 mm。

验收线路时，铁路正线及到发线、道岔范围钢轨水平静态允许偏差应满足本规定的要求。验收道岔时，导曲线范围内不允许出现反超高。

第44条 钢轨接头的预留轨缝应根据钢轨长度、当地历史最高及最低轨温、更换钢轨或调整轨缝时的轨温经计算确定。

绝缘接头的最小轨缝为6 mm，最大轨缝为构造轨缝。长度大于或等于25 m钢轨铺设在历史最高与最低轨温差大于100 ℃的地区时，预留轨缝应进行个别设计。

本条是关于钢轨接头轨缝的规定。

有缝线路钢轨接头的预留轨缝与当地历史最高及最低轨温、换轨或调整轨缝时的作业轨温和钢轨长度有关。

钢轨接头预留轨缝按下式计算：

$$a_0 = \alpha L(t_z - t_0) + \frac{1}{2}a_g$$

$$t_z = \frac{1}{2}(T_{max} - T_{min})$$

式中　a_0——铺轨或调整轨缝时的预留轨缝(mm)；

α——钢轨的线膨胀系数，α=0.000 011 8/℃；

L——钢轨长度(m)；

T_{max}，T_{min}——当地历史最高、最低轨温(℃)；

t_0——铺轨或调整轨缝时的轨温(℃)；

a_g——构造轨缝，43、50、60、75 kg/m钢轨的构造轨缝均采用18 mm。

计算表明，铺设12.5 m钢轨，不受当地最高、最低轨温限制；对于25 m钢轨，只允许铺设在年度温差为100 ℃及以下地区，否则应个别设计。

为保证绝缘接头的绝缘性能，依据《铁路钢轨胶接绝缘接头技术条件》（TB/T 2975—2010），绝缘接头轨缝不得小于 6 mm。

第 45 条 道岔应铺设在直线上，正线道岔不得与竖曲线重叠，其他道岔应尽量避免与竖曲线重叠。

正线道岔钢轨应与线路上的钢轨采用同一类型。其他道岔钢轨在不得已情况下采用与线路钢轨不同类型时，须保证道岔钢轨强度不低于线路钢轨强度，并在道岔前后各铺一节与道岔同轨型的钢轨。

本条是关于道岔铺设的规定。

道岔铺设在曲线上时，由于道岔构造原因无法设置超高而使行车速度受到影响。如从曲线外方出岔时，则道岔及其前后会出现连续反向曲线，外股出现反超高，不仅影响行车速度，而且对行车安全不利，给维修养护也带来困难，所以规定道岔应铺设在直线上。若道岔铺设在竖曲线上，一方面道岔全长不在一个坡度上，列车通过道岔时，车轮对尖轨及导曲线将产生较大的冲击力，导曲线未被平衡的加速度对车体将产生横向作用，再叠加竖向作用后，会降低乘客的舒适度和安全度；另一方面，为保证竖曲线形状，道岔铺设的测设工作及养护维修时的检测工作都更加困难。因此规定正线道岔不得与竖曲线重叠。对于其他道岔，应尽量避免与竖曲线重叠，困难条件下必须重叠时，竖曲线半径不应小于 10 000 m。

为了减少车轮对道岔的冲击和损坏，保证行车的平稳以及延长道岔的使用寿命，道岔钢轨应与线路钢轨同一类型，并避免有异形接头。不得已时，在道岔钢轨强度不低于线路钢轨强度（即道岔钢轨类型及强度均不低于线路钢轨类型和强度）的条件下，在道岔前后各铺一节与道岔同类型的钢轨，把异形接头移于道岔范围以外。

第 46 条 道岔辙叉号数选择应符合下列规定：

1. 正线道岔的直向通过速度不应小于路段设计行车速度。

2. 用于侧向通过列车的单开道岔的辙叉号数应根据列车侧向

通过的最高速度合理选用。

3. 侧向接发停车旅客列车的单开道岔，不得小于 12 号。

4. 侧向接发停车货物列车并位于正线的单开道岔，在中间站不得小于 12 号，在其他车站不得小于 9 号。

5. 列车轴重大于 25 t 的铁路正线单开道岔不得小于 12 号。

6. 其他线路的单开道岔不得小于 9 号。

7. 狭窄的站场采用交分道岔不得小于 9 号，但尽量不用于正线，必须采用时不得小于 12 号。

8. 峰下线路的对称道岔不得小于 6 号，三开道岔不得小于 7 号。

9. 段管线的对称道岔不得小于 6 号。

既有道岔的类型及辙叉号数不符合上述规定时，应按该道岔的辙叉号数限制行车速度，且应有计划地进行改造。

本条是关于道岔辙叉号数选择的规定。

道岔辙叉号数是指辙叉跟端长和跟端支距的比值(如第 46-1 图)。

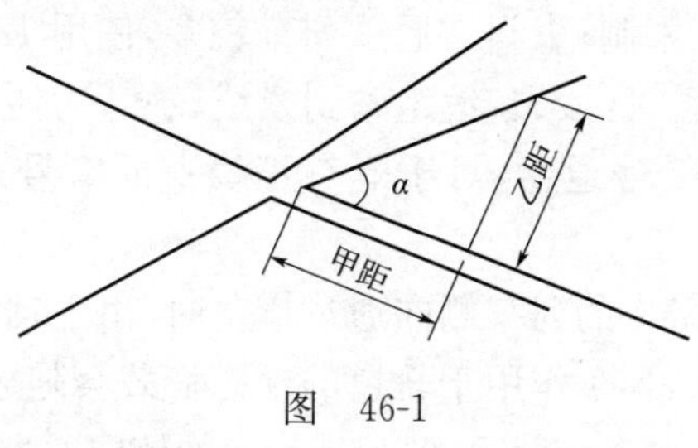

图 46-1

$$N=\frac{\text{甲距}}{\text{乙距}}=\cot\alpha$$

式中 N——道岔辙叉号数；

α——辙叉角；

甲距——从辙叉心理论尖端沿作用边到垂足的长度；

乙距——辙叉心一作用边上任一点到另一作用边的垂直距离。

道岔的号数、主要尺寸影响线路和站场的设计，为便于道岔与线路的连接，并方便运营和现场铺设，本条对道岔辙叉号数的选择作了原则性的规定。

1. 我国普速铁路单开道岔号数主要为9、12、18号。道岔的选用应保证道岔直向通过速度满足该路段旅客列车的设计行车速度，以确保列车运行安全。

2. 用于侧向通过列车的单开道岔，应考虑列车能够以较高的速度侧向通过道岔，同时还满足旅客乘坐舒适度的要求。根据目前国内道岔型号系列，以及铁路站场布置的经验，应根据列车侧向通过的最高速度合理选用相应号码的道岔，以有利于提高线路通过能力和满足旅客舒适度的要求。

3. 正线上用于侧向接发进站停车旅客列车的单开道岔，为了适应旅客列车进站、出站的需要，并保证旅客乘坐舒适度的要求，故规定不应小于12号。

4. 用于侧向接发停车货物列车并位于正线的单开道岔，在中间站不得小于12号，主要是基于以下考虑：中间站到发线少，在实际使用中往往改变线路用途，用以临时接发停车列车，使用12号道岔有利于运输组织工作；可以保持列车侧线通过道岔速度一致，如道岔型号不同，则速度受到最小型号道岔的限制；中间站通过列车较多，使用12号道岔可以提高列车直向过岔速度。区段站、编组站到发线较多，为便于运输组织工作，正线道岔可采用12号道岔，对于既有正线上的9号道岔，可逐步进行改造。

5. 轴重大于25 t的列车侧向通过道岔时，由于轴重的增加，且由于道岔导曲线无超高，列车作用于轨道的动态荷载会随之增加。为降低大轴重列车对轨道的动态荷载，同时保持一定的侧向通过速度，规定列车轴重大于25 t的铁路正线单开道岔不得小于12号。

6. 对于其他线，如牵出线、调车线等，一般不会发生侧向通过速度超过30 km/h的列车，所以规定不得小于9号。

7. 狭窄的站场采用交分道岔，虽然可以缩短道岔长度，但因其构造复杂、维修困难、列车通过速度低，所以规定不得小于9号，并尽量不用于正线。

8. 对称道岔比辙叉号码相同的单开道岔短，导曲线半径大，三开道岔能用于三个方向的进路。这两种道岔可以缩短道岔区长度,节省用地,提高编组效率,但存在构造复杂和维修困难的缺点,因此规定峰下线路采用对称道岔时,不得小于 6 号;如峰下线采用三开道岔,不得小于 7 号。

9. 段管线采用对称道岔时,不得小于 6 号,主要是考虑对称道岔可缩短道岔区长度,节省用地,但其结构复杂、维修较为困难。

既有道岔的类型及辙叉号不符合上述规定时,其限制速度根据设备构造由铁路局确定,并应有计划进行改造。

---

* **第 47 条** 线路允许速度 120 km/h 及以下区段的正线道岔,采用固定型辙叉道岔;线路允许速度 120 km/h 以上至 160 km/h 及以下,或货车轴重 25 t 及以上区段的正线道岔,采用可动心轨道岔或固定型辙叉道岔,并采用外锁闭装置;线路允许速度 160 km/h 以上区段的正线道岔,须采用可动心轨道岔、外锁闭装置。

本条是关于不同速度区段正线采用不同道岔类型的规定。

随着我国铁路的提速,道岔结构历经了多次升级换代,制造技术日趋完善,制造、铺设及养护维修标准相应提高。在既有线站场平面不作大的变动、保留正线道岔布置不小于 12 号的前提下,应选择适应不同运行条件的道岔结构形式。

我国目前道岔主要分为固定辙叉道岔和可动心轨辙叉道岔。由于固定辙叉道岔不可避免地存在护轨、辙叉翼轨冲击角和辙叉翼轨、心轨部分的垂向不平顺,在行车平稳性等方面较可动心轨差。可动心轨辙叉消除了有害空间,改善了垂向和横向的几何不平顺状态,同时为铺设跨区间无缝线路创造了条件。但可动心轨道岔造价较高,投资较大,且需增加转换设备。根据国内的使用经验,12 号固定辙叉单开道岔其直向通过速度最高可达 160 km/h。为在保证列车运行安全的前提下,实现设备投入的经济合理,在线路允许速度 120 km/h 及以下区段的正线道岔,采用固定型辙叉;在速度为 120 km/h 以上至 160 km/h 及以下的线路,或货车轴重 25 t 及以上区段的正线道岔,采用可动心轨道岔或固定型辙叉道岔,并采用外锁闭装置;线路允许速度 160 km/h 以上区段的正线道岔,须采用可动心轨道岔、外锁闭装置。

既有铁路道岔不满足上述规定时，应逐步更换。

第 48 条 道岔应保持良好状态，道岔各零部件应齐全，作用良好，缺少时应及时补充。道岔出现伤损或病害时，应及时修理或更换。

本条是关于道岔管理基本要求的规定。

道岔是轨道的重要组成部分，其结构复杂，零件容易松动和损坏，状态也容易变化，如发生故障，将影响运输和行车安全。所以，在维修工作中，对道岔质量要求比较严格，特别是对水平轨距(包括各部分的间隔尺寸)、方向等必须经常保持良好状态，并要正确掌握各部件磨损的容许限度，超过限度时应及时修理和更换。

道岔出现伤损或病害时，应根据《铁路线路修理规则》(铁运〔2006〕146 号)的规定进行及时修理或更换。《铁路线路修理规则》对道岔尖轨、可动心轨、基本轨、辙叉、各零部件等的伤损与病害的种类、修理或更换的标准均已作了详细的规定。

第 49 条 联锁道岔应配备紧固、加锁装置，以备联锁失效时用以锁闭道岔。联锁失效时防止扳动的办法，应在《车站行车工作细则》(简称《站细》)内规定。

未设联锁而需加锁的道岔也应安装加锁装置。

加锁装置包括锁板、勾锁器、闭止把加锁、带柄标志加锁。

本条是关于道岔配备紧固、加锁装置的规定。

加锁装置包括锁板、勾锁器、闭止把加锁、带柄标志加锁。

紧固装置主要为道岔紧固器，木枕道岔也可采用夹板钉固方式进行紧固。

非集中联锁的道岔，其转换装置分为道岔握柄和带柄道岔表示器两种。在道岔握柄上，须在闭止把下方加装锁销，以便加锁；带柄道岔表示器，原构造已有锁栓，可在锁栓上加锁，以防止人为的错误扳动。

道口、交叉及线路接轨

第50条 列车运行速度120 km/h及以上线路全封闭、全立交，线路两侧按标准进行栅栏封闭，并设置相应的警示标志。

列车运行速度120 km/h以下的线路，铁路道口、人行过道的设置或拓宽按照铁路总公司有关规定办理。铁路道口、人行过道的等级、标准、铺设、拆除及需否看守，由铁路局决定。

本条是关于线路封闭和道口设置的规定。

列车运行速度120 km/h及以上线路全封闭、全立交，线路两侧按标准进行栅栏封闭，并设置相应的警示标志。相关内容《铁路安全管理条例》第十七条、第二十八条和《铁路道口管理办法》(铁总运〔2013〕121号)作了详细规定。

列车运行速度120 km/h以下的线路，铁路道口、人行过道的设置或拓宽按照铁路总公司颁布的《铁路道口管理办法》(铁总运〔2013〕121号)中的有关规定办理。

(1)道口是指在铁路线路上铺面宽度在2.5 m以上，直接与道路贯通的平面交叉。

(2)人行过道是指在铁路线路上铺面宽度不足2.5 m，与道路贯通的平面交叉。其中城市人行过道的宽度一般为0.75～1.5 m，乡村人行过道的宽度一般为0.4～1.2 m。人行过道只准行人及自行车通过，禁止畜力车、机动车通行。

(3)平过道是指在车站、货场、专用线内，专为内部作业使用，不直接贯通道路的平面交叉。

(4)铁路道口、人行过道的等级、标准、铺设、拆除及需否看守，由铁路局决定。

***第51条** 铁路道口应设置警示标志、铁路道口路段标线、司机鸣笛标及护桩；人行过道应设置路障、鸣笛标；站内道口、人行过道两端不设鸣笛标。根据需要设置栅栏或其他安全设施。有人看守道

口应修建道口看守房，设置照明灯、列车接近报警装置、警示灯、遮断色灯信号机和道口自动通知设备，并督促地方道路管理部门设置、维护警示标志、铁路道口路段标线。根据需要设置列车无线调度通信设备。

铁路道口的铺面、两侧道路的坡度及平台长度应符合要求。

站内平过道必须与站外道路和人行道路断开，禁止社会车辆、非工作人员通行，平过道不得设在车站两端咽喉区内。

在电气化铁路上，铁路道口通路两面应设限高架，其通过高度不得超过 4.5 m。道口两侧不宜设置接触网锚段关节，不应设置锚柱。

栏杆（门）以对道路开放为定位。特殊情况下需要以对道路关闭为定位时，由铁路局规定。

本条是关于道口、人行过道、平过道设置要求及其安全防护设施的规定。

《铁路安全管理条例》和《铁路道口管理办法》（铁总运〔2013〕121 号）对道口、人行过道、平过道设置要求及其安全防护设施均有具体规定。

铁路与道路交叉的无人看守道口应当设置警示标志；有人看守道口应当设置移动栏杆、列车接近报警装置、警示灯、警示标志、铁路道口路段标线等安全防护设施。道口移动栏杆、列车接近报警装置、警示灯等安全防护设施由铁路运输企业设置、维护；警示标志、铁路道口路段标线由铁路道口所在地的道路管理部门设置、维护。

在铁路道口和人行过道设置相关标志、护桩、栅栏或其他安全防护设施，是为了提醒司机和行人，注意道口的存在。铁路司机进入鸣笛标要及时鸣笛，汽车司机进入道口前要减速、瞭望，行人也要注意瞭望，不要进入已处于封闭状态的栏杆，不得爬越栅栏。

在道口设置警示灯、照明灯，是为了夜间为行人、汽车提供警示和为道口值班人员、行人照明。为了保证道口的安全，根据本《技规》（普速铁路部分）第 119 条的规定，道口自动信号，应在列车接近道口时，向道路方向显示停止通行信号，并发出音响通知；如附有自动栏杆（门），栏杆（门）应自动关闭。在列车全部通过道口前，道口信号应始终保持禁止通行状态，自动栏杆（门）应始终保持关闭状态。道口信号设备停用或故障时，应向道口看守人员提示。道口自动通知(含无线道口报警)设备,应在列车接近道口时,以音响和灯光显示通知道口看守人员。

根据需要配置 GSM-R 手持终端或 450 M 无线对讲设备等列车无线调度通信设备,是为了紧急情况下与司机、车站进行联系,防止事故发生。在本《技规》(普速铁路部分)第 125、126、127 条中,列车(有线)调度电话、列车无线调度电话系统、列车 GSM-R 无线调度电话系统均有道口看守员加入通话的相关规定。

铁路道口的铺面、两侧道路的坡度及平台长度应符合铁路总公司《铁路道口管理办法》(铁总运〔2013〕121 号)的相关规定。

站内平过道是为车站工作人员提供的通道,其他社会人员不得使用,故必须与站外道路和人行过道断开。车站两端咽喉区作业繁忙,为了免受干扰,故站内平过道不应设在咽喉区。

电气化铁路道口通道两面设限高架,其通过高度不得超过4.5 m。是为了控制机动车的装载高度,防止其碰撞电气化接触网,规定电气化道口两侧不设锚柱,尽可能减小道口事故对行车的影响。

栏杆(门)以对道口开放为定位,是为保证道口在无列车通过时经常处于开放状态。特殊情况下需要以对道路关闭为定位时,由铁路局规定。

第 52 条 一切车辆、自动走行机械和牲畜,均须在立体交叉或平交道口处通过铁路。铁路工作人员发现有违反上述情况时,应予制止。

特别笨重、巨大的物件和可能破坏铁路设备、干扰行车的物体通过道口时,应提前通知铁路道口管理部门,采取安全和防护措施,并在其协助指导下通过。

本条是关于通过铁路道口的安全规定。

《铁路安全管理条例》第四十九条规定,“履带车辆等可能损坏铁路设施设备的车辆、物体通过铁路道口,应当提前通知铁路道口管理单位,在其协助、指导下通过,并采取相应的安全防护措施”。《铁路道口管理办法》(铁总运〔2013〕121 号)也作了相应规定。

一切车辆、自动走行机械和牲畜，如果任意横越铁路线路，就有可能影响列车的正常运行，甚至破坏线路设备，造成列车脱轨、冲突或人身、牲畜伤亡事故，给国家和人民的生命财产造成损失，所以规定只能在立体交叉或平交道口处通过铁路。自动走行机械，是指能自动走行的非运输用的各种大型机械，如拖拉机、压路机、推土机、笨重吊车等。铁路工作人员发现有违反上述情况时，应予制止，并有对当事人进行安全通过铁路线路常识的宣传义务。

对特别笨重、体积巨大的物件（如大型锅炉、工矿企业大型设备等）和可能破坏铁路设备、干扰铁路运输的物体（履带车辆、大型机械或装载易燃易爆物品的车辆）通过道口时，因所需时间较长，有可能影响列车正常运行，所以应提前通知道口管理部门（工区），需要时由道口管理部门和其他有关部门协调。有关人员应创造条件，协助和指导其通过。

第53条 新建的岔线，不应在区间内与正线接轨；特殊情况必须在区间内接轨时，须经铁路总公司批准，并在接轨地点开设车站（线路所）或设辅助所管理。因路内施工临时性的区间出岔，应按期拆除。

站内铺设及拆除道岔、线路时，须经铁路局批准。

本条是关于新建岔线在区间接轨和站内铺设及拆除道岔、线路的规定。

根据《铁路安全管理条例》第二十条“专用铁路、铁路专用线需要与公用铁路网接轨的，应当符合国家有关铁路建设、运输的安全管理规定”和《铁路专用线与国铁接轨管理办法》（铁总运〔2013〕136号）的相关规定，本条规定新建的岔线，不应在区间内与正线接轨；特殊情况必须在区间内接轨时，须经铁路总公司批准，并在接轨地点开设车站（线路所）或设辅助所管理。因路内施工临时性的区间出岔，应按期拆除。

岔线在区间内与正线接轨，既影响通过能力，也不便管理，所以规定新建岔线不应在区间内与正线接轨。如遇特殊情况必须在区间内与正线接轨时，须经铁路总公司批准，接轨地点应选择在区间平直地段，并应开设车站或辅助所(如图 53-1),以便加强对道岔的管理。

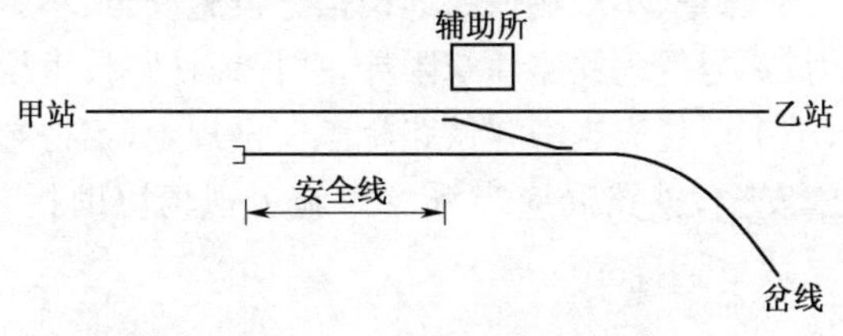

图 53-1　辅助所布置示意图

当路内施工,需要在区间内临时性出岔线时,也应事先经铁路总公司批准,开设辅助所,并制定保证行车安全的管理办法,竣工后及时拆除。

在站内铺设道岔、线路,涉及是否影响车站接发列车、调车作业和站线有效长度,也涉及是否符合车站的远期规划,以及道岔型号、钢轨类型、曲线半径是否符合有关规定。拆除时,同样关系到目前的需要和长远规划。因此,站内铺设和拆除道岔、线路时,必须由铁路局批准。

第 54 条　各种建(构)筑物、电线路、管道及渡槽跨越铁路,横穿路基,或在桥梁上下、涵洞内通过铁路时,应提出设计、施工方案和安全措施等文件,经铁路局同意,并派员对施工现场实行安全监督下,方可施工。

本条是对跨越铁路、横穿路基,或在桥梁上下、涵洞内通过铁路的规定。

《铁路安全管理条例》第三十条规定,"在铁路线路安全保护区内建造建筑物、构筑物等设施,取土、挖砂、挖沟、采空作业或者堆放、悬挂物品,应当征得铁路运输企业同意并签订安全协议,遵守保证铁路安全的国家标准、行业标准和施工安全规范,采取措施防止影响铁路运输安全。铁路运输企业应当派员对施工现场实行安全监督。"

各种建(构)筑物、电线路、管道及渡槽,需要进行跨越铁路、横穿路基或在桥梁上下、涵洞内通过铁路的施工时,必须保证铁路运输安全。为了防止因技术矛盾而造成对铁路运输安全的危害,施工前,建设工程项目单位应提出设计、施工方案和安全措施等文件，征得铁路局同意，要考虑不影响铁路行车人员瞭望、不影响铁路通信信号设施安全、不影响路基强度和桥涵排洪能力、不得侵入铁路建筑限界，并保证铁路技术设备的完整和良好。施工中，施工单位应当遵守铁路施工安全规定，不得影响铁路行车安全及运输设施安全，铁路局应当派员对施工现场协助指导，实行安全监督。

安全线及避难线

第 55 条 安全线设置应符合有关设计规范的规定。

岔线、段管线与正线、到发线接轨时，均应铺设安全线。岔线与站内到发线接轨，当站内有平行进路及隔开道岔并有联锁装置时，可不设安全线。

在进站信号机外制动距离内进站方向为超过 6‰下坡道的车站，应在正线或到发线的接车方向末端设置安全线。

合资铁路、地方铁路及专用铁路与国家铁路车站接轨，其接轨处或接车线末端应设隔开设备(设有平行进路并有联锁时除外)。

安全线向车挡方向不应采用下坡道，其有效长度一般不小于 50 m。

本条是关于安全线设置的规定。

安全线设置在相关设计规范中有详细规定，所以本条首先强调“安全线设置应符合有关设计规范的规定”，执行相关设计规范即可。同时又要对安全线基本设置处所和要求有所表述，所以又沿用了原铁道部第 10 版《技规》规定的内容。

岔线、段管线与正线、到发线接轨时，为了保证正线、到发线列车通行或调车作业通行不致与岔线相关作业的机车车辆发生冲突，应在接轨处铺设安全线。

如岔线与正线或到发线接轨，当站内有平行进路及隔开道岔，并有联锁装置时，可不设安全线。

在进站信号机外制动距离内为超过 6‰下坡道的车站，应在正线或到发线接车方向末端设置安全线，以保证下坡进站的列车不致闯入前方区间，与正线上对向进站的列车或站内发出的列车发生冲突。

合资铁路、地方铁路及专用铁路与国家铁路车站接轨时，为预防行车事故，其接轨处或接车线末端应设隔开设备。当有平行进路并有联锁时，可不设。

隔开设备主要指安全线、避难线、有联锁装置的平行进路及隔开道岔。

安全线的有效长度一般不小于 50 m，约为 1 台机车加 2 辆货车的长度，并要求向车挡方向不应采用下坡道。

第 56 条 为防止在长大下坡道上失去控制的列车发生冲突或颠覆，应根据线路情况，计算确定在区间或站内设置避难线。

本条是关于避难线设置的规定。

根据《铁路避难线设计规则》(TBJ 33—1990)规定，当相邻两站站坪外区间线路的平均坡度一般大于或等于下列数值时，应进行避难线设置的检算：

单机牵引区段 17‰；多机牵引区段：无电阻制动内燃机车牵引区段 17‰，有电阻制动内燃机车牵引区段 25‰，电力机车牵引区段 30‰。装有电阻制动的内燃、电力机车多机牵引的列车，下坡牵引重量大于上坡限制的牵引定数时，其区间线路的平均坡度虽小于上述数值，亦应检算确定是否设置避难线。

避难线的设置条件，不但和区间纵坡的陡度和长度有关，而且与牵引种类、机车类型、牵引定数、列车制动率及曲线半径大小、纵断面各线段的分布等因素有关。在设计时，应根据具体情况作出失控列车的速度计算或图解，确定是否需要设置避难线及设置避难线的长度，并对避难线的设置作出技术经济比较。

避难线的设置只考虑长大下坡道上列车失控情况，因我国车辆都装有自动制动装置，如发生断钩，列车风管拉断，能自动抱闸停车，所以断钩溜车的情况可不予考虑。

避难线的设置位置，应根据车站作业性质、当地的地形条件、区间通过能力以及失控列车进入避难线的最大速度等综合考虑。避难线宜设在车站出站端;困难条件下可设在进站端,应避免设在区间(图 56-1)。

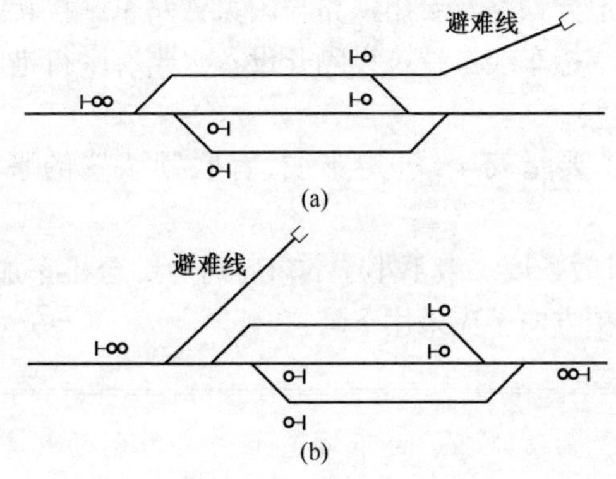

图 56-1　避难线设置示意图

防护栅栏

第 57 条　防护栅栏设置应符合铁路线路防护栅栏有关标准的规定。

本条是关于线路及桥下防护栅栏设置的规定。

防护栅栏是铁路沿线的重要设备,它对保障铁路行车安全和人身安全、保护铁路沿线行车设备起到了十分重要的作用。新建或改建铁路工程,凡符合安设防护栅栏条件的,都必须与工程同时设计、同时施工、同时投入使用。新建防护栅栏按工程管理,竣工后由施工单位按验收规定与防护栅栏设备管理单位办理竣工验收交接手续。接管单位应核对竣工文件,验收工程质量,并建立技术资料台账。

《铁路线路防护栅栏》(通线〔2012〕8001 号)规定,防护栅栏包括钢筋混凝土防护栅栏和钢筋混凝土立柱金属网片防护栅栏。钢筋混凝土防护栅栏设计高度为 2.7 m、2.2 m、1.8 m 三种形式。其中 2.7 m 高防护栅栏下部为 2.2 m 高钢筋混凝土结构,上部为 0.5 m 高金属网片(带折角);钢筋混凝土立柱金属网片防护栅栏高度为 1.8 m(带折角)。设计速度

200 km/h以下铁路一般地段防护栅栏高度采用 1.8 m，村庄、城镇人口较为密集地段防护栅栏高度采用 2.2 m。

防护栅栏应设置在地界线上。需为通行、排水、耕作等提供便利条件的地段，可在用地界线内 0.5 m 处或根据实际情况设置。防护栅栏的设置还应符合《铁路线路防护栅栏管理办法》(铁运函〔2007〕517 号)相关规定。

栅栏除具封闭功能外，还应兼顾与线路的协调、美观。一般地段栅栏顶端和下端纵向平齐(下端距地面不超过 10 cm)；与路线走向基本平行；与桥梁、隧道、涵渠以及其他既有建筑物合理顺接，无缺口、不零乱；基础牢固稳定，不松动、不下沉、不阻水。

第 58 条 防护栅栏的设备管理由工务部门负责，治安管理由铁路公安部门负责。

本条规定了线路及桥下防护栅栏的设备管理和治安管理的部门。

根据铁路防护栅栏管理的相关规定，防护栅栏的设备管理由工务部门负责，治安管理由铁路公安部门负责。铁路局工务处是防护栅栏设备管理部门，负责制定防护栅栏管理制度，编制年度修理计划，提出新建及更新改造建议。工务(桥工)段是防护栅栏的设备管理单位，负责防护栅栏的日常维护工作。铁路公安部门负责防护栅栏的治安管理，依法打击破坏防护栅栏等的违法犯罪行为，督促整改防护栅栏设备隐患，指导巡防工作。

第 59 条 对各类通道须设门加锁，由使用单位落实管理责任。

铁路工务、电务、车务、供电等部门因作业需要设置作业门时，按照“谁使用，谁申请，谁管理”的原则，由使用单位提出申请报铁路局栅栏设备管理部门批准，站区内还需经车务部门批准，经与栅栏设备管理单位和属地铁路公安部门办理书面手续后方可设置。

铁路工作人员专用通道、作业门应有警示标识。

本条是线路及桥下防护栅栏设置通道的规定。

为适应铁路运输组织和铁路设备管理的需要，铁路沿线栅栏设有栅栏门或通道。为加强栅栏门或通道的管理，栅栏门须加锁，通道须设门加锁，由使用单位落实管理责任。是否设置铁路警务区用房和值勤岗亭，应根据管辖范围内警力配备数量、线路长度、客货运量及沿线治安状况综合确定。

铁路工务、电务、车务、供电等部门因作业需要设置作业门时，按照“谁使用，谁申请，谁管理”的原则，由使用单位提出申请，报铁路局栅栏设备管理部门批准(站区内还需经车务部门批准)，经与栅栏设备管理单位及属地铁路公安部门办理书面手续后方可设置。站区内是指车站两端进站信号机范围内，站区内是车站办理列车、调车、旅客乘降、货物装卸等作业的场所，若因作业需要设置作业门时，应当报经直属站或车务段批准。

专用通道应标有“铁路工作人员专用通道，禁止其他人员入内”字样，由使用单位落实管理责任。

因施工作业需要临时拆除防护栅栏时，施工单位必须与属地公安处和防护栅栏设备管理单位签订安全协议，按规定办理有关手续，在开口处悬挂警示标志，设置临时防护设施，并派专人昼夜看守。施工作业完成后要立即恢复原状，并与有关单位办理验收交接手续。

声 屏 障

* **第60条** 根据铁路噪声排放治理需要，可在铁路两侧设置声屏障。声屏障应满足国家和行业相关标准和规范的要求。

声屏障设置应符合铁路建筑限界的规定，安装强度须保证运输安全，并满足铁路设施检修和维护的要求，不得影响其他行车设备的安全运行。

声屏障应进行定期检查和维护。

本条是关于声屏障设置及检查维护的规定。

声屏障是指建于铁道线路两侧用以降低铁路运行噪声对噪声敏感点影响的构筑物，是铁路噪声污染防治的主要措施之一。铁路声屏障一般设置于铁路路肩或桥梁作业栏杆处，位于线路一侧或双侧，距离近侧轨道中心线约3.4 m到4.2 m不等。声屏障设计、制造及施工安装等均应满足国家和行业相关标准及规范的要求。

声屏障设置应符合铁路建筑限界的规定，安装强度须保证运输安全，并满足铁路设施检修和维护的要求，不得影响其他行车设备的安全运行。设置在路基地段的声屏障不应影响路基排水，新建改建线路声屏障基础宜设置于路肩外侧。

声屏障安全正常的发挥作用是确保其降噪效果和作用的重要前提，因此，声屏障应进行定期检查和维护。管理单位应加强声屏障状态检查，重点检查桥梁梁端、桥梁与路基过渡段声屏障状态，H 型钢立柱间距，声屏障插板入槽深度，声屏障立柱螺栓是否缺少、松动及失效，发现问题时及时处理。

第 61 条 路基声屏障连续长度超过 500 m 时，应根据疏散和检修要求统一设置安全通道，安全通道外边坡处应有安全通行条件；桥梁声屏障安全通道应结合救援疏散通道设置。

第三章　信号、通信

一般要求

第62条　为保证信号、通信设备的质量，应设电务段、通信段等电务维修机构。

电务段、通信段管辖范围应根据信号、通信设备等条件确定。

本条是关于信号、通信设备维护机构设置的规定。

铁路信号设备是指挥列车运行，保证行车安全，提高运输效率，改善行车组织方式，实现行车指挥现代化的关键设施。

铁路通信网是铁路的重要基础设施，是保证铁路运输正常、安全运行的重要工具，是支撑铁路信息化的重要载体。

为保证信号、通信设备的质量，应设电务段、通信段等电务维修机构。电务维修机构必须坚持以运输生产为中心，做好维护管理工作，保证信号、通信设备和系统处于良好运用状态。

电务维修机构是信号、通信设备维护管理的主体，电务段、通信段管辖范围应根据信号、通信设备等条件确定，应建立健全维修组织，强化职能科室和车间管理，加强工区建设，适应维修生产需要。

铁路信号设备是铁路运输安全生产的重要组成部分，直接涉及运输安全，必须做好铁路信号维护工作，保证行车安全。要搞好铁路通信的维护工作，确保铁路通信网全程全网安全、可靠、迅捷、畅通。

第63条　电务维修机构应具备设备检修、修配、测试场所，配置相应的仪器仪表、工装机具以及交通工具、应急通信设备等。

在动车组、机车和轨道车的检修地点应设列控车载设备、机车信号、列车运行监控装置（LKJ）、轨道车运行控制设备（GYK）及车载无线通信设备等的检修与测试场所。设有车辆减速器的驼峰调车场应设驼峰机械修配场所。

铁路电务设备维护工作应按设备技术状态进行维修，并按周期进行中修和大修。电务车载设备结合动车组、机车和轨道车各级检修修程，同步进行检修。

本条是关于电务维修机构开展维护管理工作的相关规定。

电务段、通信段实行段、车间、工区三级管理。

电务段、通信段根据维护工作需要和管理区域实际情况可设设备的检修、中修等专业车间，实现信号、通信设备检修专业化、规模化。动车段(所)、机务段内应设列控车载设备、机车信号、列车运行监控装置(LKJ)、轨道车运行控制设备(GYK)及车载无线通信设备等的专业车间，负责检修与测试工作。驼峰调车场应设信号检修车间，负责驼峰调车场车辆减速器等驼峰专用机械设备的修理及中修工作。

电务段、通信段等电务维修机构应配置必要的交通工具、应急抢修设备、测试仪器仪表、检修工装机具等，不断提高维修装备的机械化水平。在动车段(所)、机务段等动车组、机车、轨道车和大型养路机械的检修地点应设列控车载设备、机车信号、列车运行监控装置(LKJ)、轨道车运行控制设备(GYK)及车载无线通信设备等电务车载设备的检修与测试场所。

铁路信号设备维护工作由维修、中修、大修三部分组成，测试工作是信号设备维护工作的重要内容之一，包含在维修、中修、大修之中。

铁路信号设备维护工作应贯彻按期大修、强化中修、确保维修的指导思想，坚持以安全和质量为主的原则，依据设备技术状态、变化规律和磨损程度做好大修、中修和维修工作，保证信号设备符合技术标准，在规定的寿命期内性能良好、质量稳定、安全可靠地运用。

铁路通信设备的维护工作应根据设备的特点采取维修、中修、大修等维护修程。推广远程监测监控技术，优化修程修制，保证通信设备性能良好、质量稳定。

列控车载设备、机车信号、列车运行监控装置(LKJ)、轨道车运行控制设备(GYK)及车载无线通信设备等电务车载设备结合动车组、机车、轨道车及大型养路机械的检修修程，同步进行检修。

铁路信号、通信设备的维护工作应坚持预防为主、强度与性能并重的原则，推进全面质量管理，不断改进维修方式，推广先进维修经验，科学合理开展工作，提高设备应用质量和维护管理水平。

第64条 对设有加锁加封的信号设备，应加锁加封，必要时可设置计数器，使用人员应负责其完整。对加封设备启封使用或对设有计数器的设备每计数一次时，使用人员均须在《行车设备检查登记簿》内登记，写明启封或计数原因。加封设备启封使用后，应及时通知信号部门加封。

使用计算机技术控制的信号设备实现加锁加封功能时，应使用密码方式操作。

本条是关于设有加锁加封及计数器的信号设备的使用要求的规定。

为确保行车安全，根据有关规定和设计要求，需要加锁加封的设备，均须加锁加封。一般规定原则是室外设备加锁，室内设备加封。如：信号机构、室外各种箱类、电锁器、电动（空）转辙机等应加锁，室内操纵台（人工解锁盘、应急盘等）及有关按钮等均应加封。涉及行车安全的按钮，如最终可能导致进路或区段非正常解锁的按钮，必须加封（锁），必要时可装设计数器。当使用人员启封使用设备时，应将启封原因登记于《行车设备检查登记簿》内，启封后及时通知信号部门加封。

考虑到一些信号设备使用上的方便，加封有一定困难（如有的车站无信号工作人员值班），可装设计数器，但使用计数器后，由使用人员在《行车设备检查登记簿》内登记，登记的计数器次数与计数器记录的次数必须相符。当信号检修人员检修设备时，共同认定使用次数。

本条对计算机联锁设备、调度集中系统等对应于继电联锁设备原铅封按钮相应办理进行了规定。在车站联锁、调度集中系统、列车调度指挥系统等计算机技术系统界面操作台进行操作时，为办理慎重起见，相对于原铅封按钮点压后，屏幕将提示输入密码，密码输入后操作才被执行，系统自动记录，并且在屏幕提示栏应有记录显示，同时使用人员应在《行车设备检查登记簿》内登记。

第65条 集中联锁车站和自动闭塞区段应装设信号集中监测系统，对信号设备运用状态进行实时监测，实现故障及超限告警。

本条是关于集中联锁和自动闭塞区段装设信号集中监测系统的规定。

信号集中监测系统是反映信号设备运用质量、预防设备故障、保证设备正常运用、提高电务部门维护水平和维护效率的重要设备，应统一规划、统一实施，与联锁、闭塞、列控、CTC等系统同步设计、施工、调试、验收和使用。

信号集中监测系统是监测信号设备运用状态的必要设备，是实现状态修的重要手段。应充分利用信号集中监测系统实时监测、故障告(报)警、超限告(报)警、存储再现、过程监督、远程监视等功能，发挥信号集中监测在信号设备日常维修及故障处理中的重要作用，监测信号设备状态，发现信号设备隐患，分析信号设备故障原因，辅助故障处理，指导现场维修工作，加强信号设备结合部管理。信号集中监测系统应能及时记录监测对象的异常状况，具有一定的故障诊断能力；应能监测信号设备的主要电气性能，当电气性能偏离预定界限时应及时预警或报警。并逐步实现对信号设备运用环境进行监测。

信号集中监测系统监测信号设备状态信息报警分为三级报警及预警。涉及行车安全的信息属于一级报警信息；影响行车和设备正常工作的信息属于二级报警信息；电气特超标等信息属于三级报警信息；电气性能偏离预定界限或设备状态运用趋势逻辑判断超标等信息属于预警信息。

各类监测报警应及时通过监测网络传到各级受理监测终端，并发出声光报警信息。三级报警、预警信息须上传到车间、工区终端。

信号集中监测系统实现铁路总公司、铁路局(公司)、电务段、车间、工区联网。

铁路局(公司)应制定信号集中监测系统运用维护管理办法。明确工作职责，健全分析制度，规范运用管理，管好、用好信号集中监测系统。

电务段应加强对监测数据和报警信息的分析，及时掌握设备特性变化趋势，有针对性地进行维修和处理，预防设备故障。

第66条 信号、通信设备及机房，应采取综合防雷措施，设置机房专用空调。信号及通信设备，应装有防止强电及雷电危害的浪涌保护器等保安设备，电子设备应符合电磁兼容有关规定。

本条是关于信号、通信设备及机房防止强电和雷电危害、电子设备电磁兼容性及机房空调的相关规定。

雷电是一种自然界中常见的大气放电现象，其强大的破坏力常常会给信号和通信设备带来直接的威胁，由此而产生的信号故障或通信中断会造成巨大的直接经济损失和间接经济损失，直接威胁铁路正常的安全运输生产及人身安全。

为了保证铁路信号、通信设备及机房的安全，必须采取完善的综合防雷措施。综合防雷措施，外部防护包括直击雷防护措施，内部防护包括等电位连接措施、屏蔽措施、规范的综合布线措施、安装浪涌保护器等保安设备、完善合理的共用接地系统等。在铁路沿线通信信号机房既要防止直击雷，也要防止雷电电磁脉冲，综合运用防雷技术，实施综合防雷。信号及通信设备都应安装有防止强电及雷电危害的浪涌保护器(SPD)等保安设备。

电磁兼容性(EMC)是指电子、电气设备或系统在预期的电磁环境中，按一定设计要求正常工作的性能或能力。它不仅要求电子、电气设备(系统)能抵御外来干扰，还要求它不产生超过允许值的干扰，该“允许值”由电磁兼容性标准和规范给定。

由于信号、通信设备均为电子产品，对温度、湿度等环境要求较高，应设置可靠运行的机房专用空调。机房空调应满足信号、通信设备对运行环境的要求。铁路局以及分枢纽等通信局站的机房空调，应符合《通信机房用恒温恒湿空调系统》(YD/T 2061)。

铁路信号、通信电子设备应满足《信息技术设备的无线电骚扰限值和测量方法》(GB 9254—2008)、《信息技术设备抗扰度限值和测量方法》(GB/T 17618—1998)、《轨道交通　电磁兼容　第4部分：信号和通信设备的发射与抗扰度》(GB/T 24338.5—2009)、《轨道交通　电磁兼容　第

3-2部分:机车车辆　设备》(GB/T 24338.4—2009)等相关要求。

第67条　机车信号设备、列车运行监控装置(LKJ)、轨道车运行控制设备(GYK)和车载无线通信设备等的电源,均应取自车上直流控制电源系统,直流输出电压为110 V时,电压波动允许范围为−20%~+5%。

信　号

第68条　信号装置一般分为信号机和信号表示器两类。

信号机按类型分为色灯信号机、臂板信号机和机车信号机。信号机按用途分为进站、出站、通过、进路、预告、接近、遮断、驼峰、驼峰辅助、复示、调车信号机。

信号表示器分为道岔、脱轨、进路、发车、发车线路、调车及车挡表示器。

本条是关于信号机和信号表示器的类型和用途分类的规定。

信号一般包括两种意义:一是指铁路上信号、联锁、闭塞设备的总称,一般叫做铁路信号或信号设备;二是指行车工作中对列车乘务人员及其他有关行车人员指示运行条件,包括固定信号、移动信号及手信号,信号表示器及信号标志,听觉信号等。

本条仅指固定信号及信号表示器。

1. 信号机按其类型可分为:

(1)色灯信号机,是以灯光颜色和数目的变化显示信号的装置。

(2)臂板信号机,昼间是以臂板的不同位置、形状、颜色及数目等特征显示信号;夜间装有照明灯具,以不同颜色和数目的灯光显示信号的装置。

(3)机车信号(机),是装在机车司机室内的信号,用以反映地面信号信息显示的装置。

机车信号分为：

①三显示自动闭塞区段连续式机车信号；

②四显示自动闭塞区段连续式机车信号；

③接近连续式机车信号。

2. 车载信号：

在列控车载设备中，速度信号在速度表盘上以不同颜色的光带显示。速度信号显示包括列车当前速度、允许速度（列控车载设备允许列车在该时刻达到的安全运行速度）和目标速度（在该时刻列控车载设备提示列车在到达目标点的允许速度）。

列车当前速度采用双重显示。一种是采用速度表表示方法，速度表的指针指向刻度盘的当前速度；另一种是数字表示方法，在速度表的中间区，以数字形式表示出当前速度值。

3. 信号表示器：是表示行车设备位置或状态的信号机具，通过它的表示对列车运行或调车作业发出指示。信号表示器有道岔表示器、脱轨表示器、进路表示器、发车表示器、发车线路表示器、调车表示器和车挡表示器。

提速半自动闭塞区段接近信号机显示方式适用于列车最高运行速度160 km/h及其以下的区段。

第69条　各种信号机及表示器，在正常情况下的显示距离：

1. 进站、通过、接近、遮断信号机，不得小于1 000 m；

2. 高柱出站、高柱进路信号机，不得小于800 m；

3. 预告、驼峰、驼峰辅助信号机，不得小于400 m；

4. 调车、矮型出站、矮型进路、复示信号机，容许、引导信号及各种表示器，不得小于200 m。

在地形、地物影响视线的地方，进站、通过、接近、预告、遮断信号机的显示距离，在最坏的条件下，不得小于200 m。

本条是关于信号机及表示器在正常情况下显示距离的规定。

信号的显示距离，是指从机车上能够连续确认的显示距离。其前提条件是列车运行速度不超过 120 km/h 时，紧急制动距离应不大于 800 m。

因此，进站、通过、接近、遮断信号机的显示距离规定为不小于 1 000 m，是考虑了 800 m 列车的紧急制动距离和 200 m 司机确认信号时间和开始制动列车走行的距离，这样在信号机显示红灯时，司机确认信号后可以保证在信号机前停车。

高柱出站和高柱进路信号机因前方已有进站或进路信号机起到预告显示的作用，同时，这些信号机都设在站内。所以对其显示距离规定不得小于 800 m。

预告信号机本身没有停车信号的显示，仅仅是预告其主体信号机的显示状态，所以显示距离规定不得小于 400 m。

驼峰信号机，因调车速度较低，所以显示距离规定不得小于 400 m。

驼峰辅助信号机，它的显示距离与驼峰信号机相同，因此也规定不得小于 400 m。

调车信号机，因调车速度较低；复示信号机是一种附属性质的信号，重复主体信号机的显示；容许信号和引导信号是在司机未看到其显示之前，已经看到了主体信号机的显示。所以规定这些信号的显示距离不得小于 200 m。

在不办理通过列车的到发线上，由于容易确认信号，装设的矮型出站、矮型进路信号机，其显示距离规定不得小于 200 m。

各种表示器，只是起到表示的作用，不是绝对信号，并受机体构造的限制，所以显示距离规定不得小于 200 m。

对进站、通过、接近、遮断信号机的显示距离应当严格要求。在装设此类信号机时，应选择适当地点，尽可能使其显示距离达到标准。但因条件限制，如在山区弯道多、曲线半径小、隧道接连不断等最坏情况下，实在无法达到标准时，考虑到此类信号机均设有预告信号机，因此允许降低到不小于 200 m 的最低标准。预告信号机的显示距离在最坏条件下，不得小于 200 m。

第 70 条 铁路信号机应采用色灯信号机。色灯信号机应采用高柱信号机，在下列处所可采用矮型信号机：

1. 不办理通过列车的到发线上的出站、发车进路信号机；

2. 道岔区内的调车信号机及驼峰调车场内的线束调车信号机；

3. 自动闭塞区段，隧道内的通过信号机。

特殊情况需设矮型信号机时，须经铁路局批准。

本条是关于色灯信号机设置的规定。

色灯信号机具有昼夜显示一致，受气候条件影响小，易于控制和辨认，安全稳定，便于维修等特点，因此，凡有可靠交流电源的车站，都应采用色灯信号机。

在办理通过列车的到发线上的出站、发车进路色灯信号机，不论是否装设机车信号均应采用高柱色灯信号机。

在不办理通过列车的到发线上，由于列车速度低，显示距离要求不高，亦容易确认，可以装设矮型信号机。

另外，道岔区内的调车信号机，驼峰调车场的线束调车信号机，自动闭塞区段隧道内的通过信号机因受场所的限制，亦可采用矮型信号机。

为了便于司机和有关行车人员确认信号，要求在同一车站或同一车场采用同一类型的信号机。

第71条　信号机设在列车运行方向的左侧或其所属线路的中心线上空。反方向运行进站信号机可设在列车运行方向的右侧；其他特殊地段因条件限制，需设于右侧时，须经铁路局批准。

在确定设置信号机地点时，除满足信号显示距离的要求外，还应考虑到该信号机不致被误认为邻线的信号机。

本条是关于信号机设置位置的规定。

我国铁路为左侧行车制，机车司机的位置统一设在左侧，为了便于司机瞭望信号，规定所有信号机均应设在列车运行方向的左侧。装设在信号桥或信号托架上的信号机，可以在线路左侧，也可以在其所属线路的中心线上空。

反方向运行进站信号机受限界等限制可设在列车运行方向的右侧。

其他信号机在特殊情况下，如线路左侧没有装设信号机的条件（托架也无法装设）或因曲线、隧道、桥梁等影响，在保证不致使司机误认的条件下，经铁路局批准，也可设于右侧。

在确定信号机设置地点时，除应满足信号显示距离的要求外，还应考虑到信号机不至于被误认为邻线的信号机，装在右侧的信号机更应注意。

第 72 条 车站必须设进站信号机。进站信号机应设在距进站最外方道岔尖轨尖端（顺向为警冲标）不小于 50 m 的地点，因调车作业或制动距离需要延长时，一般不超过 400 m。

双线自动闭塞区间反方向进站信号机前方应设置预告标。

本条是关于车站设置进站信号机的规定。

进站信号机的作用是防护车站，指示进站列车的运行条件，保证进站进路的正确和安全可靠，完成有关的联锁任务。所以，凡车站在列车的入口处都必须装设进站信号机。

进站信号机，应尽量避免装设在停车后起动困难的上坡道上、地势险峻地点、隧道内、桥梁上及停车后列车不能全部出清桥隧的停车地点。

在设有轨道电路的车站上，进站信号机应和轨道绝缘设在同一坐标上。如因轨缝移动或因线路改建等原因，不能设在同一坐标上时，允许轨道绝缘设在信号机前方或后方各 1 m 范围内。

为满足调车作业的需要，即一台机车挂一两辆货车，由一股道转向另一股道不致越出进站信号机，所以规定进站信号机应设于距进站道岔尖轨尖端（顺向为警冲标）不小于 50 m 的地点。

经常利用正线进行调车作业的车站，可适当延长进站信号机与进站道岔岔尖或进站道岔警冲标之间的距离，以便进行调车作业时，车列不致越出进站信号机，减少办理越出站界调车的手续。但该距离延长后，将影响车站的通过能力，所以延长的距离一般不得超过 400 m。

双线自动闭塞区间反方向运行，因进站信号机前方未设色灯预告信号机，应在进站信号机外方设预告标。预告标应设在进站信号机外方 900 m、1 000 m 及 1 100 m 处。

第73条 在车站的正线和到发线上,应设出站信号机。出站信号机应设在每一发车线的警冲标内方(对向道岔为尖轨尖端外方)适当地点。

在调车场的编发线上,必要时可设线群出站信号机。

本条是关于车站和到发线应装设出站信号机的规定。

出站信号机的作用是作为列车占用区间的凭证,指示列车可否进入区间;与车站其他发车进路和敌对进路相联锁,信号开放后保证进路安全可靠;指示列车在站内停车的位置。所以,车站发车线上均应装设出站信号机。

出站信号机应设在每一发车线的警冲标内方(对向道岔为尖轨尖端外方)适当的地点。

设置出站信号机应考虑到少占用股道有效长。当发车线不设轨道电路时,在限界允许的条件下,应缩小与警冲标间的距离;当发车线设有轨道电路时,出站信号机宜与轨道绝缘设在同一坐标处,为了避免和减少在安装信号机时造成串轨、换轨和锯轨等情况,轨道绝缘设置在出站信号机前方1 m或后方6.5 m的范围内。

调车场内编发线上,根据作业需要,可设线群出站信号机。当信号机开放信号后,为了指示某一线路上的列车出发,防止邻线上的列车误认信号,所以规定在每条线路的警冲标内方适当地点装设发车线路表示器。

发车线路表示器应在线群出站信号机开放和进路开通正确后方能着灯。但线群出站信号机与发车线路表示器之间的非集中操纵道岔无联锁,发车时,发车人员应认真监视进路,保证行车安全。

第74条 通过信号机应设在闭塞分区或所间区间的分界处。自动闭塞区段的通过信号机,不应设在停车后可能脱钩、牵引供电分相的处所,也不宜设在起动困难的地点。

自动闭塞区段信号机设置位置和显示关系应根据列车牵引计算确定,并应满足列车运行速度规定的制动距离和线路通过能力的要求。

在自动闭塞区段内，当货物列车在设于上坡道上的通过信号机前停车后起动困难时，在该信号机上应装设容许信号。在进站信号机前方第一架通过信号机上，不得装设容许信号。

在三显示自动闭塞区段的进站信号机前方第一架通过信号机柱上，应涂三条黑斜线；四显示自动闭塞区段的进站信号机前方第一、第二架通过信号机的机柱上，应分别涂三条、一条黑斜线。

本条是对自动闭塞区段通过信号机设置要求的规定。

列车紧急制动距离和线路通过能力是进行自动闭塞设计的重要依据。列车的紧急制动距离限值，应符合第 263 条的规定。双线自动闭塞区段，列车追踪运行间隔时间宜采用 5～6 min。

自动闭塞区段信号机设置位置和显示关系应根据列车牵引计算确定，在此基础上，还应考虑下列因素。

在自动闭塞区段，通过色灯信号机原则上应和轨道绝缘设在同一坐标上。如因钢轨移动或线路改建等原因，轨道绝缘与信号机不能设在同一坐标上时，双线单方向运行线路上的通过色灯信号机和单线双方向运行线路上的单置通过色灯信号机，允许设在信号机前 1 m、后 6.5 m 的范围内；单线双方向运行的并置通过信号机，允许设在信号机前后 1 m 的范围内。

线路所一般无管辖地段，只设有通过信号机，办理列车的通过。线路所亦可以设管理段，此时入口处信号机采用进站信号机机型，出口信号机采用出站信号机机型。

在线路变坡点的纵断面上看，当列车在变坡点处，由于相邻车辆的相对倾斜，使相邻车钩的中心线上下错动，若超过限定的数值时，就易引起脱钩。自动闭塞区段的通过信号机若设在该处，当停车后有可能造成脱钩的危险。在交流电力牵引区段的牵引供电分相处有无电区，列车一旦在此停车，有可能造成列车无牵引动力。因此规定：自动闭塞区段的通过信号机，不应该设在停车后可能脱钩、牵引供电分相等处所。

为了保证行车安全和提高运输效率，自动闭塞区段的通过信号机，不宜设置在起动困难的地点，以及货物列车在上坡道上停车后起动困难的地点。特殊情况，信号机必须设在上坡道货物列车停车后起动困难的地点时，则在该通过色灯信号机上应装设容许信号。

进站信号机前方的第一架通过信号机，因已接近车站，列车在车站外停车可能性较大，如允许后续列车不停车通过该信号机时，可能发生追尾事故，因此不得在该信号机上装设容许信号。该信号机亦不得设于停车后起动困难的地点。

在三显示自动闭塞区段的进站信号机前方第一架通过信号机柱上涂三条黑斜线，四显示自动闭塞区段的进站信号机前方第一、第二架通过信号机的机柱上分别涂三条、一条黑斜线，与其他通过信号机相区别，起到预告作用。

第75条 有人看守道口设遮断信号机；在有人看守的桥隧建(构)筑物及可能危及行车安全的坍方落石地点，根据需要设遮断信号机。该信号机距防护地点不得小于50 m。

本条是关于有人看守的道口和桥隧建(构)筑物及可能危及行车安全的坍方落石地点，装设遮断信号机的规定。

遮断信号机是设于规定的防护地点，平时灭灯不起信号作用，必要时使之亮灯，要求列车停车的信号机。

在有人看守的道口，为了在一旦发生危及行车及人身安全的情况时，能立即指示列车在道口外方停车，因此规定应装设遮断信号机。

在桥隧建筑物及可能危及行车安全的坍方落石地点，一般均设有固定值班的看守人员，昼夜巡视。为了在一旦发生危及行车安全的情况时，能及时地向列车发出停车信号，要求列车在障碍地点前方停车，因此规定根据需要装设遮断信号机。

遮断信号机的设置位置，距其防护地点不得少于50 m。

遮断信号机的设置，应由负责看守单位提出要求，经有关部门批准。

遮断信号机平时灭灯，不起信号作用。当显示一个红灯时，要求列车必须在该信号机前方停车，不准越过该信号机。

为了避免和其他信号机混淆，遮断及其预告信号机采用方形背板，并在机柱上涂以黑白相间的斜线。

第 76 条 半自动闭塞、自动站间闭塞区段，进站信号机为色灯信号机时，设色灯预告信号机或接近信号机。

遮断信号机和半自动闭塞、自动站间闭塞区段线路所通过信号机，设预告信号机。

列车运行速度不超过 120 km/h 的区段，预告信号机与其主体信号机的安装距离不得小于 800 m，当预告信号机的显示距离不足 400 m 时，其安装距离不得小于 1 000 m。

列车运行速度超过 120 km/h 的区段，设置两段接近区段，在第一接近区段和第二接近区段的分界处，设接近信号机，在第一接近区段入口内 100 m 处，设置机车信号接通标。

本条是关于半自动闭塞、自动站间闭塞区段，进站信号机、线路所通过信号机和遮断信号机，应装设预告信号机或接近信号机的规定。

在非自动闭塞区段，当列车接近进站信号机时，只有预先了解其显示状态，才能安全高速地行车。

1. 列车运行速度不超过 120 km/h 的区段，当预告信号机显示黄色灯光时，列车必须准备在其主体信号机前停车，预告信号机与主体信号机间的距离规定不得小于 800 m，以满足列车制动距离的要求。当预告或其主体信号机的显示距离不足 400 m 时，为了让司机预先有足够的时间确认信号，规定预告信号机距主体信号机不得小于 1 000 m。

2. 列车运行速度超过 120 km/h 的区段，应设接近信号机，其接近区段的长度按《提速半自动闭塞区段接近信号机设计原则(暂行)》(运基信号〔2005〕111 号)要求确定。列车运行速度超过 120 km/h 的线路，当采用半自动闭塞或自动站间闭塞时，应设置两个接近区段，在两个接近区段的分界处设接近信号机，接近区段的长度及接近信号机的安装位置应根据牵引计算确定。在第一接近区段入口 100 m 处设置“机车信号接通标”。

第 77 条 特殊地段因条件限制，同方向相邻两架指示列车运行的信号机(预告、遮断、复示信号机除外)间的距离小于制动距离时，按下列方式处理：

1. 在列车运行速度不超过 120 km/h 的区段，当两架信号机间的距离小于 400 m 时，前架信号机的显示，必须完全重复后架信号机的显示；当两架信号机间的距离在 400 m 及以上，但小于 800 m 时，后架信号机在关闭状态时，则前架信号机不准开放。

2. 在列车运行速度超过 120 km/h 的区段，两架有联系的信号机间的距离小于列车规定速度级差的制动距离时，应采取必要的降级或重复显示措施。

本条是关于特殊地段，同方向相邻两架指示列车运行的信号机（预告、遮断、复示信号机除外）间的距离小于制动距离时，处理方式的规定。

列车运行速度不超过 120 km/h 的区段，当两架指示列车运行的信号机之间的距离小于 400 m 时，为了保证列车在有效制动距离内的行车安全，要求前架信号机必须重复后架信号机的显示，延长了后架信号机的防护距离。当两架信号机的距离在 400 m 及其以上，但小于 800 m 时，后架信号机在关闭状态时，前架信号机不准开放。这主要考虑两架信号机的距离不能满足制动距离要求，在两架信号机开放的情况下，可以反映各自防护区间列车运行情况，但是当后架信号机关闭时，反映了该区间有列车占用。如果允许前架信号机开放，运行列车可进入前架信号机的防护区间，而这个区间正是后架信号机前方不够制动距离的区间，一旦发现后架信号机关闭，保证不了在制动距离内可靠的停车，因此要求在后架信号机关闭的情况下，前架信号机不准开放。

列车运行速度超过 120 km/h 的区段，正线上同方向相邻两架指示列车运行的信号机（预告、遮断、复示信号机除外）间的距离小于规定速度级差制动距离时，应采取必要的降级或重复显示措施。速度级差制动距离是指速度分级后，从一级速度降至低一级速度所需的制动距离。

第 78 条 出站信号机有两个及以上的运行方向，而信号显示不能分别表示进路方向时，应在信号机上装设进路表示器。

发车进路兼出站信号机，根据需要可装设进路表示器，区分进路方向。

双线自动闭塞区段，有反方向运行条件时，出站信号机设进路表示器。

本条是关于装设进路表示器的规定。

当只有两个进路方向而需装设进路表示器时，可用左、右两个灯光的表示器，以区分列车左、右的运行方向。

当进路有三个方向时，需装设三个并排灯光的表示器，可用左、中、右三个并列灯光表示三个列车运行方向。

当有四个以上方向时，设两排进路表示器，上方为三个灯光，下方为一个灯光；当有六个或七个方向时，设两排三灯光的进路表示器。两个灯光组成直线或斜线表示进路开通方向。

发车进路兼出站信号机和兼有出站或发车进路的驼峰辅助信号机，根据需要必须区分进路方向时，也可在该信号机上装设进路表示器。

进路表示器仅在其主体信号机开放时才能着灯，并保证其显示与进路开通方向的一致，不能单独构成信号显示。

当进路表示器显示不良时，可由办理发车人员口头通知司机列车开往的方向之后，列车可凭出站信号机的显示出发。

根据《关于统一六大干线四显示自动闭塞改造工程主要设计原则的通知》(铁建设〔2004〕151 号)双线自动闭塞区段，当有反方向运行条件时，出站信号机仅装设反方向的进路表示器，并纳入联锁；三个及以上方向的出站信号机，各方向均装设进路表示器，不纳入联锁。

第 79 条　发车信号辨认困难的车站，在便于司机瞭望的地点可装设发车表示器。

本条是关于装设发车表示器的规定。

因车站设在曲线上，或站台设施影响，以及旅客乘降等因素，影响司机瞭望发车信号，应装设发车表示器。

发车表示器必须保证在出站信号机已经开放，车站值班员同意发车的条件下才能着灯。

根据需要可装设供车站值班员使用的控制设备。

第80条 为满足调车作业的需要，应设调车色灯信号机。

在作业繁忙的调车场上，因受地形、地物影响，调车机车司机看不清调车指挥人的手信号时，设调车表示器。

本条是关于装设调车色灯信号机和调车表示器的规定。

集中联锁的车站应根据站内调车作业的需要，装设调车信号机。必要时，可设调车表示器。

调车信号机的布置，必须根据车站的技术作业过程和调车作业的繁忙程度确定，并考虑站内必要的平行作业需要和较短的机车走行距离。

1. 出站及接、发车进路信号机可设调车信号显示，满足调车作业需要。

2. 尽头线、机车出库线、机待线、专用线及调车线等通向集中区的入口处，均应装设调车信号机。

3. 在咽喉区，应设置起下列作用的调车信号机：

(1)转线；

(2)平行作业；

(3)减少调机走行距离。

在繁忙的调车场上，如受曲线、建筑物或其他影响，妨碍司机确认调车指挥人员的手信号时，应装设调车表示器，以代替调车指挥人员的手信号。

第81条 设有线群出站信号机时，在线群每一条发车线路的警冲标内方适当地点，装设发车线路表示器。

本条是关于装设发车线路表示器的规定。

发车场几条线路共用一架线群出站信号机时，当信号机开放后，为了指示某一线路上的列车出发，防止邻线上的列车误认信号，所以规定要在每条线路的警冲标内方的适当地点，均应装设发车线路表示器。

发车线路表示器应在线群出站信号机开放和进路开通正确后，方能着灯。但线群出站信号机与发车线路表示器之间的非集中操纵道岔无联锁。发车时，发车人员应认真监视进路，保证行车安全。

第82条 设有两个及以上车场的车站，转场进路应设进路色灯信号机。

本条是关于装设进路色灯信号机的规定。

在有两个及以上车场的车站转场时，为指示列车由一个车场开往另一个车场，应设进路色灯信号机。

进路信号机按其用途分为：

1. 接车进路信号机——对到达列车指示运行条件；
2. 发车进路信号机——对出发列车指示运行条件；
3. 接发车进路信号机——对到达及出发列车指示运行条件。

当同一信号机具有多种意义兼有多种作用时，应称其全名。

第83条 进站及接车进路色灯信号机，均应设引导信号。

本条是关于装设引导信号的规定。

引导信号是准许列车在信号关闭条件下，按照规定的速度通过该信号机的信号。

在进站及接车进路（包括接发车进路，下同）色灯信号机上，均应装设引导信号。当信号机发生故障、道岔失去表示、轨道电路故障时，色灯信号机不能正常开放；向进站、接车进路信号机联锁范围以外的线路上接车，可利用引导信号引导接车。在进行引导接车时，当列车头部越过引导信号后，即可关闭引导信号。

第84条 驼峰应装设驼峰色灯信号机。驼峰色灯信号机可装设驼峰色灯辅助信号机。驼峰色灯信号机或辅助信号机的显示距离不能满足推峰作业要求时，根据需要可再装设驼峰色灯复示信号机。

驼峰色灯辅助信号机，可兼作出站或发车进路信号机，并根据需要装设进路表示器。

本条是关于驼峰装设驼峰色灯信号机、驼峰色灯辅助信号机和驼峰色灯复示信号机的规定。

1. 驼峰峰顶应装设驼峰色灯信号机，以满足驼峰机车车辆作业的需要，提高驼峰的调车效率。

2. 当调车场与到达场成纵列式布置时，到达场的到发线上可设驼峰辅助信号机。

驼峰色灯辅助信号机的作用除复示驼峰色灯信号机在《技规》第427条规定的显示外，还兼有驼峰预推（黄色灯光）显示，一般又兼作到达列车的停车信号（红色灯光）和非驼峰推送作业的调车信号显示；在一定的条件下还可能兼作出站及进路信号使用。

驼峰色灯辅助信号机兼作出站或发车进路信号机时，可根据需要装设进路表示器。

3. 驼峰调车场内当装设一个驼峰色灯辅助信号机还不能满足调车作业需要时，可在到达场每一线路上再分别装设驼峰色灯复示信号机。

驼峰色灯复示信号机平时无显示。当办理驼峰推送进路后，其显示方式与驼峰色灯信号机或驼峰色灯辅助信号机相同；当办理驼峰预先推送进路后，其显示方式与驼峰色灯辅助信号机相同。

第85条 进站、出站、进路信号机及线路所通过信号机，因受地形、地物影响，达不到规定的显示距离时，应设复示信号机。

设在车站岔线入口处的调车色灯信号机，达不到规定的显示距离时，根据需要可设调车复示信号机。

本条是关于进站、出站、进路信号机和线路所通过信号机及调车色灯信号机装设复示信号机的规定。

进站、出站、进路信号机及线路所通过信号机，因受地形、地物影响，达不到规定的显示距离时，应在其主体信号机显示能达到的最远处设置复示信号机，以保证信号的连续显示。

以进站复示信号机为例，在地形、地物影响视线的地方，为确保在最坏的条件下显示距离不得小于 200 m，进站复示信号机应根据《解释关于进站复示信号机的显示距离及装设位置问题》(电技字(63)第 1037 号)的规定设置。

1. 复示信号机应装设在进站信号机显示能达到的最远处(小于 200 m)，即自复示信号机位置起，进站信号机的显示不得再中断。

2. 进站显示距离以进站信号显示距离加上复示信号显示距离后，能不小于 200 m 为最低限度。如进站信号机显示 140 m，复示信号显示 60 m，共 200 m，即算合格。在极特殊情况下，两种信号显示距离之和仍不足 200 m 时，可以再装第二架复示信号机。

3. 在满足上述两条件的情况下，进站信号机的复示信号机显示距离允许小于 200 m。

4. 在以上情况下，无论复示信号机显示距离多远，预告信号机距进站信号机的距离均不得小于 1 000 m。

为防止进站复示信号机的显示与进站、接车进路及接发车进路信号机的绿色灯光显示相混淆，进站、接车进路及接发车进路信号机复示信号机的显示，采用由三个排列成等边三角形的月白色灯光组成。

出站及发车进路复示信号机的显示仍采用方形背板上一个绿色灯光的复示信号机。

调车复示信号采用方形背板上带月白色灯光。平时无显示，表示调车信号机在关闭信号状态；当调车信号机开放信号时，则调车复示信号机显示一个月白色灯光。

第 86 条 非集中操纵的接发车进路上的道岔，装设道岔表示器，集中操纵的道岔、调车场及峰下咽喉的道岔，不装设道岔表示器；其他道岔根据需要装设道岔表示器。

集中联锁调车区进行连续溜放作业的分歧道岔，设道岔表示器。

集中联锁以外的脱轨器及引向安全线或避难线的道岔，设脱轨表示器。

本条是关于装设道岔表示器和脱轨表示器的规定。

为了使扳道员和其他有关行车人员便于确认道岔开通位置，集中联锁调车区进行连续溜放作业的分歧道岔、非集中操纵的联锁道岔应装设道岔表示器，以表示道岔开通的方向。集中操纵的道岔，操纵人员可以通过操纵台上的表示设备确认道岔位置；接发列车和调车作业都是由信号机的显示指示运行的，所以不再需要装设道岔表示器。

调车场及峰下咽喉区线间距离较窄，股道密集，道岔较多，若装设道岔表示器会影响调车人员的人身安全，且不便确认，因此规定不装设道岔表示器。

在集中联锁的调车区，道岔的转换是由电动转辙机控制，为了调车员能够明确瞭望到道岔开通的实际位置以便控制车组的溜放速度，在有连续溜放作业的分歧道岔应有道岔表示器。

集中联锁以外的脱轨器及引向安全线及避难线的道岔，为了使有关行车人员能确认其位置，所以规定装设脱轨表示器。集中联锁的车站，在操纵台上已能确认脱轨器的位置及引向安全线或避难线道岔的开通方向；在接发列车及调车作业中，当道岔引向安全线、避难线或脱轨器在脱轨状态时，均有信号机的红色灯光防护，所以规定不必再装设脱轨表示器。

联　锁

第87条　联锁设备分为集中联锁（计算机联锁和继电联锁）和非集中联锁（色灯电锁器联锁和臂板电锁器联锁）。

编组站、区段站和电源可靠的其他车站，采用集中联锁。列车调度指挥系统（TDCS）和调度集中系统（CTC）区段，车站应采用集中联锁。

本条是关于联锁设备分类的规定。

站内联锁应采用集中联锁或非集中联锁。

集中联锁包括车站计算机联锁和继电联锁及平面调车区集中联锁。

编组站、区段站、大中型旅客站和电源可靠的其他车站，均应采用集中联锁;列车调度指挥系统(TDCS)区段和调度集中(CTC)区段,车站应设集中联锁;有电力贯通线的区段,应修建成段集中联锁。集中联锁宜采用计算机联锁,在繁忙干线上应采用计算机联锁,枢纽及具备条件的地区宜采用区域计算机联锁,采用一套联锁设备完成多个车站的联锁逻辑运算和集中控制。

无可靠交流电源的车站,可采用非集中联锁。非集中联锁(电锁器联锁)道岔靠人力通过机械扳动,信号机由有关人员通过电气或机械操纵,以电锁器完成联锁关系。

第88条 站内正线及到发线上的道岔,均须与有关信号机联锁。区间内正线上的道岔,须与有关信号机或闭塞设备联锁。各种联锁设备(驼峰除外)应满足下列条件:

1. 当进路上的有关道岔开通位置不对或敌对信号机未关闭时,防护该进路的信号机不能开放;信号机开放后,该进路上的有关道岔不能扳动,其敌对信号机不能开放。

2. 半自动闭塞、自动站间闭塞及三显示自动闭塞区段,正线上的出站信号机未开放时,进站信号机不能开放通过信号;主体信号机未开放时,预告信号机不能开放。

3. 装有转换锁闭器,电动、电液转辙机的道岔,当第一连接杆处(分动外锁闭道岔为锁闭杆处)的尖轨与基本轨间、心轨与翼轨间有4 mm及以上水平间隙时,不能锁闭或开放信号机。

4. 区间辅助所内正线上的道岔,未开通正线时,两端站不能开放有关信号机。设在辅助所的闭塞设备与有关站闭塞设备应联锁。

本条是关于站内正线、到发线上的道岔;区间内正线上的道岔,须与有关信号机或闭塞设备联锁及联锁设备(驼峰除外)技术条件的规定。

在车站上,为列车进站、出站所准备的通路,称为列车进路,为各种调车作业准备的通路,则称为调车进路。每一个列车、调车进路都应设立信号机进行防护,以保证行车安全。而站内正线及到发线上的道岔开通方向又是构成进路的必要条件。因此信号机与其所控制进路上的有关道岔之间,必须互相联锁。区间内正线上有分歧道岔时,该道岔应与两端站出站信号机联锁，以保证区间行车安全。

1. 进路上有关道岔在规定位置时才能开放信号机。进路上的有关道岔位置不正确而能开放信号机，将失去联锁的作用，会使列车（或车列）挤坏道岔进入异线，造成严重后果或进入敌对进路，危及行车安全。

信号机开放后敌对信号机绝对不能开放，否则就有可能与对面开来的列车造成冲突。当防护进路的信号机已经开放，则表示进路已经正确开通。这时进路上的有关道岔必须锁闭在规定的位置，不能转换，其敌对信号机也必须锁闭在关闭的位置，不能开放。

2. 半自动闭塞、自动站间闭塞及三显示自动闭塞区段，正线上的出站信号机未开放时，进站信号机不能开放通过信号；主体信号机未开放时，预告信号机不能开放。四显示自动闭塞区段进站信号机的显示按照第三编信号显示部分第 415 条第 2 款四显示自动闭塞区段进站色灯信号机的相关内容执行。

3. 在站内联锁设备中，每一个进路都设有信号机防护，有可能造成列车（或车列）冲突的进路称为敌对进路，防护敌对进路的信号机称为敌对信号机。敌对进路必须相互照查，不得同时开通。下列进路规定为敌对进路：

（1）同一到发线上对向的列车进路与列车进路；

（2）同一到发线上对向的列车进路与调车进路；

（3）同一咽喉区内对向重叠的列车进路；

（4）同一咽喉区内对向重叠的调车进路；

（5）同一咽喉区对向重叠或顺向重叠的列车进路与调车进路；

（6）进站信号机外方，列车制动距离内接车方向为超过 6‰的下坡道，而在该下坡道方向的接车线末端未设线路隔开设备时，该下坡道方向的接车进路与对方咽喉的接车进路，非同一到发线顺向的发车进路以及对方咽喉的调车进路；

（7）防护进路的信号机设在侵入限界的轨道绝缘节处，禁止同时开通的进路；

（8）向驼峰推送车列占用的股道与另一端向该股道的接车进路或调车进路；

（9）咽喉区内无岔区段上对向的调车进路（到发线上无岔区段应根

据具体情况及运营要求另作规定)。

4. 装有转换锁闭器、电动转辙机、电液转辙机的道岔,在静止状态必须保证道岔的一个尖轨与基本轨密贴,并加以锁闭(指转辙设备本身锁闭)。电空转辙机只用于转换驼峰分路道岔,由于快速的特点,不能用在电气集中的联锁道岔,4 mm 锁闭检查指标不包含电空转辙机。

第 89 条 集中联锁设备应保证:当进路建立后,该进路上的道岔不能转换;当道岔区段有车占用时,该区段的道岔不能转换;列车进路向占用线路上开通时,有关信号机不能开放(引导信号除外);能监督是否挤岔,并于挤岔的同时,使防护该进路的信号机自动关闭,被挤道岔未恢复前,有关信号机不能开放。

集中联锁设备,在控制台(或操纵、表示分列式的表示盘及监视器)上应能监督线路与道岔区段是否占用、进路开通及锁闭,复示有关信号机的显示。

本条是关于集中联锁设备进路、道岔与信号,列车占用、挤岔与信号以及控制台相关监督显示的规定。

电气集中联锁的主要功能及技术要求:

1. 集中联锁道岔及转辙机应满足下列要求:

(1)道岔区段有车时,道岔不应转换;

(2)进路在锁闭状态时,进路上的道岔都不应再转换;

(3)道岔一经启动,不论其所在区段轨道电路故障或有车进入轨道区段,均应能继续转换到规定位置;

(4)道岔因故被阻不能转换到规定位置时,对非调度集中操纵的道岔,应保证经操纵后转换到原来位置,对调度集中操纵的道岔,应自动切断供电电源,停止转换;

(5)道岔转换完毕,应自动切断启动电路。

2. 集中联锁的车站,必须满足下列要求:

(1)开放信号时,必须检查进路在空闲状态;检查敌对进路在未建立状态,并且确实被锁在未建立状态下;检查进路上的道岔(包括防护道岔,以下同)位置正确,并且确实被锁在规定位置上;应先检查红灯灯丝完整,即红灯确实在亮灯状态，在红灯灯丝断丝时，不准许再开放允许灯光。

(2)车站信号应在值班人员的操纵下才能开放，信号关闭以后应能防止自动重开放，但在通过列车多的车站上，允许正线上的列车信号在值班人员的操纵下改为自动重复开放方式。

(3)列车信号应在列车进入进路后立即自动关闭；调车信号应在车列全部越过调车信号后自动关闭(因有时机车在后面推送)；但不论列车信号还是调车信号都应在值班人员的操纵下能随时关闭。

(4)取消进路或人工解锁进路时，信号应随之关闭。

3. 集中联锁道岔的电动转辙机，应具有挤岔的表示功能。当发生挤岔时，应切断表示电路，点亮挤岔表示灯，关闭防护该进路的信号机，同时发出挤岔报警。在被挤道岔和转辙机的功能未恢复时，应不能构通表示电路和接通控制电路，有关信号应不能开放。

4. 集中联锁设备，在控制台上应设有站场示意图和各种表示灯、信号复示器、挤岔电铃及信号、道岔等按钮。控制台应满足下列监督作用：

(1)线路及道岔区段是否占用；

(2)信号复示；

(3)挤岔表示等。

继电集中联锁设备除满足上述集中联锁的主要功能及技术要求外，还应满足《继电式电气集中联锁技术条件》(TB/T 1774—1986)的规定。

计算机联锁设备除满足上述集中联锁的主要功能及技术要求外，还应满足《计算机联锁技术条件》(TB/T 3027—2002)的规定。

第90条 非集中联锁设备，应保证车站值班员能控制接、发车进路和信号机的开放与关闭。

非集中联锁设备，在控制台上应有接、发列车的进路开通表示；采用色灯电锁器联锁时，还应有进站信号机的开放、关闭和出站信号机、引导信号的开放表示；到发线设有轨道电路时，应有到发线的占用表示。

本条是关于非集中联锁设备应为车站值班员提供接发车控制和表示

功能的规定。

非集中联锁设备的道岔和信号机之间的联锁关系主要是由带电气锁闭关系的电锁器实现的。电锁器联锁的车站，在准备接、发车进路时，信号机的开放和道岔的扳动，可能有几个扳道员、信号员和车站值班员进行操作，为了防止互相操作不一致而发生错误办理，规定电锁器联锁设备，应保证车站值班员能控制接发车进路和信号机的开放和关闭。

色灯电锁器联锁：采用色灯信号机，由车站值班员以控制台上的信号按钮（或手柄）集中控制。其中按所采用控制台类型的不同，分为手柄式色灯电锁器联锁和按钮式色灯电锁器联锁。

色灯电锁器联锁控制台上除应有接、发车进路的开通表示外，还应设下列表示：

1. 单线车站进路表示灯为同股道接发车共用，进路开通亮白灯；双线车站进路表示灯按接车进路及发车进路分别设置，接车进路亮白灯，发车进路亮绿灯；

2. 进站信号机关闭点亮红灯，进站信号机开放点亮绿灯；

3. 出站信号机开放点亮绿灯，关闭灭灯；

4. 引导信号开放点亮红灯和白灯；

5. 到发线有轨道电路时，平时灭灯，列车占用股道时，股道占用亮红灯。

第91条 在作业繁忙的调车区域，根据需要，可采用调车区集中联锁。

本条是关于调车区域采用调车区集中联锁的规定。

区段站及其以上的车站及站内有独立调车机车与调车作业需要的其他车站，可根据需要设计调车区集中联锁。

平面调车集中联锁是车站牵出线调车溜放控制设备。牵出线调车是最基本的调车作业方式。这种作业一般在平面牵出线上进行，也称平面调车。

具有平面调车作业的车站，平面调车纳入集中联锁时，宜采用计算机联锁设备。

平面调车区集中联锁可分为连续溜放和单钩溜放两种形式。

根据站场配置和作业需要，可设计为在固定牵出线上溜放或非固定牵出线上溜放两种方式。

溜放电路应保证车列后退进路的安全。在溜放作业过程中，有关防护道岔均应锁在规定位置。

设计各种溜放电路时，根据需要可设计为单独办理、预办或存储进路等方式，并应具有对存储的进路命令进行检查、修改、取消、增钩、暂停等功能。

第92条 信号设备联锁关系的临时变更或停止使用，须经铁路局批准。

本条是关于信号设备联锁关系的临时变更或停止使用的办理规定。

信号设备的联锁关系，是保证铁路行车安全的重要条件，不得任意变动。

为保证行车安全，原则上不应变更或停止使用信号设备联锁关系。变更或停止使用信号设备联锁关系时，必须经铁路局批准。

闭　塞

第93条 闭塞设备分为自动闭塞、自动站间闭塞和半自动闭塞。具体设置条件如下：

1. 在单线区段，应采用半自动闭塞或自动站间闭塞，繁忙区段可根据情况采用自动闭塞；

2. 在双线区段，应采用自动闭塞。

在一个区段内，原则上应采用同一类型的闭塞方式。

本条是关于闭塞设备的分类和设置条件的规定。

自动闭塞是根据列车运行及有关闭塞分区状态，自动变换通过信号机显示而司机凭信号行车的闭塞方法。其特征为：把站间划分为若干闭塞分区，有分区占用检查设备，一般设有通过信号机；站间能实现列车追踪;办理发车进路时自动办理闭塞手续,自动变换通过信号机的显示。

目前我国自动闭塞制式一般采用三显示、四显示信号制度。

三显示自动闭塞,其特征为:通过信号机具有 3 种显示;能预告列车前方 2 个闭塞分区状态;分 2 个速度等级,1 个闭塞分区的长度满足从规定速度到零的制动距离。三显示自动闭塞中,黄灯是注意信号,表示运行前方有 1 个闭塞分区空闲,1 个闭塞分区的长度能满足从规定速度到零的制动距离,可以越过黄灯后再开始制动。

四显示自动闭塞,其特征为:通过信号机具有 4 种显示;能预告列车前方 3 个闭塞分区状态;分 3 个速度等级,2 个闭塞分区的长度满足从规定速度到零的制动距离。四显示自动闭塞中,绿黄灯是警惕信号,表示运行前方有 2 个闭塞分区空闲,2 个闭塞分区的长度满足从规定速度到零的制动距离,可以越过绿黄灯后再开始减速;黄灯是限速信号,列车越过黄灯时必须减速至规定的限速值,不然就难以保证在下一个红灯前可靠停车。

自动站间闭塞是与集中联锁设备结合使用,目前采用计轴轨道检查装置或轨道电路自动检查区间空闲,随着办理发车进路自动构成站间闭塞,列车凭出站信号显示进入发车进路后,出站信号机自动关闭,待列车出清区间后自动解除闭塞。

半自动闭塞是人工办理闭塞手续,列车凭信号显示发车后,出站信号机自动关闭的闭塞方法。其特征为:站间或所间只准走行一列列车;人工办理闭塞手续;人工确认列车完整到达和人工恢复闭塞。

一个区段是指两个具有机车换挂作业的区段站间的铁路线路。为了便于组织列车运行和有关行车人员熟悉和办理行车闭塞方法,保证行车安全,在同一区段内,原则上应采用同一类型的闭塞方式。

第 94 条 在列车运行速度超过 120 km/h 的双线区段,采用速差式自动闭塞,列车紧急制动距离由两个及以上闭塞分区长度保证。

本条是关于列车运行速度超过 120 km/h 的双线自动闭塞区段,应采用速差式自动闭塞及列车紧急制动距离的规定。

信号显示制度是表示信号显示意义的基本体系,通常可分为选路制(式)信号和速差制(式)信号两大类。

选路制(式)信号是以指示列车进入不同进路为原则的信号显示制度。

速差制(式)信号是每一种信号显示均表示不同行车速度的信号显示制度。

速差式自动闭塞,其设计原则为:把列车运行速度分成若干级,每一个闭塞分区长度满足任一速度级差的制动距离要求;信号显示含有其防护闭塞分区的入口速度和出口速度指示;最小闭塞分区长度按最不利条件考虑。

随着列车运行速度的提高,尤其是采用具有速差概念的四显示自动闭塞后,信号显示有了比较明确的速度含义,其速度意义可用始端速度和终端速度表示。

自动闭塞设计时,应根据线路状况、机车类型、牵引重量、运能要求等因素划分速度等级。例如当速度分级为 160—115—0 km/h 时,信号显示的速度意义一般表示为:绿 160/160、绿黄 160/115、黄 115/0。160~115 km/h 和 115~0 km/h 就称为一个速度级差。自动闭塞设计,确定中间速度(115 km/h)时,应尽量使每一个速度级差所需的制动距离大致相同,这样就便于确定最小闭塞分区长度。

关于接车信号机显示的速度意义,在四显示自动闭塞,进站信号机显示 1 个绿灯,表示经道岔直向位置进入或通过车站,运行前方至少有 3 个闭塞分区空闲;1 个黄灯是限速信号,例如不超过115 km/h。站内正线上的信号机除能表达自动闭塞的速度意义外,还要指示道岔侧向的限速。

当列车运行速度不超过 120 km/h 时,紧急制动距离为 800 m,因此信号机的显示距离、闭塞分区长度、信号机间的显示关系等均以 800 m 为基础规定的。

当列车运行速度超过 120 km/h,例如 160 km/h 时,其紧急制动距离为 1 400 m,因此按列车运行速度不超过 120 km/h 时,以紧急制动距离 800 m 为基础所划分的闭塞分区长度,一个闭塞分区长度是满足不了紧急制动距离的要求,应由两个及以上闭塞分区长度保证。

四显示自动闭塞划分速度等级，用两个闭塞分区长度满足紧急制动距离的要求，每一个闭塞分区长度就可缩小，从而压缩了列车运行间隔，兼顾了列车运行安全和运输效率。

列车调度指挥系统、调度集中系统

第95条 铁路运输指挥应采用列车调度指挥系统(TDCS)或调度集中系统(CTC)。

本条是对于铁路运输调度指挥应采用列车调度指挥系统(TDCS)或调度集中系统(CTC)的规定。

1. 列车调度指挥系统(TDCS)是实现铁路各级运输调度对列车运行实行透明指挥、实时调整、集中控制的现代化信息系统。

2. 调度集中系统(CTC)是调度中心(调度员)对某一区段内的信号设备进行集中控制、对列车运行直接指挥、管理的技术装备。分散自律调度集中系统是综合了计算机技术、网络通信技术和现代控制技术，采用智能化分散自律设计原则，以列车运行调整计划控制为中心，兼顾列车与调车作业的高度自动化的调度指挥系统。

"分散自律"是一种智能分布式的体系结构，由网络连接的、分布在各个站点的智能子系统协同完成处理任务。我国调度集中系统采用分散自律结构，由各车站配置的自律机独立处理本站逻辑，同时和邻站、调度中心进行数据交换，以列车运行调整计划和安全约束条件为核心实现自动控制功能。分散自律可以解决列车进路和调车进路相互干扰的问题，实现在不影响列车运行的原则下，允许中心和车站通过调度集中自主进行调车的功能。车站自律机完成正常接发列车以及协调列车、调车作业冲突的功能，实现列车和调车作业的统一控制。

第96条 TDCS由铁路总公司、铁路局、车站三级构成，应能实时自动采集列车运行及现场信号设备状态信息，并传送到铁路总公司调度指挥中心和铁路局调度所，完成列车运行实时追踪、无线车次号校核、自动报点、正晚点统计分析、交接车自动统计、列车实际运行图自动绘制、阶段计划人工和自动调整、调度命令及行车计划下达、站间透明、行车日志自动生成等功能，实现各级运输调度的集中管理、统一指挥和实时监督。

TDCS应能满足高安全、高可靠、高实时性的要求，建立维护管理体制，保证设备正常使用。

本条是关于列车调度指挥系统（TDCS）的构成、功能及维护管理的规定。

列车调度指挥系统（TDCS）的主要功能，包括编制列车运行计划、自动采集列车运行时刻、自动绘制列车实际运行图、列车车次号的自动采集和跟踪、自动或人工调整阶段计划、向车站和机车自动下达阶段计划的调度命令、自动生成车站行车日志等。TDCS的应用，大大减轻了调度员、车站值班员的劳动强度，在实现透明指挥、提高效率、保证安全等方面发挥了重要作用。

1. 我国铁路调度指挥管理是以行车调度为核心，以站、段为基础，实行铁路总公司和铁路局两级调度指挥管理的体制。TDCS的设计分为铁路总公司、铁路局、车站三层网络体系结构。

站间透明是指TDCS、CTC通过安装在每个车站的车站值班员终端为车站值班员显示相邻车站、相邻区间信号的开放情况以及列车在区间的运行情况，使车站值班员能够准确掌握所有临近列车的实际运行位置和邻站进路排列状态等信息，对于提前做好接发车准备工作和提高线路的通过能力非常有利。车站值班员终端可显示与本站控制台站型一致的本站及相邻车站、相邻区间的有关行车表示信息；同时，可根据配置文件设置站场显示位置、站场显示方向、站场的垂直和水平放大比例，还可实时显示本站采集系统的码位信息。

2. 列车调度指挥系统的维护

（1）铁路总公司、铁路局、车站TDCS均应提供用户管理、系统配置文件维护以及数据库（包括历史数据文件）数据维护等功能。铁路总公司、铁路局系统维护台应实时监测主要计算机设备中核心进程的运行状况，并形成记录，当某进程出现异常情况时给出提示并语音报警。

（2）铁路总公司、铁路局、车站应分别向各自的上一级发送本级的通信状态信息。

(3)系统维护台应提供数据备份功能,将重要数据定期备份。

(4)系统维护台应实时显示主要计算机设备的主备工作状态、CPU占用率、磁盘空间、有关日志文件的大小、状态,超过警戒报警。

(5)系统维护台应具备网络管理功能,实时显示通道连接状态、主要网络通道的数据流量和误码率,当通道中断或者误码率超出警戒时应报警。

第 97 条 TDCS 配置独立的处理平台,关键设备采用冗余配置。TDCS 采用独立的业务专网,铁路总公司调度指挥中心、铁路局调度所及车站采用双局域网。各级局域网通过专用数字通道组成双环形广域网。

本条是关于列车调度指挥系统(TDCS)处理平台和网络配置要求的规定。

铁路总公司 TDCS 中心、铁路局 TDCS 中心和车站基层网均应设置专用数据处理平台,采用独立业务专网,各级局域网通过专用数字通道互连。

设备构成应符合下列规定:

1. 铁路总公司、铁路局设备由数据库服务器、应用服务器、通信服务器、接口服务器、工作站、网络设备、网络安全设备、显示设备及其他外设构成。

2. 车站设备应由 TDCS 综合处理机、车站服务器、网络设备、网络安全设备、车站值班员终端、开关量采集设备,以及无线车次号校核系统、调度命令无线传送系统的车站接口等设备组成。

TDCS 广域网由铁路总公司、铁路局及沿线车站三级网络构成。

TDCS 应采用符合国际标准和行业标准的软件和硬件平台、网络体系结构和接口协议,保证各级网络的互连互通和信息共享。

TDCS 的关键设备及网络应采用冗余设计,以提高系统的可靠性和可用性,保证系统 24 h 不间断工作。

TDCS 应采用网络安全设备,在与其他信息系统交换信息时,应采取可靠隔离手段和专用的通信协议，确保调度指挥网络的安全。

第98条 CTC由铁路局、车站两级构成。CTC除实现TDCS的全部功能外，还应实现列车编组信息管理、调车作业管理、综合维修管理、列车/调车进路人工和计划自动选排、分散自律控制等功能。

调度集中区段，车站应设集中联锁，区间应设自动闭塞或自动站间闭塞。

调度集中系统原则上应将同一调度区段内、同一联锁控制范围内所有车站(车场、线路所)的信号、联锁、闭塞设备纳入控制范围。调度集中区段的两端站、编组站、区段站，以及调车作业较多、有去往区间岔线列车或中途返回补机的中间站，可不列入调度所中心控制，应能通过调度集中车站终端进行自动或人工控制。

CTC应具备分散自律控制和非常站控两种模式。分散自律控制模式是通过调度集中设备，实现进路自动和人工办理的模式；非常站控模式是遇行车设备故障、施工、维修需要时，脱离调度集中系统控制转为车站联锁控制台人工办理的模式。

本条是关于调度集中系统(CTC)的构成、功能及控制、管理的规定。

调度集中由铁路局调度中心和车站两级组成：

1. 调度中心系统主要包括数据库服务器、应用服务器、通信前置服务器、接口服务器、大屏幕投影系统(或表示墙系统)、网络设备、网络安全设备、电源设备、防雷设备、网管工作站、系统维护工作站、调度员工作站、助理调度员工作站、值班主任工作站、控制工作站、计划员工作站、综合维修工作站等，根据需要也可为其他调度台设置相应显示终端。

2. 车站系统主要设备包括车站自律机、车务终端、综合维修终端、电务维护终端、网络设备、网络安全设备、电源设备、防雷设备，以及CTC与联锁、列控、信号集中监测系统的接口设备和无线系统接口设备等。

CTC控制区段的划分，应根据行车调度区域确定。系统宜将同一调度区段内、同一联锁控制范围内车站(车场、线路所)的信号、联锁、闭塞设备纳入控制范围。

调度集中区段的两端站、编组站、区段站以及调车作业较多的中间站，因车站作业较忙，如仍由列车调度员远距离操纵，需要和车站值班员电话联系，既浪费时间，又影响运输效率；有去往区间岔线的列车或中途返回补机的中间站，作业组织较为复杂，这些车站可根据实际情况不列入调度所中心控制。但为了使列车调度员能掌握本区段的行车工作，确保行车安全，这些车站应能通过调度集中车站终端进行自动或人工控制。

调度集中应具有分散自律控制模式和非常站控模式。分散自律控制模式是根据列车运行调整计划或调车计划自动控制列车或调车运行进路，同时具备人工办理列车、调车进路的功能；非常站控模式是遇行车设备故障、施工、维修需要时，脱离调度集中系统控制转为车站联锁控制台人工办理的模式。

第99条 CTC配置独立的处理平台，设备采用冗余配置，通信协议与TDCS一致。CTC采用独立的业务专网，各级采用双局域网并通过专用数字通道组成双环形广域网。

本条是关于调度集中系统(CTC)处理平台和网络设置要求的规定。

CTC应设置处理平台，设备采用冗余配置，应采用独立业务专网，各级应采用双局域网，并通过专用数字通道组成双环形广域网。

网络系统是由网络通信设备和传输通道构成双环自愈网络，应采用迂回、环状、冗余等方式提高其可靠性。

调度集中应根据传输通道的不同，按以下优先级顺序组网：

1. 不同物理路径单独光纤的独立专网组网方案；
2. 不同物理路径专用链路的数据网组网方案；
3. 既有TDCS网络补强组网方案。

调度中心及车站应采用网络安全设备，在保证网络安全的条件下可与其他相关系统实现数据资源共享。

调度中心、车站的网络系统应采用双网冗余结构。关键设备应为双机热备。

CTC与TDCS系统数据交换时，应采用TDCS数据通信规程规定的统一协议。

第100条 CTC/TDCS与GSM-R数字移动通信系统或列车无线调度通信设备结合，实现调度命令、接车进路预告信息、调车作业通知单等向司机的传送，并能通过无线通信系统获取车次号校核、调车请求及签收回执等信息。

本条是关于调度集中系统(CTC)与GSM-R系统结合传输有关与列车紧密相关信息的规定。

在普速铁路区段，GSM-R数字移动通信系统或无线通信系统是分散自律调度集中正常运用的重要基础，应满足分散自律调度集中对语音、数据通信的功能要求。无线通信车载设备应具有车次号校核、列车停稳、调车请求、签收回执等信息发送功能。

在GSM-R工作模式下，CTC设备通过由GSM-R网络、机车综合无线通信设备(CIR)、车次号校核机车数据采集编码器(可选配)、GPRS接口服务器(GRIS)等组成的调度命令信息无线传送系统，实现调度命令(含行车凭证等)、接车进路预告信息、调车作业通知单等向司机可靠传送，接收无线通信系统传送的车次号校核、调车请求及签收回执等信息。

机车信号、列车运行监控装置、轨道车运行控制设备

第101条 最高运行速度不超过160 km/h的机车，机车信号设备与列车运行监控装置(LKJ)结合使用，轨道车等自轮运转特种设备使用轨道车运行控制设备(GYK)。

本条是关于列车运行监控装置、轨道车运行控制设备的规定。

最高运行速度不超过160 km/h的机车，采用由机车信号和列车运行监控装置(LKJ)结合构成的系统。轨道车等自轮运转特种设备使用轨道车运行控制设备(GYK)。

第102条 机车信号分为连续式和接近连续式。自动闭塞区段应装设连续式机车信号，半自动闭塞和自动站间闭塞区段应装设接近连续式机车信号。

车站正线、到发线应实现电码化或采用与区间同制式轨道电路。

机车信号的显示，应与线路上列车接近的地面信号机的显示含义相符。机车停车位置，应以地面信号机或有关停车标志为依据。

本条是关于机车信号的分类及闭塞设备配套相应的机车信号的规定。

机车信号的显示，应与线路上列车接近的地面信号机的显示含义相符。机车信号系统由车载设备和地面设备共同构成。车载设备主要由机车信号接收线圈、信号接收主机、信号显示器组成。地面设备主要是指向车载设备发送信号的轨道电路。

连续式机车信号是指地面装设连续的含有机车信号信息的轨道电路，机车信号车载设备通过机车信号接收线圈获得连续的地面轨道电路机车信号信息。

接近连续式机车信号是地面发送信号的轨道电路，只设在接近区段，当机车进入接近区段时，才能获得机车信号信息。

自动闭塞区段的区间和车站均设有轨道电路，实现向车上连续发送信息，供连续式机车信号工作。

半自动闭塞区段，区间一般不设轨道电路，只能在车站的接近区段或站内接车进路设轨道电路。自动站间闭塞区段，目前采用的计轴自动站间闭塞还不具备机车信号。因此，半自动闭塞和自动站间闭塞区段，有可靠交流电源时应采用接近连续式机车信号。

机车信号的显示，应与线路上列车接近的地面信号机的"显示含义相符"，而不是"显示相符"，这是因为随着列车运行速度的提高，机车信号信息不断增加并进一步细化，同一种地面信号显示在不同的条件下会有更具体的意义。机车信号各种信息的含义应符合《机车信号信息定义及分配》（TB/T 3060—2002）。

站内电码化应保证机车信号可靠地接收地面信息。正线电码化主要设备宜有冗余措施，应采用叠加预发码方式，侧线采用叠加发码方式，发码设备应与区间设备一致。自动闭塞区段具有条件的宜采用与区间同制式的轨道电路。

站内电码化设计在最不利条件下，入口电流应满足机车信号的工作需要，同时保证电码化信息传输的连续性。

第103条 列车运行监控装置(LKJ)具有监控、记录、显示及报警等功能。

LKJ 软件、基础数据和控制模式设定的管理，按铁路总公司有关规定执行。各机车、动车组运用区段车载数据文件的编制和控制模式的设定和调整，应由铁路局专业机构实施，由铁路局实行集中统一管理。

装备在机车上的 LKJ 设备应按高于线路允许速度 2 km/h 报警、3 km/h 卸载、5 km/h 常用制动、8 km/h 紧急制动设置模式曲线。

LKJ 产生的列车运行记录数据是行车安全分析的重要依据，任何单位和人员不得更改。电务维修机构应妥善保存 LKJ 列车运行记录数据。

本条规定了列车运行监控装置(LKJ)的管理要求。

1. 列车运行监控装置(LKJ)包括装设于机车、动车组上的主机、人机界面单元以及与之配套的速度和压力传感器、信息输入、输出和连接设备等，具有监控、记录、显示及报警等功能。

2. LKJ 的基础数据、控制模式以及软件等管理，按铁路总公司《列车运行监控装置(LKJ)运用维护规则》(铁总运〔2014〕107 号)执行。各机车、动车组运用区段的车载数据文件的编制、控制模式的设定和调整，应由铁路局 LKJ 专业机构实施，并由铁路局实行集中统一管理。

3. 装备在机车上的 LKJ 设备应按高于线路允许速度(以及机车、车辆的运行允许速度)2 km/h 报警、3 km/h 卸载、5 km/h 常用制动、8 km/h 紧急制动设置模式控制值。通过小半径曲线、道岔侧向、施工限速地点时，装备在机车上的 LKJ 设备应按等于线路允许速度报警、高于 1 km/h

卸载、3 km/h 常用制动、6 km/h 紧急制动设置模式曲线。

4. 动车组按 LKJ 方式行车时，列车最高运行速度 165 km/h，装备在动车组上的 LKJ 设备应按高于线路允许速度（以及动车组的运行允许速度）2 km/h 报警、5 km/h 常用制动、10 km/h 紧急制动设置模式控制值。

5. LKJ 产生的列车运行记录数据是列车运行状况的原始记录，是行车安全分析的重要依据，任何单位和人员均不得更改。按照《列车运行监控装置（LKJ）运用维护规则》（铁总运〔2014〕107 号）的规定，LKJ 的直接运行记录数据及其格式处理文件由电务段、机务段保存，保存时间不得少于 3 个月。

第 104 条 轨道车运行控制设备（GYK）具有轨道电路信息接收、运行监控、警醒、数据记录、语音记录及人机交互等功能。

轨道车运行控制设备（GYK）具有正常监控模式、目视行车模式、调车模式、区间作业模式和非正常行车模式等控制模式。

本条是关于轨道车运行控制设备功能和控制模式的规定。

轨道车运行控制设备（GYK）具有轨道电路信息接收、运行监控、警醒、数据记录、语音记录及人机交互等功能。

轨道电路信息接收功能应符合机车信号车载系统设备技术标准的有关要求。

监控功能应根据控车数据、机车信号信息和前方目标距离，自动生成目标距离模式曲线，采用分级速度控制方式，监控轨道车安全运行。应根据机车信号信息进行限速控制，防止轨道车超速或越过关闭的信号机；防止轨道车运行速度超过线路允许速度；防止轨道车运行速度超过该轨道车编组的最低构造速度；防止轨道车运行速度超过线路临时限制速度。防止轨道车高于规定的调车运行速度进行调车作业；防止轨道车高于规定的限制速度进行区间施工作业。

GYK 应具有以下五种控制模式：正常监控模式、调车模式、目视行车模式、区间作业模式、非正常行车模式。

CTCS-2 级列控系统

第 105 条 CTCS-2 级列控系统基于轨道电路和点式应答器传输行车许可信息，采用目标距离连续速度控制模式监控列车运行。完全监控模式下按高于线路允许速度 2 km/h 报警、5 km/h常用制动、10 km/h 紧急制动设置模式曲线。

本条是关于列车运行控制系统的定义。

CTCS-2 级列控系统是基于轨道电路和点式应答器传输列车运行许可信息的列车运行控制系统。轨道电路实现列车占用检查，并连续向车载设备传送空闲闭塞分区数量等信息。有源应答器向车载设备传输定位信息、线路参数、临时限速等信息。列控中心具有轨道电路编码、有源应答器报文实时编码和发送、区间信号机点灯控制、站间安全信息（区间轨道电路状态、中继站临时限速信息、区间闭塞和方向条件等信息）传输等功能。列控中心（TCC）根据轨道电路、进路状态及临时限速等信息产生行车许可，通过轨道电路及有源应答器将行车许可传送给列控车载设备。

列控车载设备（ATP）根据地面设备提供的信号动态信息、线路参数、临时限速等信息和动车组参数，按照目标距离连续速度控制模式生成控制速度，监控列车运行。

借鉴国外铁路经验，以及我国铁路运用经验，动车组列车在完全监控模式下分别按高于线路允许速度一定值报警、触发常用制动、触发紧急制动设置模式曲线。工务部门提供的线路允许速度、机车车辆部门提供的列车允许速度等，各部门提供的速度应该是保证列车稳定和安全运行的速度，并留有一定的安全余量，如允许速度为 250 km/h 等级线路，除特殊区段和情况外，列车常态下运行的速度可为 250 km/h。在列车运行过程中，司机操控列车，将列车运行速度控制在列控车载设备允许速度范围内，在正常情况下列控车载设备不干扰司机的操控。在列车运行过程中，存在使得列控车载设备测得的速度异常突变的情况，如在列车空转或打滑时，测得的列车速度有可能在短时内异常突变，如果在允许速度基础上没有一定的速度余量，就有可能引起列控车载设备输出不必要的制动。

在司机加速至列车运行达速的过程中，由于列车惯性等，存在列车速度小幅超过允许速度的现象，如果在允许速度基础上没有一定的速度余量，司机只能反复进行加速和制动，不便于司机操控，同时也降低了乘车舒适度。因此，在允许速度基础上给出一定的速度余量，可以减少不必要的制动，便于司机控车，提高乘车舒适度。列车速度如果超出列控车载设备允许的速度余量，列控车载设备采取制动措施，使列车减速甚至停车。

第 106 条　CTCS-2 级列控系统由列控车载设备和地面设备组成。

列控车载设备主要由车载安全计算机、轨道电路信息读取器、应答器信息接收单元、列车接口单元、记录单元、人机界面等部件组成。

列控地面设备由列控中心、临时限速服务器、ZPW-2000 系列轨道电路、应答器等设备组成。

本条是关于 CTCS-2 级列控系统设备构成的规定。

1. 列控车载设备主要由车载安全计算机、轨道电路信息读取器、应答器信息接收单元、列车接口单元、记录单元、人机界面等部件组成。

(1)车载安全计算机是列控车载设备的核心处理单元，实现列控车载设备的核心安全控制功能。

(2)轨道电路信息读取器(TCR)通过 TCR 天线接收轨道电路信息，并传送给车载安全计算机。

(3)应答器信息接收单元接收、解调地面应答器信号，并将解调后的信息传送给车载安全计算机。

(4)列车接口单元提供安全计算机与列车相关设备之间的接口。

(5)记录单元用于记录列控车载设备的数据和控制信息。

(6)人机界面(DMI)实现司机与车载安全计算机之间的信息交互。

2. 列控地面设备由列控中心、临时限速服务器、ZPW-2000 系列轨道电路、应答器等设备组成。

(1)列控中心实现轨道电路编码，通过有源应答器传送临时限速和进路信息。

(2)临时限速服务器集中管理临时限速命令，向 TCC 传递临时限速信息。

(3)ZPW-2000 系列轨道电路实现列车占用检查,并向列控车载设备提供前方空闲闭塞分区数量信息。

(4)应答器向列控车载设备传送线路数据等信息。

第 107 条 CTCS-2 级区段临时限速服务器集中管理列控限速调度命令,具备列控限速调度命令的存储、校验、撤销、拆分、设置、取消的管理功能,具备列控限速设置时机的辅助提示功能。

本条是关于临时限速服务器功能的规定。

列控系统临时限速调度命令由命令拟定调度台进行下达、取消和撤销(删除)。跨调度台界的临时限速命令由两侧调度台按管辖分界人工拆分后分别下达。

临时限速服务器(TSRS)负责列控系统临时限速的集中管理。TSRS 接收调度台对临时限速的下达、取消和撤销(删除)等操作命令,将临时限速命令转发给列控中心(TCC),并将 TCC 的执行结果反馈给 CTC。

TSRS 应具备根据临时限速取消命令对已处于执行状态的临时限速进行取消命令的验证和取消操作的功能。临时限速取消命令须与要取消的临时限速设置命令参数一致。

TSRS 应具备根据临时限速删除命令对未执行的临时限速进行删除操作的功能。

TSRS 应能根据临时限速命令的计划开始时间提前一定时间向 CTC 发送激活提示,并间隔一定时间重复提示直至确认或超出该限速命令计划结束时间。对超出限速计划结束时间仍未执行的临时限速命令应向 CTC 发送“超时未设置”的提示。

TSRS 仅对本调度台下达的限速设置命令提供激活时机和设置时机的辅助提示,仅对由 TCC 验证通过的正线(不包括侧线道岔区)限速设置命令给出设置时机提示。

第 108 条 CTCS-2 级区段应答器提供线路数据、临时限速、级

间转换等信息。应答器组设置、报文定义及组间距离等应满足列控车载设备控车要求。

本条是关于 CTCS-2 级区段应答器报文和应答器设置的规定。

应答器组设置及报文定义应满足列控车载设备控车的要求，当应答器容量不能满足要求时可增加组内应答器数量，但组内应答器数量不宜超过 3 个。

应答器组应由两个及以上应答器构成，仅用于定位的应答器组可为单个应答器。

应答器组内相邻应答器间的距离应为(5±0.5) m。应答器组间距不宜小于 200 m，困难情况下不宜小于 100 m。

第 109 条 装备 CTCS-2 级列控车载设备的动车组应装设 LKJ 设备。

本条是关于动车组装备 CTCS-2 级列控车载设备与 LKJ 关系的规定。

为满足装备 CTCS-2 级列控车载设备的动车组在 CTCS-0 级线路运行以及动车组列车特定运行的需要，装备 CTCS-2 级列控车载设备的动车组应装设 LKJ 设备。

第 110 条 CTCS-2 级列控车载设备的控车模式有完全监控、部分监控、引导、目视行车、调车、隔离和待机等模式。

1. 完全监控模式是列车的正常运行模式。列控车载设备根据控车数据自动生成目标距离模式曲线，司机依据人机界面显示的列车运行速度、允许速度、目标速度和目标距离等信息控制列车运行。

2. 部分监控模式是列控车载设备接收到轨道电路允许行车信息，而缺少应答器提供的线路数据或限速数据时使用的模式。在部分监控模式下，限速值为 45 km/h。

3. 引导模式是在进站建立引导进路后，列控车载设备按照最高限速 40 km/h 控车的模式。

4. 目视行车模式是司机控车的固定限速模式，限速值为 40 km/h。列控车载设备显示停车信号停车后，司机按规定操作转入目视行车模式。

5. 调车模式是动车组进行调车作业的固定限速模式，限速值为 40 km/h。司机按压专用按钮使列控车载设备转入调车模式。只有在列车停车时，司机才可以选择进入或退出调车模式。

6. 隔离模式是列控车载设备控制功能停用的模式。列车停车后，根据规定，司机操作隔离装置使列控车载设备转入隔离模式。

7. 待机模式是列控车载设备上电后的默认模式。列控车载设备自检后，自动处于待机模式。在待机模式下，列控车载设备正常接收轨道电路及应答器信息。

第 111 条 CTCS-2 级列控车载设备七种模式之间的转换见第 8 表。

第 8 表 CTCS-2 级列控车载设备七种模式之间的转换

当前模式 \ 转换模式	待机模式	部分监控模式	完全监控模式	引导模式	目视行车模式	调车模式	隔离模式
待机模式	—	人工/停车	—	—	人工/停车	人工/停车	人工/停车
部分监控模式	人工/停车	—	自动	自动	人工/停车	人工/停车	人工/停车
完全监控模式	人工/停车	自动	—	人工	人工/停车	人工/停车	人工/停车
引导模式	人工/停车	自动	自动	—	人工/停车	人工/停车	人工/停车

续上表

转换模式 / 当前模式	待机模式	部分监控模式	完全监控模式	引导模式	目视行车模式	调车模式	隔离模式
目视行车模式	人工/停车	自动	自动	自动	—	人工/停车	人工/停车
调车模式	人工/停车	—	—	—	—	—	人工/停车
隔离模式	人工/停车	—	—	—	—	—	—

第112条 信号安全数据网应采用专用光纤、不同物理径路冗余配置，确保列控中心(TCC)、计算机联锁(CBI)和临时限速服务器(TSRS)等信号系统安全信息可靠传输。

本条是关于信号安全数据网的规定。

信号安全数据网是保证车站设备(列控中心、计算机联锁)间、车站和中继站设备间及其与中心信号设备(如临时限速服务器)间的数据，安全、可靠、准确、及时传输的信号安全数据传输网络。

信号安全数据网应采用工业级以太网交换机设备构成冗余双环网，双环网间物理隔离，交换机设备间应采用专用单模光纤连接。

信号安全数据网中的互联光纤应采用不同物理路径。同一环网中交换机设备间互联光纤迂回通道适用的光纤应采用不同物理路径。

连接相邻交换机设备的光纤长度最长不宜超过 70 km，通信距离大于交换机设备通信距离时，应增加中继设备。

在独立的信号设备侧设置交换机，信号设备通过二层交换机与信号安全数据网及相邻信号安全数据网连接。同一子网内的交换设备应支持相同环网协议。不同安全数据网交换机通信接口参数应匹配。交换机设备和应用设备端口应采用固定分配的 IP 地址。

信号安全数据网应设置网络管理系统，实现网络连接状态和设备状态监测和记录、故障报警、设备维护等功能。

信号电源屏应为交换机设备独立提供两路经过 UPS 的直流电源，电源指标满足交换机设备要求。

信号集中监测系统

第 113 条 信号集中监测系统包括站机、采集设备、服务器、各级终端及数据传输设备，应全程联网，实现远程诊断和故障报警功能。

信号集中监测系统监测范围应包括计算机联锁设备、列控地面设备(无源应答器除外)、调度集中设备、电源屏等信号系统设备。

本条是关于信号集中监测系统组成和监测范围的规定。

信号集中监测系统是信号设备的综合集中监测平台，包括站机、采集设备、服务器、各级终端及数据传输设备。由各站的采集设备和站机构成车站监测网，通过服务器、各级终端及数据传输设备构成电务段电务监测子系统、铁路局电务监测子系统、铁路总公司电务监测子系统，形成了铁路总公司、铁路局、电务段三级监测系统体系结构。监测系统应全程联网，实现远程诊断和故障报警功能。

信号系统关键技术设备应纳入集中监测系统，其他系统具备纳入集中监测系统条件的也应纳入集中监测系统的监测范围。应包括计算机联锁设备、列控地面设备(除无源应答器外)、调度集中设备、电源屏等信号系统设备，同时还应具备与防灾、环境监测等系统的接口。

站机是车站监测系统也是信号集中监测系统的核心，负责监测系统的数据采集、分类、逻辑分析处理、报警、数据统计、汇总、存储、回放等功能。

信号集中监测系统具有模拟量监测、开关量监测和通过接口方式获取所需状态和报警信息的功能。

模拟量监测功能包括：外电网综合质量监测、电源屏监测、轨道电路监测、转辙机监测、电缆绝缘监测、电源对地漏泄电流监测、列车信号机点灯回路电流监测、环境状态的模拟量监测、防灾异物侵限监测、站(场)间联系电压监测。

开关量监测功能包括:按钮状态、控制台表示状态、关键继电器状态等。

对于计算机联锁系统、列控中心、CTC、智能电源屏、ZPW-2000 系列轨道电路、有源应答器、道岔缺口等具有自诊断功能的信号设备,监测系统通过接口方式获取所需的状态和报警信息。

驼峰信号

第 114 条 机械化、半自动化、自动化驼峰调车场应采用道岔自动集中;简易、非机械化驼峰调车场,根据需要可采用道岔自动集中。

本条是关于驼峰调车场采用道岔自动集中要求的规定。

驼峰调车场根据发展进程,按机械化、自动化的程度不同,分为简易、非机械化、机械化、半自动化、自动化驼峰调车场五类。

为适应机械化、半自动化、自动化驼峰高效率编解作业的要求,在上述的驼峰调车场应采用道岔自动集中设备。道岔自动集中,又称为存储式驼峰电气集中。驼峰调车场采纳的可预排进路和自动控制驼峰头部各分路道岔的电气集中。驼峰调车场进行列车解体作业时,需要将各车组溜放到不同的进路。为了提高溜放作业效率,连续不断的溜放车组,各分路道岔必须按车组钩序和进路要求,在车组溜放的间隙,即前行车组离开本道岔区段和后行车组即将进入的瞬间,及时转换到需要的位置,因此需要对道岔进行集中自动控制。

简易、非机械化驼峰调车场设备简单,但为提高编解作业能力,亦可采用道岔自动集中。

第 115 条 半自动化、自动化驼峰由控制系统、基础设备和监测设备构成。根据驼峰的站场布置和作业需要,选择、配置系统设备。

装设集中联锁设备的驼峰头部调车进路(线束溜放区除外)应符合联锁的相关规定。

本条是关于半自动化、自动化驼峰设备构成的规定。

驼峰调车场所装设的信号设备，主要完成对车组溜放进路控制、车组溜放速度控制以及驼峰调车机车的控制。

根据《铁路车站及枢纽设计规范》(GB 50091—2006)规定，驼峰按日解体能力分为大、中、小能力驼峰三类。

1. 大能力驼峰的日解体能力为 4 000 辆以上，或设 30 条及以上调车线。

2. 中能力驼峰的日解体能力为 2 000～4 000 辆，或设 17～29 条调车线。

3. 小能力驼峰的日解体能力为 2 000 辆以下，或设 16 条及以下调车线。

驼峰信号控制系统应根据大、中、小能力驼峰的作业需要及列车集中到达时驼峰的解体能力选择相应的设备。

半自动驼峰间隔制动位减速器可由手动控制；目的制动位定速可由人工设定。间隔制动位和目的制动位调速设备可在不同的信号楼进行控制。

自动化驼峰计算速度应由控制系统计算确定。进路控制和速度控制应在一个系统中实施控制，宜以集中控制。

装设集中联锁设备的驼峰头部调车进路(线束溜放区除外)联锁条件应符合集中联锁技术条件的有关规定。

驼峰头部除分路道岔以外的其他道岔区采用集中联锁设备，相当于手柄式继电联锁或继电式联锁，因此所有道岔的联锁条件应符合《继电式电气集中联锁技术条件》(TB/T 1774—1986)的有关规定。

第 116 条 设车辆减速器的驼峰，在驼峰信号机前适当地点装设车辆减速器的限界检查器。超限车辆通过时，应使驼峰信号机自动关闭，在控制台(显示屏)上发出相应的表示及音响信号，同时向峰顶发出音响信号。

本条是关于驼峰调车场装设车辆减速器的限界检查器的规定。

车辆减速器是调整解体车组间隔及达到目的制动作用的主要设备。

设置减速器的驼峰调车场，为了防止车辆减速器被超限车辆碰撞损坏，应在每条推送线上距峰顶适当地点设置车辆减速器的限界检查器，用于检查车辆的限界。当有超限界车辆通过时，驼峰信号机应自动关闭信号，并发出音响信号。

限界检查器的设置位置受线路布置限制，应设在到达场每股到发线向峰顶推送的必经地点，以便充分利用限界检查器。同时还要防止在检出超限车后，车组已被摘钩，无法送禁溜线。因此，车辆减速器的限界检查器应设在驼峰信号机前的适当地点，一般距峰顶 80～100 m 为宜。

第 117 条 驼峰溜放车组速度控制调速制式可采用点式、点连式、连续式。点式采用减速器调速方式，点连式采用减速器—减速顶调速方式，连续式采用减速顶调速方式。

根据车辆减速器和转辙机对动力供应的要求，可设置专用动力站。动力站控制方式应能自动控制或手动控制，保证不间断地向全场供应动力，并应设监测设备。

本条是关于驼峰溜放车组速度控制调速制式的分类和车辆减速器、转辙机动力供应要求的规定。

驼峰溜放车组速度的控制可分为手动、半自动和自动三种方式，当采用半自动或自动控制时，必须遵循手动优先的原则。

驼峰调车场内车辆减速器的控制可采用手动、半自动、自动方式。为了防止半自动或自动控制可能出现由于参数测量误差或机器本身的故障，为安全起见，必须具有人工干预功能。因此装设减速器半自动或自动控制装置的同时，必须装设手动控制装置，而且手动控制优先于半自动或自动控制方式。

驼峰信号设备应保证 24 h 不间断地工作。因此，场内的动力设备，应根据车辆减速器和转辙设备对动力供应的要求，设置专用的压缩空气站或液压泵站和电力变电室，不得与其他部门合建，避免互相干扰，保证向信号设备良好地提供动力源。

第118条 驼峰控制台或显示屏上应有信号机的显示状态、道岔位置、轨道电路区段的占用情况及邻接联锁区的有关表示。当装设驼峰道岔自动集中时,应有车组顺序和进路去向的表示。半自动化、自动化驼峰控制台或显示屏上应有自动控制设备的相应表示。

设车辆减速器的驼峰应在控制台或显示屏上表示出车辆减速器的动作状态、轨道电路区段占用情况、车辆实际速度。

设推峰机车遥控的驼峰应在控制台或显示屏上表示出机车动作状态、推峰股道、机车实际速度。

当驼峰信号机由开放转为关闭时,应以音响为辅助信号,通知峰顶调车人员。

本条是关于驼峰控制台或显示屏表示功能的要求。

驼峰控制台或显示屏的表示内容,关系到安全、准确、迅速地进行驼峰作业,因此要求驼峰控制台或显示屏要真实地反映和复示驼峰调车场所有驼峰设备的运用状态,为作业人员提供设备运用信息,正确地解体和编组车列。要求具有下列表示:

1. 复示驼峰调车场信号机的显示状态。驼峰调车场信号机有驼峰信号机和调车线上的调车信号机两种。

2. 道岔位置表示,包括线间或场间联系道岔和分路道岔。

3. 轨道电路占用和办理锁闭进路表示。

4. 车组顺序表示。

5. 车辆减速器动作状态表示。

6. 邻接联锁区表示。

7. 推峰机车遥控,机车动作状态、实际速度、推峰股道表示。

当驼峰信号机由开放转为关闭时,驼峰顶上电铃鸣响,通知有关峰顶调车人员停止调车作业。

道口自动信号及自动通知

第119条 道口自动信号,应在列车接近道口时,向道路方向显示停止通行信号，并发出音响通知；如附有自动栏杆（门），栏杆（门）应自动关闭。

在列车全部通过道口前，道口信号应始终保持禁止通行状态，自动栏杆（门）应始终保持关闭状态。道口信号设备停用或故障时，应向道口看守人员提示。

道口自动通知（含无线道口报警）设备，应在列车接近道口时，以音响和灯光显示通知道口看守人员。

本条是关于道口自动通知及自动信号的规定。

1. 道口信号设备分类

(1)道口自动通知。

(2)道口自动信号。

(3)道口自动通知及道口自动信号。

2. 道口信号控制电路设计原则

(1)电路设计必须保证任何方向列车接近道口时，通知道口看守员或向道路方向报警。

① 采用道口自动通知设备时，应向道口看守员报警。

② 采用道口自动信号设备时，应向道路方向报警。

③ 采用道口自动通知及道口自动信号设备时，应向道口看守员及道路方向报警。

④ 报警方式采用音响和灯光信号，室内应设音响切断设备。

(2)报警信号给出后，在列车出清道口前不得复原。

3.道口信号机应满足的要求

(1)道口信号机的设置应按《道口信号灯安装规范》(GB 14886—2006)执行。

(2)灯光显示

① 道口得到列车接近通知时，两个红灯交替闪光；当闪光系统故障时，显示稳定红色灯光。

② 电源或设备故障时应给看守员设备故障信息，看守员应及时向道路方向给出“设备故障，注意火车”标识。故障修复后“设备故障，注意火车”标识由人工撤销。

③ 人工控制道口信号时,其显示时机由道口看守员掌握。

(3)音响

① 道口得到列车接近通知时,应向道路方向发出音响,列车通过道口后,应及时停止音响。

② 人工控制道口信号时,其音响时机由道口看守员掌握。

通　信

第120条　铁路通信网是覆盖铁路的统一、完整的专用通信网,为运输生产和经营管理提供话音、数据和图像通信业务。

铁路通信应符合国家、铁道行业的有关技术标准和质量要求,确保全程全网安全、可靠、迅捷、畅通。

本条是关于铁路通信网的规定,并明确了对铁路通信的总体要求。

铁路通信网是铁路的重要基础设施,是保证铁路运输正常、安全运行的基本通信手段,是支撑铁路信息化的重要载体。

铁路通信网是覆盖铁路的统一、完整的专用通信网,为运输生产和经营管理提供话音、数据和图像及其他通信业务。铁路运输作业分散在铁路枢纽及沿线各站(场),为了完成列车运行的统一指挥和调度,有效地组织运输生产和经营管理,需要有一个安全可靠、覆盖铁路各业务节点的铁路通信网络。铁路通信网与铁路网配套建设、同步发展,目前已形成以铁路总公司为全路中心、各铁路局为区域中心、覆盖全国铁路的专用通信网络。铁路通信网由总公司进行总体规划,总公司至铁路局、铁路局间的骨干通信网由总公司集中管理,铁路局管内通信网根据铁路通信网总体规划方案由铁路局进行规划、管理、使用。

铁路通信网分为承载网、业务网和支撑网。

承载网是通信网的基础网络,为各专业提供承载通道和网络接入。承载网又分为传输网和数据通信网。传输网覆盖总公司机关、铁路局机关、站段机关以及铁路枢纽、沿线车站和区间等业务节点,承载数据通信网、各业务网、独立组网的信息系统,提供多种速率、类型的传输通道。数据通信网为全国铁路运输组织、客货营销、经营管理等信息系统以及综合视频监控、会议电视、应急通信等通信业务系统提供承载网络。

业务网主要包括调度通信、电话交换、电报传真、会议电话和会议电视、综合视频监控、应急通信等，是铁路运输生产和经营管理的通信工具。随着技术进步，综合视频监控系统得到了广泛的应用。调度通信是铁路运输生产调度指挥的基本通信技术装备。目前主要装备的450 MHz列车无线调度通信系统（无线列调），要结合普速铁路技术改造或无线列调系统大修，装备GSM-R数字移动通信系统。支撑网是铁路通信网运行的支撑网络，用以保障承载网和业务网的正常运行、监控网络和业务质量。铁路通信网支撑网包括时钟（频率）同步网、时间同步网、信令网以及为通信网运营维护服务的各类监测、监控管理系统等。

铁路通信网是铁路运输生产、调度指挥、经营管理都不可缺少的技术装备，是提升安全保障能力、提高运输效率的必要设施。铁路通信网的建设、运行和维护必须符合国家、铁道行业、铁路总公司等有关技术标准和质量要求，确保网络体系完整，全网安全、可靠、迅捷、畅通，为铁路运输指挥现代化和铁路信息化提供基础保障。

第121条 铁路通信应根据下列主要通信业务，配置相应通信设备：

1. 普通电话（固定、移动）；
2. 专用电话（固定、移动），包括调度电话、车站（场）电话、站间行车电话等；
3. 会议电话；
4. 广播；
5. 数据承载；
6. 数据终端（铁路电报、列车调度命令信息无线传送、车次号校核信息无线传送、列车尾部风压信息传送、列车安全防护预警信息传送等）；
7. 图像通信（会议电视、综合视频监控等）；
8. 应急通信；
9. 时钟、时间同步基准信号。

本条规定了铁路通信的主要通信业务，铁路通信应根据本规定配置相应的通信设备。

铁路通信业务是指铁路运输组织、客货营销、经营管理等活动中所使用的通信业务，主要包括话音通信业务、数据通信业务、图像通信业务和其他业务。

1. 话音通信业务

如图121-1所示，话音通信业务可分为普通电话业务、专用电话业务、电话会议业务、广播业务。

(1)普通电话业务

普通电话业务可分成固定电话业务和移动电话业务。

固定电话业务又可分成本地电话业务和长途电话业务。

移动电话业务是指为铁路运输生产人员或管理人员提供的普通移动电话业务。包括铁路数字移动通信网(GSM-R)提供的移动电话业务和利用公众移动通信网提供的移动电话业务。

(2)专用电话业务

专用电话业务是专门用于铁路运输生产、指挥的电话业务。专用电话系统具有相对独立性，包括固定用户和移动用户。

专用电话业务主要包括调度电话业务、车站(场)电话业务、站间行车电话和其他专用电话业务。

①调度电话业务

调度电话业务为铁路总公司调度指挥中心、铁路局调度所调度员与其所管辖区内有关运输生产作业人员之间业务联系使用的专用电话业务。可通过有线调度通信系统、GSM-R数字移动通信系统或列车无线调度通信系统实现。

按照业务的不同，调度通信分为列车调度、客运调度、货运调度、牵引供电调度、机车调度以及其他调度电话业务。

②车站(场)电话业务

车站(场)电话业务是铁路车站(场)内进行作业指挥和业务联系的专用电话业务，包括固定电话和移动电话，主要有车站值班员电话、站场调度电话、扳道(清扫)电话、调车电话、货运电话、列检电话、车号电话、商检电话等。

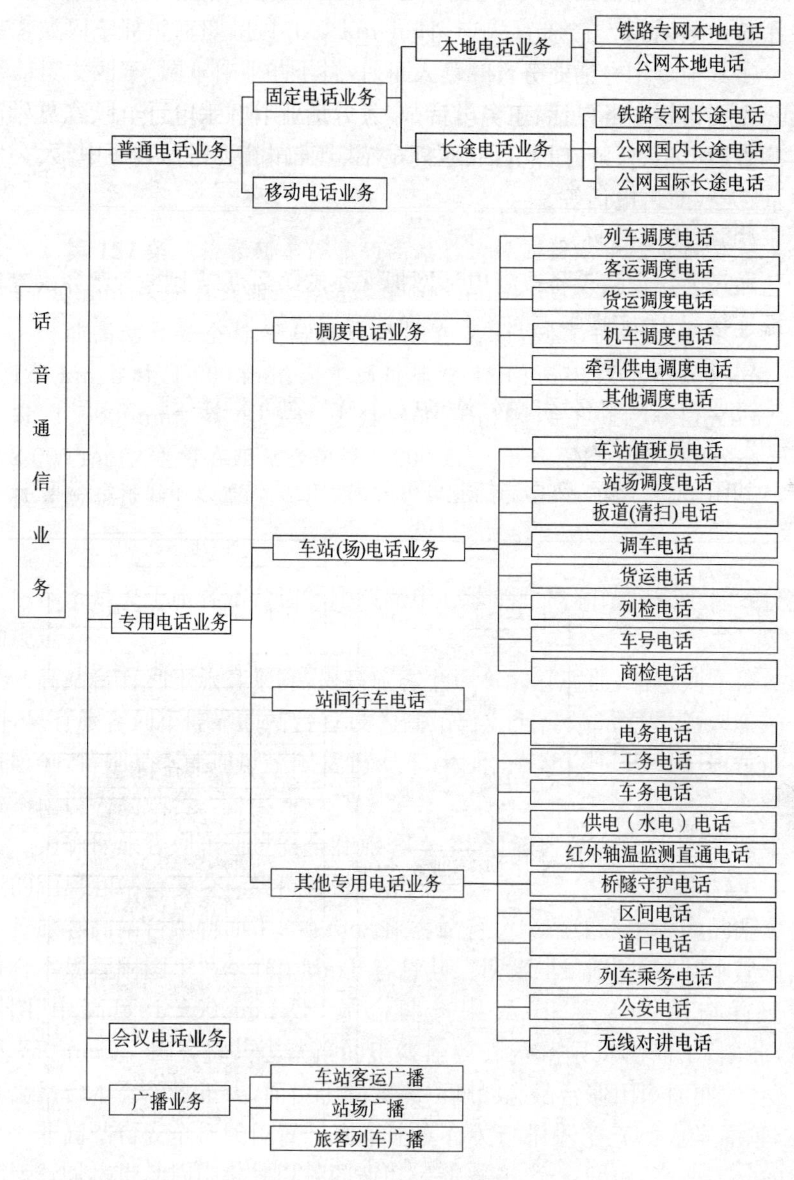

图 121-1　话音通信业务示意图

③站间行车电话

站间行车电话是为相邻车站(场)值班员之间办理行车事宜而设置的专用直通电话。

④其他专用电话业务

主要包括电务电话、工务电话、车务电话、供电(水电)电话、红外轴温监测直通电话、桥隧守护电话、区间电话、道口电话、列车乘务电话、公安电话、无线对讲电话等。

(3)会议电话业务

通过会议汇接设备或者电话网把铁路内部两点以上的多点会议电话终端连接起来,实现多点间实时双向话音通信的业务。

(4)广播业务

主要包括车站客运广播、站场广播、旅客列车广播等。

2. 数据通信业务

如图121-2所示,数据通信业务可分为数据承载业务和数据终端业务。

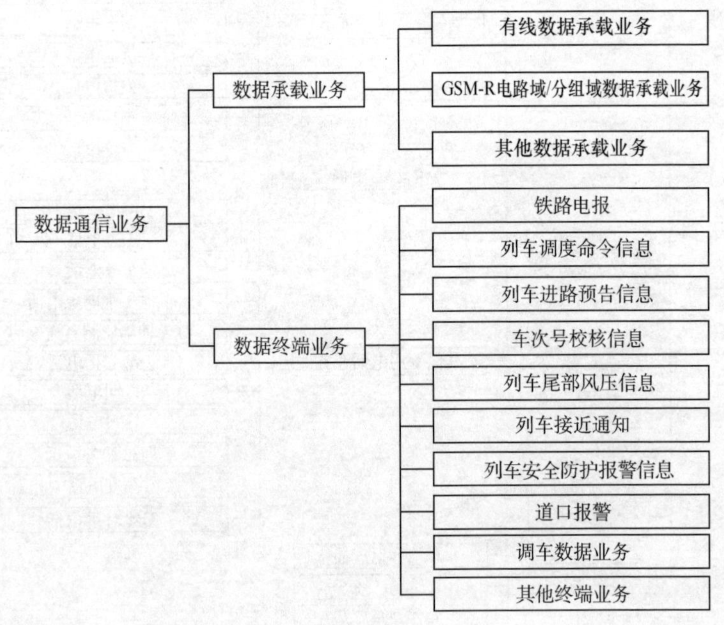

图121-2 数据通信业务示意图

(1)数据承载业务

为各类通信应用系统及信息系统组网提供有线和无线数据承载通

道。无线数据承载包括在无线列调系统区段可提供低速点对点数据承载;在 GSM-R 数字移动通信系统区段可提供电路域数据承载和分组域数据承载等。

(2)数据终端业务

数据终端业务是通过通信网络及其终端设备,直接向用户提供应用层功能的数据通信业务。

数据终端业务主要包括铁路电报、列车调度命令无线传送 、列车进路预告信息传送、车次号校核信息无线传送、列车尾部风压信息传送、列车安全防护预警信息传送、列车接近通知 、道口报警、调车数据业务和其他数据终端业务。

3. 图像通信业务

主要包括会议电视业务、视频监控业务等。

4. 其他业务

如图 121-3 所示,其他业务包括应急通信、战备通信和时钟、时间同步业务等。

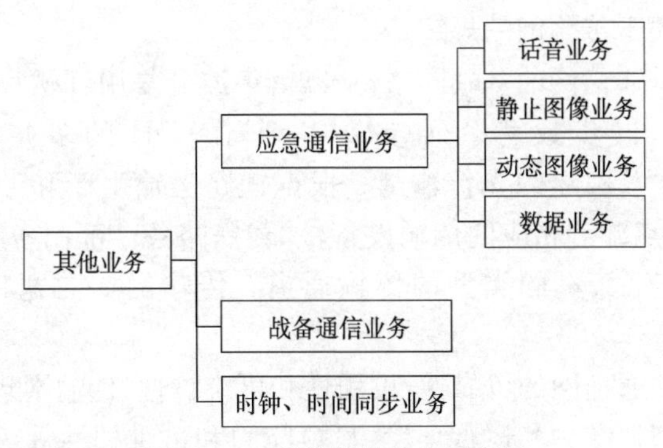

图 121-3　通信其他业务示意图

(1)应急通信业务

应急通信业务是在发生行车事件及自然灾害等紧急情况下,为确保实时救援指挥,在事件现场与救援中心之间、各相关救援中心之间以及现场内部进行的语音通信、图像和数据传输业务。

(2)战备通信业务

在战时和突发事件时,通过各种通信设施,采用有线通信、无线通信等多种手段，确保铁路总公司—铁路局、铁路局—辖区的通信畅通。

(3)时钟、时间同步业务

目前铁路通信网和各专业系统存在时钟同步通信设备和时间同步设备。为保证全路数字通信等系统的时钟(频率)同步准确，铁路通信网为全路提供时钟同步基准信号；为保证全路时间同步通信设备和时间同步显示设备的授时准确，铁路通信网为全路提供时间同步基准信号。

铁路通信应根据上述主要通信业务，配置相应通信设备，以满足铁路运输和信息化的需要。

承　载　网

第122条　传输网应提供多种速率、类型的通信通道。传输网应对重要业务通道进行保护，重要业务节点的系统和设备应采用冗余配置。

本条是关于传输网的规定。

传输网是通信网的基础网络，是以密集波分复用(DWDM)或光传送网络(OTN)、同步数字系列(SDH)、基于SDH的多业务传送平台(MSTP)等技术构建的光传输网。根据铁路运输生产和经营管理的需要，在业务节点配置相应的传输设备，承载铁路各个部门各类通信业务，可提供多种速率、不同类型的传输通道。传输网要向宽带化、智能化发展。

为了提高通信网的可靠性、可用性和可维护性，传输网建设需要考虑传输网络的拓扑结构和运行环境、自愈能力和可维护性等。对涉及调度指挥、行车安全等重要业务，应采用不同传输系统的系统级保护措施；对承载重要业务的节点设备应采用冗余配置等设备级保护措施；承载重要业务的传输系统组网应采用不同物理径路的光缆线路等保护性措施。

第123条　数据通信网应为铁路运输组织、客货营销、经营管理等信息系统和综合视频监控、会议电视、应急通信、GPRS、旅客服务等业务提供承载平台。

数据通信网中的重要节点设备应冗余配置，其设备间的连接应采用不同的物理路由。

本条是关于铁路数据通信网(以下简称数据通信网)的规定。

数据通信网广域网可通过传输系统、光纤组网；业务系统接入数据通信网以光纤接入为主，也可采用LAN、xDSL等铜缆接入方式以及无线接入方式。数据通信网基于TCP/IP技术并支持VPN、QoS、组播等技术。

数据通信网是铁路数据业务的共用网络，承载铁路办公、运输生产、统计、经营管理、旅客服务等信息系统以及视频监控、会议电视、应急通信等通信业务。

铁路数据通信网较公众数据网相比应更加注重网络安全，要采取业务隔离、流量监控、网络安全审计及安全运行管理等措施来确保网络安全。铁路数据通信网不得直接与公众互联网互联。

为提高网络系统的可靠性、可用性和可维护性，在网络设计时要掌握数据通信网承载的业务重要性以及带宽、时延、抖动等性能指标，针对性地采取网络级、设备级保护措施，合理规划VPN、QoS以及IP地址，数据通信网的可靠性应不低于其所承载应用系统的可靠性。数据重要节点包括骨干、核心、汇聚节点应采用网络级保护方式并采取设备级保护措施，上述设备之间的互联链路应采用不同的物理路由。

业　务　网

第124条　铁路各调度区段应设置调度通信系统，提供调度电话、车站(场)电话、站间行车电话等专用电话业务，满足铁路运输组织和生产指挥的需要。调度通信网络应保持相对独立和专用。

本条是关于调度通信的规定。

为满足铁路运输组织和生产指挥的需要，铁路各调度区段都应设置调度通信系统，提供调度电话、车站(场)电话、站间行车电话等专用电话业务。

根据无线装备的不同，普速铁路分为无线列调区段和GSM-R移动通信区段。

在无线列调区段，调度电话系统包括有线和无线调度电话系统。有线调度电话系统，基本采用铁路数字调度通信系统实现，铁路数字调度通信系统可提供调度员、值班员等固定用户之间的调度电话业务，以及站场直通电话、区间抢险电话等。列车无线调度电话系统主要提供车地间移动调度电话。

在 GSM-R 移动通信区段，通过数字调度通信系统的调度交换机与 GSM-R 系统互联，形成一个有线、无线一体化的调度通信系统，提供各项调度电话业务。

根据铁路运输指挥需要，为提高效率，有必要对呼叫范围加以限制以避免其他干扰，调度通信网络应保持相对独立和专用，限制与公众电信网或铁路自动电话网的互通。

第125条 列车(有线)调度电话准许列车调度员、机车(动车组)调度员、车辆调度员、机务段(客运段)调度员(值班员)、客运调度员、车站值班员(车站调度员)、供电(电力)调度员、电力牵引变电所值班人员、道口看守员加入通话，根据需要允许动车组随车机械师(简称随车机械师)、车辆乘务员、机车(动车组)司机、列车长、自轮运转特种设备司机、救援列车主任和施工负责人及巡守人员利用区间通信设施加入通话。

站间行车电话及扳道电话，禁止其他电话接入。

本条是关于铁路列车调度电话、站间行车电话等的相关规定。

列车(有线)调度电话是为列车调度员指挥列车运行而设置的专用电话。列车(有线)调度电话，只限与列车运行和安全直接有关的人员接入(加入)通话，应严格限制与列车运行和安全无关的人员接入列车调度电话。

根据实际工作的需要，列车调度电话准许列车调度员、机车(动车组)调度员、车辆调度员、机务段(客运段)调度员(值班员)、客运调度员、车站值班员(车站调度员)、供电(电力)调度员、电力牵引变电所值班人员、道口看守员加入通话；根据需要允许随车机械师(车辆乘务员)、机车(动车组)司机、列车长、自轮运转特种设备司机、救援列车主任和施工负责人及巡守人员利用区间通信设施加入通话。

站间行车电话(闭塞电话)是为相邻车站(场)值班员之间办理行车业务的专用直通电话。为防止外来电话接入的干扰,站间行车电话禁止接入其他电话。

扳道电话是车站值班员与扳道人员进行联系的专用电话,为了防止外来电话接入的干扰,应禁止其他电话接入。

第126条 在无线列调区段,列车无线调度电话系统准许列车调度员、机车(动车组)调度员、车站值班员、助理值班员、机车(动车组)司机、自轮运转特种设备司机、列车长、纳入联控的道口看守人员、随车机械师(车辆乘务员)加入通话;允许救援列车主任在执行救援任务时,临时加入通话;未纳入联控的道口看守、防护人员、车站客运值班员和巡守人员在紧急情况下,可临时加入通话。

本条是关于铁路无线调度电话的相关规定。

列车无线调度通信系统是目前普速铁路最主要的移动通信系统,直接关系到铁路运输的安全和效率,是重要的铁路行车通信装备。

列车无线调度通信系统是为列车调度员(或车站值班员)指挥列车运行而设置的专用系统,可实现列车调度员、司机、车站值班员之间的通话以及车站值班员、司机、车辆乘务员之间的通话,并具有数据传送功能。

为提高调度指挥的效率,列车无线调度通信系统,只限与列车运行和安全直接有关的人员接入(加入)通话。严格限制非列车运行和安全相关人员接入到列车调度电话通信系统。根据实际工作的需要,在无线列调区段,列车无线调度电话系统准许列车调度员、机车(动车组)调度员、车站值班员、助理值班员、机车(动车组)司机、自轮运转特种设备司机、列车长、纳入联控的道口看守人员、随车机械师(车辆乘务员)加入通话;允许救援列车主任在执行救援任务时,临时加入通话;未纳入联控的道口看守、防护人员、车站客运值班员和巡守人员在紧急情况下,可临时加入通话。其中,防护人员主要指施工防护人员;巡守人员(巡检及看守人员)包括巡道员、桥梁巡守员、山坡落石看守人员、施工慢行地段巡守人员、水害危险地段及需要临时看守的看守人员等。

为上述与列车运行和安全直接有关的人员配备无线调度通信设备,

是铁路运输行车组织和行车指挥的需要，也是保证行车和人身安全的重要措施。铁路局应严格规范管理无线调度通信设备的使用，特别是移动手持终端设备的使用。准许临时加入通话的人员，应根据工作需要，临时加入通话，不能干扰和影响调度指挥工作；其所配备的无线调度通信设备，在平时要保持良好的技术状态，确保应急时能顺利接通电话。

第127条 在GSM-R移动通信区段，根据调度指挥的需要设置组呼。列车GSM-R无线调度电话系统准许列车调度员、车站值班员、助理值班员、信号员、机车（动车组）司机、自轮运转特种设备司机、纳入联控的道口看守人员加入组呼通话，根据需要允许列车长、随车机械师（车辆乘务员）、客运值班员、救援列车主任加入组呼通话；未纳入联控的道口看守、防护人员和巡守人员在紧急情况下，可加入组呼通话。

本条是关于普速铁路GSM-R移动通信区段上组呼的相关规定。

组呼业务是调度通信系统的主要功能。在GSM-R区段组呼包含紧急呼叫和普通组呼。紧急呼叫指机车司机、助理值班员、工务巡道人员、道口值班员向所属调度辖区的调度员、相邻的车站值班员以及相邻三小区范围内的机车司机、助理值班员、工务巡道人员、道口人员发起的299组呼。紧急呼叫优先级最高，一旦发起紧急呼叫，上述所有用户均被强制接入紧急通话，只有组呼发起者或者调度员、车站值班员能拆紧急呼叫。常用普通组呼包括车站基站区组呼、相邻三小区组呼等。

第128条 调度所、车站和机车、动车组装备的列车调度通信设备应连接语音记录装置，对列车调度、站间行车的通话进行录音。

本条明确了对列车调度电话和站间行车电话的录音要求。

铁路行车通信语音记录装置是强化铁路行车安全管理的重要设施，是铁路交通事故分析的语音记录依据。列车调度电话、站间行车电话应配置语音记录装置，自动记录一定时间内调度员、车站值班员、司机等的通话内容,并可查询语音记录。

第129条 机车、动车组及自轮运转特种设备,根据运行区段装备相应的车载无线通信设备。

本条明确指出了机车、动车组及自轮运转特种设备上装备车载无线通信设备的原则。

普速铁路上的无线通信系统和设备,在无线列调区段,采用450 MHz列车无线调度通信系统;在GSM-R移动通信区段,采用有线、无线一体化的调度通信系统。机车、动车组及自轮运转特种设备,应根据运行区段所装备的铁路无线通信系统,配置相应的车载无线通信设备。

对于跨无线列调区段和GSM-R移动通信区段运行机车、动车组及自轮运转特种设备上装备的车载无线通信设备应兼容无线列调通信和GSM-R移动通信。

按照铁路总公司有关铁路专用无线通信频率调整的工作安排,车载无线通信设备要统一技术标准,全部采用具有无线列调、GSM-R和列车防护报警功能的机车综合无线通信设备。机车综合无线通信设备(CIR)兼容无线列调通信和GSM-R移动通信,配置有无线列调单元、GSM-R话音和数据通信单元、列车防护报警单元等功能模块。主要用于司机与列车调度员、车站值班员、车辆乘务员等作业人员进行调度指挥通信,向CTC/TDCS传送车次号校核信息,接收CTC的调度命令信息,发送和接收列车防护报警信息,与列车尾部安全防护装置进行通信,是提高运输效率、保障列车正常运行的重要行车设备。

第130条 司机、随车机械师(车辆乘务员)、列车长、乘警均应配备无线对讲设备,在GSM-R区段运行时还应配备GSM-R手持终端。动车组列车停靠的车站,车站客运值班员应配备与司机通信联络用的无线对讲设备。

本条是对配置手持终端和无线对讲设备的相关规定。

为适应当前铁路各线装备的无线通信系统，根据列车运行及行车组织对移动通信实际需求，列车司机、车长等有关工作人员应配置相应的通信设备：

一是为满足司机、随车机械师（或车辆乘务员）、列车长、乘警之间相互通信需要，配备无线对讲设备进行通信联络。二是在 GSM-R 移动通信区段运行时，上述人员还应配备 GSM-R 手持终端，用于与调度员或上级管理部门的通信联络，同时作为车载通信设备故障时的应急通信手段。三是动车组列车停靠的车站，为满足处置突发事件需要，向司机通报旅客乘降情况，车站客运值班员需要配备与司机通信联络用的无线对讲设备。

无线对讲通信设备的使用频率，应符合国家有关无线电频率划分的规定，由铁路总公司统一规划。

第 131 条 在编组站、区段站，应装设平面调车、驼峰调车等站场无线通信设备。

本条是关于铁路站场调车通信装备的规定。

在编组站、区段站，应采用平面调车、驼峰调车等站场无线通信技术，进行调车作业和生产指挥；采用的站场无线通信技术应符合国家、铁路行业、铁路总公司相关标准规定，有利于站场的统一指挥，保证行车安全，提高生产效率和运输能力。

第 132 条 列车无线调度通信系统的场强覆盖、服务质量应符合铁路相关技术标准、规范的规定，并满足车载无线通信设备检修、维护的需要。

本条是关于列车无线调度通信系统场强覆盖和服务质量的规定。

场强覆盖是无线通信中的最基本要素，只有保证在规定的覆盖范围内都能达到规定的无线信号强度（电平），才能支持无线设备（固定和移动）间的正常通信，确保无线通信系统的正常工作。

场强覆盖是衡量无线网络质量的重要指标，是网络优化的重要依据，场强覆盖的优劣直接影响无线系统的服务质量。

为确保列车无线调度通信的安全、稳定、畅通，列车无线调度通信系统（无线列调和 GSM-R）的场强覆盖、服务质量应符合铁路相关技术标准、规范的规定，同时还应满足车载无线通信设备检修、维护的需要。

第 133 条 在铁路运输生产中，凡设置使用无线电设备的单位，都必须遵守国家和铁路无线电管理的有关规定。

对铁路专用无线电频率，应采取必要的监测和保护措施。

本条是关于无线电设备及频率管理的规定。

为了加强无线电管理，维护空中电波秩序，为铁路运输生产安全可靠的服务，在铁路无线通信网建设和应用中，凡设置使用无线电设备的单位，都应遵守《中华人民共和国无线电管理条例》和铁路无线电管理等有关规定，并办理无线电台站设置和频率使用手续。

各铁路局应采取必要的频率监测和保护措施，并积极配合无线电管理部门，加强对铁路专用无线电频率的保护，建立铁路专用无线电频率保护工作长效机制，进一步提升铁路专用无线电频率保护的应急处置水平，确保铁路专用无线电频率安全。

第 134 条 铁路自动电话网的本地网设置应与铁路局设置相适应。

本条是关于设置铁路自动电话网本地网的原则规定。

为了满足铁路运输生产、经营管理的需要，应优化和完善铁路自动电话网，减少各铁路局交换网层级，以铁路局管辖区域范围划分本地电话网，逐步统一铁路局管内长途区号。

第 135 条 根据需要，设置综合视频监控系统。综合视频监控系统结构和质量应符合铁路相关技术标准、规范的规定。

本条是关于设置铁路综合视频监控系统的规定。

铁路综合视频监控系统主要是为了满足铁路主要业务部门对网络和视频信息共享的需求，监视内容应与运输生产、调度指挥和行车安全相关，与行车安全没有直接关联的内部视频系统不纳入综合视频监控系统。

在铁路总公司设置综合视频监控系统核心节点，实现对全路综合视频资源的统一调用。在各铁路局设置区域节点，实现对管内综合视频资源的统一调用。在车站等视频集中的处所设置接入节点，负责就近接入视频前端设备。根据用户调用视频资源的范围，在核心节点、区域节点、接入节点接入用户终端，供调度、设备维修、公安等部门使用，调用实时或历史图像。根据各专业部门监控需要，设置现场视频图像采集设备。车站客服系统与综合视频监控系统的车站接入节点互联，实现图像调用。

第136条　铁路应急通信由铁路总公司、铁路局应急通信中心设备和现场设备组成。应急通信应充分利用既有各种通信资源和手段，在处理突发事件时，提供事件现场与指挥中心的话音、数据、图像通信。

本条是关于设置铁路应急通信的规定。

应急通信是指在突发事件时，为救援指挥和决策而在事件现场与路局应急救援指挥中心、总公司应急救援指挥中心之间的话音、数据和图像通信。

应急通信系统由应急中心通信设备、应急通信现场设备及承载网络组成。总公司应急通信按总公司、铁路局两级组网，应急通信现场设备通过铁路通信网、公众移动通信网和海事卫星接入铁路局应急中心通信设备，铁路局应急中心通信设备通过铁路通信网与总公司应急中心通信设备互联。

各铁路局要以及时响应、快速接通、稳定可靠为目标，结合管内生产力布局调整、当地交通条件、历年自然灾害发生情况，因地制宜配备轻量化、小型化、自续航能力强、使用便捷的应急通信现场设备；在交通条件特别困难、电务现场班组设置又不能满足应急通信保障要求的区段，积极开展专业部门间的联劳协作，建立跨专业的应急响应联动机制；保证在最短时间内到达现场、第一时间报告突发事件现场情况。通信专业要同时出动，做好后续、全方位的应急通信保障工作。

第137条 区间通信柱(通话柱)的设置,由铁路局根据运用需要和实际情况确定。

区间通信柱(通话柱)应尽量靠近线路,并安装在防护网内,与线路中心的水平距离应能保证使用人员的人身安全和养路机械的施工作业要求,每隔1.5 km左右安装一个;在自动闭塞区段,其安装位置尽量与通过信号机的位置相对应。

本条是关于铁路专用通信中区间通信柱(通话柱)的规定。

区间电话是为铁路沿线区间流动作业人员而设置的业务联系电话,也可作为有关人员进行紧急防护及业务联系而设置的专用电话。

通信技术的发展和移动装备的应用,已经可取代区间通话柱,实现区间通信联络。各铁路局可根据生产作业和应急通信的需要,结合GSM-R移动通信以及公众电信网覆盖、线路条件等实际情况确定区间通话柱的设置。

区间通话柱应尽量靠近铁路设置,并安装在防护网内,与线路中心的水平距离应能保证使用人员的人身安全和养路机械的施工作业要求。区间通话柱应每隔1.5 km左右安装一个。

在自动闭塞区段,为了简化设备,便于使用和维修,其安装位置尽量与通过信号机的位置相对应。

支撑网

第138条 在铁路总公司调度指挥中心、铁路局调度所、车站等节点根据需要设置时钟同步及时间同步系统设备,为铁路各专业系统及地面电子时间显示设备提供统一的时钟、时间同步基准信号源。

本条是关于铁路时钟同步及时间同步系统设备的规定。

铁路时钟同步系统为铁路传输网、调度通信网、GSM-R数字移动通信网、电话交换网等提供统一的时钟(频率)信号;时间同步网为铁路各专业提供统一的时间基准信号。

在铁路总公司调度指挥中心、铁路局调度所、车站等节点应根据需要设置时钟(频率)同步设备和时间同步设备,实现全路统一的时钟(频率)同步网和时间同步网,为铁路通信、信号、客运服务、牵引供电等各业务系统和设备提供统一同步的时钟、时间基准信号源。

第139条 在通信机房,设置电源及机房环境监控系统,对温度、湿度、门禁、通信电源系统等状况进行统一监控。

本条是关于铁路通信机房设置电源及机房环境监控系统的规定。

电源、温湿度环境、机房不被破坏和水淹是电务设备可靠运行的基本条件。在通信机房设置电源及机房环境监控系统,对温度、湿度、门禁、电源等进行实时监测,在遇有掉电、电源设备状态异常、温湿度超标、未经允许进入机房等情况时触发告警,提示维护人员及时进行处理。

电源及机房环境监控系统是保障机房安全,保证设备良好外部工作环境条件重要的远程监测手段,有助于提高应急响应能力,防范设备故障或压缩故障延时,对于优化修程修制具有积极促进作用。

第140条 铁路通信网应设置网元管理和综合网管系统。根据需要设置光缆监测、漏缆监测、铁塔安全监测、无线电频率干扰监测、GSM-R网络接口监测等系统。

本条是关于铁路通信网设置网管系统及相关监测系统的规定。

网元管理和综合网管系统以及相关业务监测系统都属于通信网络的支撑系统,用来保障通信网正常运行、实现网络功能、提高网络服务质量和运营维护质量。

网元管理:网管系统中的网元,简单理解就是通信网络中的网络单元,是网络管理中可监视管理的最小单位。网元管理系统应具备故障管理、性能管理、配置管理、安全管理等功能。通常各通信系统都具有本系统的网元管理系统,对本系统中的网元设备进行监控管理,便于维护人员实时了解系统的工作状况,进行日常维护工作。

铁路通信综合网管系统是在通信各子系统的网元管理系统及监测检测系统基础上采集告警信息、性能信息、资源信息等，进行集中统一管理和综合性能分析。铁路通信综合网管系统具备综合拓扑管理、综合告警管理、重点业务保障、综合性能管理、报表管理、综合资源管理、流程管理、系统自身管理等功能，为管理和维护人员提供设备的各种告警信息、性能信息、资源信息，为抢修、日常养护等提供必要的资料。

根据铁路通信网运营维护需要，还应设置相关监测系统，主要有：

光缆监测系统，可自动监测光缆线路中光纤的性能指标，在光纤劣化或故障时及时告警，并自动定位障碍点。

漏缆监测系统，对漏泄电缆进行在线监测，及时掌握其工作状态，确保漏缆在出现故障时及时告警，并进行故障定位。

铁塔安全监测系统对铁塔倾斜及塔基沉降状态进行实时监测。当超限时及时告警，以便消除铁塔安全隐患。

无线电频率干扰监测系统，通过配备移动和固定监测设备，对铁路无线专用频率进行监测，分析定位干扰源。

GSM-R 网络接口监测系统：主要对 Abis、A、PRI、Gb、Gn、Gi 等 GSM-R 各类接口进行监测，为分析、排查网络故障提供数据。

上述监测系统通常都具备测试、记录、分析、告警、查询等功能。

信号、通信线路及其他

第 141 条　干线、地区及站场的光、电缆宜敷设在预埋管道或预制电缆槽内。调度所、通信枢纽、车站、区间信号中继站、通信基站、牵引变电所等重要业务站点宜采用不同物理路由的光缆引入。

铁路信号、通信线路应敷设在铁路线路安全保护区内。

本条主要是关于信号及通信光、电缆线路敷设和防护的规定。

铁路干线光、电缆宜采用管道、槽道等敷设方式。管道敷设方式优势突出，一是后期避免重复开挖，浪费人力物力；二是防护性能较直埋方式更为优越，同时便于维修、便于业务的快速开通；三是管道方式可有效避免重复开挖、维修对路基稳定和运输秩序造成影响。另外，作为基础资源,也可外租使用,创造更大的经济效益。管道敷设在国内高速公路和通信运营商的应用中已十分普遍。所以,从长远考虑,新建或改建的干线、地区及站场的光、电缆宜敷设在预埋管道或预制电缆槽内。

为提高网络的可靠性可用性及通信质量,调度所、通信枢纽、车站、区间信号中继站、通信基站、牵引变电所等重要业务站点除了设备要采用冗余配置外,还宜采用不同物理路由的光缆引入。

铁路信号、通信线路敷设一般属于隐蔽工程,为防止因交叉工程或某种人为因素对其造成损坏,影响行车安全,铁路信号、通信线路应敷设在铁路线路安全保护区内。具备条件的,应敷设在护栏内。

第142条 信号传输线路,可采用电缆、光缆等传输手段。通信传输线路以光缆为主。

在最大弛度时,架空光电缆及线条最低点至地面、轨面的一般距离规定如下:

1. 在区间,距地面不小于3 000 mm;
2. 在站内,距地面不小于4 500 mm;
3. 跨越道路,距地面不小于5 500 mm;
4. 在与铁路交叉地点,距钢轨顶面不小于7 500 mm。

架空线线路下面,地下光缆和电缆线路上面,禁止植树。架空线线路附近的树枝与线条的距离,在市区内不小于1 000 mm,在市区外不小于2 000 mm。地下光缆和电缆线路与树木的平行距离,在市区内不小于750 mm,在市区外不小于2 000 mm。

在信号、通信线路及设备附近进行施工或作业时,应会同设备维护部门,采取安全防护措施。

本条主要是关于架空光电缆敷设和防护距离的规定。

电缆传输带宽小、使用灵活、易于维修,是低速率短距离很好的传输媒介。光缆传输带宽大,通信容量大、传输损耗小、抗电磁干扰、传输质量高,是高速率远距离很好的传输媒介。信号传输线路,可根据业务运用需求可采用电缆、光缆等传输手段。通信传输线路主要以光缆为主。

电缆和光缆通常采用地下敷设方式(管道或直埋等)。信号、通信电线路，有时需要采用架空方式。遇到穿越站内、区间，通过铁路、公路等各种地形条件时，要注意使架空缆线不受载重车辆、长大机械设备的挂撞，要保证至少达到当架空线最大弛度时，其最低点至地面的安全距离（高度）要求。

树木是半导电的植物，靠近信号、通信电线路，也影响线路的传输质量，甚至会损坏线缆。因此规定在架空电线路的下面，地下电缆的上面，禁止植树。电线路附近的树枝也不得接触和挂触电线路，因此也规定了最近距离。

信号、通信线路及设备的安全直接会影响铁路运输和行车安全，因此明确规定，严禁在通信设备附近进行危及通信安全的施工或作业。必须进行施工或作业时，应会同设备维护部门采取行之有效的安全防护措施。

第143条 在通信架空线路上，禁止架设广播线。

当通信明线或架空光电缆与供电线路、广播线或其他电话线路并行或跨越时，其间必须保持的距离应符合有关规定，并采取防止干扰措施。

本条主要是关于通信明线或架空光电缆与其他线路并行或跨越的有关规定。

广播线功率大，远远大于铁路通信的传输电平。而广播的话音频率和通信电线路的传输频率相似时，串音电平高于信号电平防卫度，甚至两者接近都将破坏铁路通信的正常工作，因此在通信架空电线路上禁止架设广播线。

当通信明线或电缆与高压线、广播线或其他电话线路并行或跨越时，通信线路易受高压线和广播线的干扰。当高压线或广播线周围产生的强大电磁场耦合到通信电线路时，就产生感应电势。这种感应电势将使通信设备产生串杂音或交流音，干扰正常通信，严重时危害设备和人身安全，叫做危险影响。因此，当高压线、广播线及其他电话线与通信架空线并行或跨越时，必须保持一定的安全距离。

电务部门应根据通信电线路沿线的广播站布置情况以及广播站的技术条件，积极采取必要的防止干扰措施，以利正常通话。

第 144 条　通信线路或设备损坏时，应按下列顺序抢通和恢复：

1. 列车调度电话；

2. 站间行车电话、扳道电话、信号闭塞线路；

3. 列车调度指挥系统和调度集中系统的通道；

4. 牵引供电远动通道；

5. 信号安全数据网通道；

6. 车辆运行安全监测通道；

7. 旅客服务系统通道；

8. 客票系统通道；

9. 车号自动识别系统通道；

10. 其他。

本条是关于通信线路或设备损坏时抢通和恢复顺序的规定。

通信线路或设备损坏时的修复顺序首先应保证行车安全，并使对列车运行的影响减小到最低限度。语音通信是了解现场情况，沟通信息最有效、便捷的手段，故应首先修复列车调度电话，其次恢复站间行车电话，其他依据条文顺序逐步恢复。防灾系统通道虽未提及，但该通道与行车指挥密切相关，应当给予高度重视。

第 145 条　邻近线路的通信杆、塔应采取必要的防护措施，防止杆、塔倾倒侵入铁路限界。

本条是关于邻近线路的通信杆、塔的安全防护问题的规定。

铁路限界是为了确保机车车辆在铁路线路上运行的安全，防止机车车辆撞击邻近线路的建筑物和设备，而对机车车辆和接近线路的建筑物、设备所规定的不允许超越的轮廓尺寸线。

邻近线路的通信杆、塔，若因某种原因发生倾倒而侵入限界，就可能会造成安全事故，甚至车毁人亡的严重后果。所以，必须采取必要防护措施，防止杆、塔倾倒侵入铁路限界。

第四章　铁路信息系统

第146条　铁路信息系统是铁路运输生产和经营管理的重要手段。信息系统建设应坚持统一领导、统一规划、统一标准、统一建设、统一管理的原则，做到资源集中、互联互通、信息共享、应用集成、业务协同、安全可靠。

新建和改建铁路建设项目应同期建设配套的信息系统，并同步交付使用。

铁路总公司及铁路局信息化管理部门负责信息化建设与管理，信息技术部门负责信息系统运行维护工作；站、段根据需要设置信息技术部门或专职人员负责信息系统运行维护工作。

本条是对铁路信息系统的纲领性、概括性规定。

信息化在铁路现代化建设中具有重要的基础性和引领性作用，大力推进铁路信息化建设，是关系铁路现代化建设全局的重要举措。本条指出了铁路信息系统在铁路运输业中的地位和作用，信息系统广泛应用于运输组织、客货营销、经营管理、安全管理、建设管理、综合管理等各业务应用领域，是铁路运输生产和经营管理中不可或缺的重要手段，在铁路发展中发挥着越来越重要的作用；明确了铁路信息系统的建设应坚持“五统一”原则；描述了铁路信息系统应达到的一些基本要求，强调铁路信息资源实行集中配置与管理，信息系统间应互联互通，信息资源应无障碍共享，要加强各类信息系统整合，应用功能集成融合，业务操作协同互动，实现现代信息技术与铁路业务深度融合，发挥整体效益，促进数字化、智能化铁路的发展，同时强调了系统的安全可靠性。

信息系统作为铁路运输生产和经营管理中不可或缺的重要手段，应纳入新建、改扩建铁路工程建设范围，与其他工程建设内容同步设计、同步建设、同步交付使用。

明确了铁路信息化管理的责任主体，确立了三级运行维护体系。

第147条 信息系统建设应符合铁路信息化规划，实行立项申请、方案评审、可研设计、工程实施、竣工验收等建设流程。承担铁路信息系统设计、研发和施工的单位应符合国家规定的相关资质条件。

信息系统投入使用前应按规定进行测试、评审。投入使用后的系统变更及应用软件修改应按规定程序进行审批、测试、验证，并建立档案，实行版本管理。

本条是关于铁路信息系统建设的有关规定。

强调了信息系统建设应符合铁路信息化规划。铁路信息化规划是指由信息化管理部门组织制定的铁路信息化总体规划及配套的系统建设方案，分为总公司、铁路局两个层级。

明确了铁路信息系统建设应遵循的一般性流程。

为保证信息系统的建设质量，规定了信息系统设计、研发和施工单位应符合国家规定的相关资质条件。相关资质依具体项目的类型、内容、规模确定，常用的包括工程设计、软件企业认定、计算机信息系统集成、ISO 9000质量管理体系、软件过程能力成熟度（CMMI）、信息安全服务、信息系统工程监理资质等。

新建信息系统投入使用前应由国家认可的第三方测评机构进行功能、性能和安全性测评，并通过信息化主管部门组织的技术评审。采用计算机技术且涉及安全的铁路专用设备产品，应由国家信息安全测评机构出具检测报告，符合安全性要求，方可投入使用。

强调对投产系统的变更及应用软件修改实施严格控制，履行规定的审批程序并作完备的记录。其中，系统变更包括系统相关软、硬件设备更换、升级及其配置的变化。

第148条 信息系统设备按其用途和性质分为两类。

一类设备：用于铁路运输生产和经营管理并且要求不间断运行的系统设备，主要为服务器端设备、网络设备和要求不间断运行的客户端设备等。

一类设备应具有高可用性和高可靠性，采用冗余和备份配置，采用监控诊断、数据备份与恢复、安全防护等技术措施和设备，应提供7×24 h技术支持与维护服务，保证系统安全可靠运行。

二类设备：一类设备之外的其他设备。

二类设备应配备一定比例的备用设备，采用相应的安全防护技术措施和设备，应提供不低于5×8 h技术支持与维护服务，保证设备的正常使用。

信息系统设备功能、性能和容量应满足当前需要并考虑适量预留。

本条是关于信息技术设备分类及使用管理的规定。

信息技术设备是组成信息系统的基本构件。对信息技术设备的使用与管理会直接影响信息系统的正常运行。

对信息技术设备实施分类管理，目的在于按其用途及发生故障时对铁路运输生产和经营管理的影响程度，实施不同的配置策略、响应等级和维修服务，以实现信息技术设备的适度配置、按需服务。强调一类设备应给予重点关注和保护。

信息技术设备可用性包括可靠性和可维护性。可靠性一般用平均无故障时间(MTBF)度量，可维护性一般用故障平均修复时间(MTTR)度量。信息技术设备的可用性定义为：MTBF/(MTBF+MTTR)×100%。提高设备的可用性，意味着应提高平均无故障时间（MTBF)，减小故障修复时间（MTTR)。

为提高系统整体的安全可靠性，除强化设备自身质量和性能外，还应采用优化系统架构等方面技术措施。

技术支持与维护服务包括运行值班、故障响应、现场处置、故障修复等活动。实际执行时，应视具体情况，分类设定信息技术设备的故障恢复时间标准。

第149条 铁路信息网络由铁路总公司、铁路局、站段三级局域网及其互联的广域网构成。铁路总公司、铁路局局域网分为安全生产网、内部服务网和外部服务网，站段局域网分为安全生产网、内部服务网。直接关系铁路运输生产的信息系统应部署在安全生产网，

为铁路内部提供一般性服务的信息系统应部署在内部服务网，为社会提供公共服务的应用系统应部署在外部服务网。

安全生产网与内部服务网间实行逻辑隔离。安全生产网、内部服务网与外部服务网间实行安全隔离。禁止安全生产网和内部服务网直接与互联网连接，禁止外部服务网用户和设备直接访问安全生产网、内部服务网资源。

除国家有特殊要求的，不单独组建铁路业务专网。

本条是关于铁路信息网络的规定。

定义了铁路信息网络的构成，规定了铁路信息系统在安全生产网、内部服务网和外部服务网中部署时的基本要求。

安全生产网、内部服务网和外部服务网是同一局域网中的不同区域。区域与区域之间部署安全设备，建立安全机制，形成防护边界。铁路信息网络局域网实施分网分域，旨在按不同网络所承载业务的重要程度及其所传输数据的安全需求，建设不同的安全保护措施，实施不同级别的安全防护，以实现等级保护、按需防控。禁止铁路站段直接通过互联网对社会提供公共服务，所以，站段局域网不设外部服务网。

依据《计算机信息系统国际联网保密管理规定》(国保发〔1999〕10号)和国家保密局《电子政务保密管理指南》(国保发〔2007〕5号)，明确规定安全生产网、内部服务网禁止直接与互联网连接，并与外部服务网实行安全隔离。

"逻辑隔离"、"安全隔离"是指通过采用技术手段、部署安全措施实现的网间隔离，可在受控状态下实现信息交换。"安全隔离"一般指采用动态物理隔离技术实现的隔离，"逻辑隔离"一般指采用防火墙技术实现的隔离。"安全隔离"强于"逻辑隔离"。

铁路业务专网是指承载对功能、性能或安全有特殊要求应用系统的专用网络。规定除国家有特殊要求外，不单独组建铁路业务专网。

第150条 应保证信息系统数据的安全、真实、准确、完整、有效，建立数据保存、备份、查询和销毁制度。

应确定合理的数据保存周期。重要数据的备份应异地存放。有保密要求的数据必须采取保密措施。应保护业务活动中收集、使用和产生的公民个人电子信息。

本条是关于信息系统数据保存与管理的规定。

信息系统最基本的功能就是采集、传输、处理和利用数据。信息系统数据是企业开展生产经营活动必不可少的战略资源,数据的安全、真实、准确、完整、有效是信息系统成功应用的基本条件。

数据的安全、真实、准确、完整、有效是指数据不被未授权的个人、实体或者过程利用、知悉或非法篡改,而经授权的个人、实体或者过程则可以按需访问和利用相关数据。为保障数据的安全、真实、准确、完整、有效,技术上应部署数据加密、访问控制等安全措施,管理上应建立相应的规章制度。

应根据信息系统数据的重要程度、类型和数据量确定数据的保存、备份方案,包括备份策略、备份方式、保存周期等。需长期保存的重要历史数据,如单据、凭证、档案、文档资料等,以及与运输生产、客货营销、经营管理密切相关的关键业务数据,一般应实施异地存放。

铁路在向社会提供服务、开展业务活动中,会收集、使用和产生能够识别公民身份和涉及公民个人隐私的电子信息。根据国家有关法律法规和相关标准,本条明确规定了保护公民个人信息的要求。铁路总公司发布了铁总运〔2013〕137 号文《中国铁路总公司网络信息保护管理试行办法》已对此制定了具体办法和管理要求。

---

* **第 151 条** 应加强铁路网络安全管理,建立网络安全保障体系,采用相应的安全技术措施和管理措施,对信息系统进行安全保护。网络安全防护措施应与信息系统同步规划、同步建设、同步使用。实行网络安全等级保护制度和网络安全监督检查制度。实施网络安全风险管理,加强集中管控和实时监测。定期进行安全检查和安全测评,严格对第三方服务的管理与控制。按国家有关规定和业务运营需要,设置灾难恢复系统。制定相应的应急预案,定期开展应急演练。

本条是关于网络安全保护的规定。

强调网络安全保障体系建设，从管理和技术措施等方面加强安全保护。铁路网络安全策略及各项安全措施应遵循国家的有关规定。当前，我国网络安全保障工作的总体要求是：坚持积极防御、综合防范的方针，全面提高网络安全防护能力，重点保护基础网络和重点信息系统的安全，创建安全健康的网络环境，保护公众利益，维护国家安全，构筑网络安全保障体系，促进信息化发展。铁路网络安全策略及各项安全措施主要包括：IT 基础设施及其运行环境安全、基础网络和重要信息系统的安全和数据信息安全等。

依据《中华人民共和国网络安全法》，应加强铁路网络安全管理，建立网络安全保障体系，采用相应的安全技术措施和管理措施，对网络系统进行安全保护。网络安全防护措施应与系统同步规划、同步建设、同步使用。

按照《中华人民共和国网络安全法》第二十一条“国家实行网络安全等级保护制度”和第五十条“履行网络安全监督管理职责”要求，网络运营者应当实行网络安全等级保护制度和网络安全监督检查制度，实施网络安全风险管理，加强集中管控和实时监测。

根据《信息技术　安全技术　信息安全管理体系　要求》(GB/T 22080—2008)、《信息安全技术　信息系统安全工程管理要求》(GB/T 20282—2006)、《信息技术　安全技术　信息安全管理实用规则》(GB/T 22081—2008)等，必须严格对第三方服务的管理与控制。“第三方”一般指本企业外部的设备供应商、软件产品开发商、IT 维护和支持服务商、管理和业务咨询提供商等，应加强第三方服务能力确定、服务安全控制、服务质量监督等管理，完善信息安全保障体系，确保信息系统的安全。

依据《信息安全技术　信息安全风险评估规范》(GB/T 20984—2007)，信息安全风险评估是信息安全等级保护制度建设的重要科学方法之一，应贯穿于信息系统的规划、设计、实施、运行维护以及废弃各个阶段，开展自评估和检查评估，进行风险识别与风险分析，实施风险管理，采取有效的防护对策和整改措施，控制安全风险。

*第152条　信息系统机房建设应符合国家相关标准，按等级设计、建设和管理。机房温度、湿度、防尘、防火、防雷、防电磁干扰、防静电应达到有关标准。应采用机房专用空调。采取机房环境及电源监控手段，对机房的温度、湿度、空调、不间断电源（UPS）等状况进行统一监控，设置机房门禁系统。重要机房不间断电源（UPS）、空调设备应冗余配置，采用一级负荷供电，满足运用及检修需要。信息配线及设备间应按机房标准建设。

本条是关于信息系统机房建设的规定。

信息系统机房是为信息系统设备提供运行环境的场所，是确保铁路信息系统安全、稳定、可靠地运行的重要基础设施，因此，机房设计与建设应坚持高标准、严要求。

依据《电子信息系统机房设计规范》（GB/T 50174—2008），强调机房建设应符合国家标准。针对当前铁路信息机房建设实际存在的突出问题，强调了对机房空调、监控手段等方面的要求。根据国家标准及《铁路房屋建筑设计标准》（TB 10011—2012）附录D提出的技术要求，明确对信息配线及设备间应按机房标准建设的要求。

《电子信息系统机房设计规范》（GB/T 50174—2008）将信息机房根据使用性质、管理要求及其在经济和社会中的重要性划分为A、B、C三级，附录A"各级电子信息系统机房技术要求"提供了规范的操作依据。

《电子信息系统机房施工及验收规范》（GB 50462—2008）提供了信息机房建设验收依据。

"重要机房不间断电源（UPS）、空调设备应冗余配置，采用一级负荷供电"为一般性要求，具体执行时遵循国家和铁路相关标准规范。其中重要机房原则上是指《铁路信息机房通用技术规范》（Q/CR 571—2017）中规定的A和B级铁路信息机房。

第153条　信息系统运行维护工作包括运行调度、系统监控、网络维护、设备维护、软件维护、数据维护、技术支持和资产管理等，实行预防性维护、适应性维护，配备必要的检测设备及工器具，建立完整的技术文档和台账。

应建立运行维护体系，制定运行维护管理制度，实施专业化运维管理。软件纳入资产管理。

重要信息系统停机检修和系统切换应制定严密的实施方案，做好风险评估和应急预案，并履行报批手续。投入运行的信息系统设备不得兼做开发、测试环境。

本条是关于信息系统运行维护工作的规定。

铁路信息化工作正从以信息系统建设为主逐步进入信息系统建设和运行维护并重的阶段。全面提高运维服务的质量和水平，对于保障信息系统高效、稳定、安全运行至关重要。

条款定义了信息系统运行维护工作的核心内容，明确了基本要求。

预防性维护是指通过对系统开展常态化的状态检查、监控，提前发现安全隐患并采取措施，为防止故障发生而主动进行的维护工作；适应性维护是指为使系统适应业务环境、运行环境的变化而进行的维护工作。

铁路信息系统运行维护工作实行总公司、所属单位两级管理，总公司、所属单位、站段三级运维，日常维护分级负责，重大事件统一调度、协调处置。信息系统运行维护实行一线运行值班、二线技术支持、三线厂商保障三位一体的运维模式。

信息系统停机检修和系统切换是诱发信息系统故障的原因之一。信息系统停机检修和系统切换实施前，施工单位应组织制定详细的施工方案，邀请相关各方和有关专家参与评审施工方案并履行报批手续，以减少施工引发信息系统故障的风险。

第五章　车站及枢纽

站场设备

第154条　车站根据业务性质、运量大小及技术作业的需要，设置下列主要设备：

1. 到发线；

2. 调车线；

3. 牵出线；

4. 机车运转整备线、车辆站修线及救援列车停留线、自轮运转特种设备停留线等；

5. 办理货物装卸作业的车站，应有货物装卸线，并根据需要设置高架货物线、换装线、轨道衡线、货车洗刷线、油罐列车整备线、机械冷藏车加油线及特殊危险货物车辆停留线；

6. 机务段所在地车站，应设有机车出入段专用的机车走行线和机待线；

7. 与动车组运用所(简称动车所)、动车段相连接的车站，应设动车组走行线(当设有专用的机车走行线并具有相同进路时，可以合设)；

8. 动车组长期停放的车站应设动车组存车线；

9. 通信、信号、联锁、闭塞设备；

10. 编组站、区段站应根据作业需要，修建简易驼峰、半自动化驼峰或自动化驼峰，设置车辆减速器、减速顶、加速顶等调速设备；

11. 根据接发列车、调车作业的需要设置隔开设备等安全设施；

12. 调车作业繁忙的车站，应设置站场扩音设备、站场无线通信设备、货运票据和调车作业通知单传递(输)装置，车场内线路间、牵出线和推峰线调车人员经常走行区域应填平(不得高于道床)，并设有排水和高架照明设备，车场间应有硬路面的通道；

13. 列车预确报、现在车管理等信息系统设备；

14. 无线调车灯显设备、无线调车机车信号和监控系统(STP)；

15. 货物列车尾部安全防护装置(简称货物列车列尾装置)主机的维修、检测设备等；

16. 编组站、区段站和开行动车组列车的客货共线线路入口车站应设超偏载检测装置、轨道衡、超限检测仪、货车装载视频监控设备等货运安全检测设备；

17. 机车乘务组、动车组司机及随车机械师、客运乘务组进行中途换乘作业的车站，应配备值班室、休息室和必要的配套设施；

18. 有货物列车列检作业的编组站到发线间地面应具备方便作业条件。

本条是关于车站应设置的主要设备的规定。

车站的业务性质，按办理客运业务、货运业务或客货运业务来分。车站运量，一般是指货物到发量、旅客到发及中转人数、行李包裹到发及中转量，以及办理直通、改编车数等。车站技术作业性质，主要是指列车的编组、解体作业、车辆甩挂作业、直通中转列车到发作业，以及机车整备、车辆检修、客车上水、更换机车或乘务组换班作业等。

为了安全、迅速、准确、及时地完成客、货运输任务，不间断地进行接发列车、调车等项作业，车站应设置满足业务性质、运量及技术作业需要的设备。

本条规定车站应设置的主要设备有18项：

1. 到发线，指站内用于接发列车的线路。

2. 调车线，指站内用于车辆集结或列车改编调车的线路。

3. 牵出线，指站内用于调车作业时牵出车列的线路。

4. 机车运转整备线，指站内供机车上水、上砂、加油、检查等整备作业的线路。

车辆站修线，指站内供车辆部门施行货车辅修和摘车轴检、临修的线路。

救援列车停留线，指固定停留救援列车的线路，设在铁路总公司指定的车站上。救援列车停留线应与正线或到发线贯通，并不得停放其他机车车辆，使用时无须转线即可出动。

自轮运转特种设备停留线，指固定停放工务、电务、接触网等带有运行动力的维修专用车辆的线路。

5. 办理货物装卸的车站，应有专供装卸货物的线路。对大量卸粗杂、溜散货物的车站应设高架货物线；货物发送量较大的车站应有检查货物装载量的轨道衡线；办理大量牲畜、畜产品，水产鲜食品及危险货物的卸车站，一般应设置货车洗刷线路；油罐车基地应有专门整备油罐列车的整备线；调车场内应有专门停留装载爆炸品、气体类危险货物车辆的线路，以及机械冷藏车加油线等。

6. 机务段或折返段所在站，按照机车出入段与接发列车、调车作业干扰最小的原则，应设有机车出入段专用的走行线；根据需要设置出段机车等待挂头或入段机车等待入段的机待线。

7. 车站与动车组运用所连接时，应设动车组出入段(所)走行线，是为了减少动车出入库与车站接发列车之间的干扰。当设有机车出入段走行线并具有相同进路时，本着节省投资的原则，可以合设共用，也可分设。

8. 动车组长期停放，是指动车在中间站过夜停放。车站设动车组存车线，应具备为动车供电、防溜、安全防护等条件。

9. 车站应设置通信、信号、联锁、闭塞设备。

10. 驼峰是技术作业站的主要列车改编设备，编组站、区段站应根据需要修建简易驼峰、半自动化驼峰或自动化驼峰：

(1)简易驼峰，目前我国使用的简易驼峰，多数设在区段站或类似区段站的站场上，到发场与调车场一般横列布置。简易驼峰的调车场线路数量较少，驼峰咽喉区道岔型号不统一，推送坡较陡，驼峰溜放咽喉不设间隔制动减速器，峰下道岔控制一般采用电气集中或自动集中，调速设备宜采用简易制动设备。

(2)半自动化驼峰，装有自动集中控制溜放进路、减速器出口速度人工预定、采用半自动控制的驼峰。一般采用减速器、减速顶、加速顶等调速设备。随着驼峰控制技术的发展，半自动化驼峰应逐步改造为自动化驼峰。

(3)自动化驼峰，采用计算机控制系统，实现调机推峰速度、车辆溜放进路、车辆溜放速度自动控制的驼峰。调速设备采用减速器、减速顶、加速顶等。

11. 为确保接发列车和调车作业不发生交叉干扰，保证行车和车站作业安全，根据需要设置隔开设备等安全设施。

12. 调车作业繁忙的车站，为加强作业联系，应设置站场扩音和无线通信设备，并设置货运票据和调车作业单传递装置；车场内经常有调车、接发列车以及车辆检修人员等进行作业时，车场线路间应用砂石垫平并经常保持平坦；车场还应设有良好的排水设备和高架照明；车场间应有硬路面通道。

13. 为提高信息化水平，提高作业效率，编组站、区段站应设置列车预确报、现在车管理等信息化系统设备。

14. 为加强联系，提高作业效率，作业繁忙的车站应设置无线调车灯显设备。为加强调车安全控制，应根据车站调车作业实际情况，设置无线调车机车信号和监控系统(STP)。

15. 编组站、区段站为确保货物列车尾部安全防护装置正常使用，应设置货车列尾装置主机的维修、检测设备和设施。

16. 为保证货物列车运行安全，编组站、区段站和开行动车组列车的客货共线线路入口车站应设超偏载检测装置、轨道衡、超限检测仪、货车装载视频监控设备等货运安全检测设备。

超偏载检测装置用于检测货车装运货物的超偏载情况。该装置由秤体结构、压力传感器、剪力传感器、数据采样器件及计算机处理系统组成。该装置应符合铁路货车超偏载装置技术条件要求及相关的检定规程，按规定进行安装，超偏载测试数据应与路局信息中心和车站监控系统联网，并实现实时监控和报警。

17. 机车乘务员、动车组司机及随车机械师、客运乘务组中途换乘的车站，应为乘务员换乘和休息创造良好条件，设置值班室、休息室及其他配套设施。

18. 编组站到发线间有货物列车列检作业时，列检人员需要每天在股道内多次走行，夜间和不良天气时作业条件较差，因此，到发线间地面应具备方便作业条件。

第155条 旅客列车始发终到站、客运枢纽站和上水站，应在到发线间设置列车上水设施和节水装置。

根据需要在始发终到站及客运枢纽站设置动车组、客车地面排污设施和移动卸污设备。地面排污设施应防止泄漏和污染，排污能力满足动车组、客车停留时间的要求。

本条是关于车站设置列车上水设施和节水装置、排污和卸污设备的规定。

旅客列车上水主要用于旅客饮水、餐车服务、卫生清洗、厕所用水等，保证列车供水是铁路客运服务内容之一。旅客列车停站少，只有在始发终到站、客运枢纽站和上水站具有上水作业条件。通常一位作业人员承担多辆车厢上水任务，由于列车停站时间短，往往采用几个上水管同时送水的方式，上满后如果不能及时关闭水管则产生溢水，特别在北方地区，冬季寒冷季节地面积水容易结冰，影响作业和安全。采用节水装置防止溢漏，节约水资源，符合建设绿色铁路的目标。

动车组列车、旅客列车需要及时进行排污，随着列车采用封闭式集便厕所的比例越来越高，站台排污成为大型客运站必要的技术设施和作业项目。考虑到排污作业特点及动车组运用方式，排污作业主要在动车运用所、客车整备所(站)进行，站台排污为辅助方式。随着快速客运网规模不断扩大，动车组列车的运行距离越来越长，列车白天全天处于运用状态，夜间天窗时入库整备，如果白天安排入库排污将严重影响动车组运用。因此，有必要在旅客列车始发终到站及客运枢纽站建设站台排污设施。通常排污设施设置在站台下方，由排污管道、吸污管和附属装置组成，考虑到建设费用，车站只有部分站台设有排污管道，列车需要进入设有排污管道的线路才能进行排污作业，为了提高排污作业的灵活性，可根据需要设移动式排污车辆。

站台排污和移动式排污均采用真空吸污方式。车站是大量旅客乘降的场合，应采取必要的措施防止排污时泄漏及污染。

旅客列车技术作业时间短，排污设施的作业能力应满足日常运输需要。

客运设备

第156条 客运站房，应根据客运量设有便于购买车票、办理行李包裹、候车、问询、引导、广播、时钟、携带品寄存，以及为旅客服务的文化、卫生及生活上的必要设备。根据规定还应设置实名制验证和制证设备、安全检查设备、客运信息查询设备、视频监控设备、行李包裹到达查询设备、垃圾存放设备、消防设备等，根据需要设置电梯、自动扶梯、无障碍通道和相应的助残设施、污物处理、自动售检票和取票设备等。

办理客运业务的车站应设旅客站台，并应有照明、引导、广播、时钟和视频监控设备。车站应设置围墙或栅栏。办理行李包裹业务的车站应设行包通道，站台长度应满足行包装卸作业需要。

大、中型客运站站前应有广场，站台应有雨棚，跨越线路应采用天桥或地道。

本条是关于客运站房、办理客运业务的车站应设置必要的设备设施的规定。

办理客运业务车站的主要任务是保证旅客安全、正确、迅速、舒适地上，下车与集散，方便旅客办理旅行手续。为此，客运站舍均应设有便于旅客购买车票和候车的售票室、候车室，以及办理行李和包裹业务的行李房，以及按规定设置安全检查、客运信息查询显示、行李包裹到达查询等设施和设备。随着铁路实名制购票的实施及网络订票的推广，以及站内安全管理的需要，客运站还应设实名制制证和验证、取票、视频监控等设备。客运量较大的车站还应设有旅客问讯处、综合监控室、小件携带品寄存处、餐厅、小卖部、盥洗间及饮水设备等，以满足旅客文化、卫生和生活上的需要。站内主要通道还应根据需要设置电梯、自动扶梯、无障碍通道和助残设施。满足站内环境卫生和旅客列车垃圾下车应设置垃圾存放和处理等设备和设施。

凡办理客运业务的车站和旅客乘降所，均应设置有雨棚的旅客站台和照明设备，便于旅客乘降；办理客运业务的车站应设置围墙栅栏，保证旅客乘车安全和车站运输安全。客运量较大的车站，利用中间站台乘降旅客或列车通过速度超过 120 km/h 时，应设置地道、天桥，减少旅客乘降与接发列车、调车作业的干扰，保证人身和行车安全。

旅客列车行包装卸作业量较大，站台长度应满足行包装卸作业需要。

大、中型客运站应有站前广场，以便于旅客集散。

第 157 条 旅客列车停靠的高站台边缘距线路中心线的距离为 1 750 mm，安全标线距站台边缘 1 000 mm。

非高站台安全标线与站台边缘距离为：列车通过速度不大于 120 km/h 时，1 000 mm；列车通过速度 120 km/h 以上至160 km/h 时，1 500 mm；列车通过速度 160 km/h 以上至 200 km/h 时，2 000 mm。也可在距站台边缘 1 200 mm（困难条件下 1 000 mm）处设置防护设施。

本条是关于旅客站台边缘距线路中心线的距离和站台安全标线位置的规定。

高站台有利于旅客乘降，提高旅客上下车的舒适性，缩短列车停站时间，只有旅客列车停靠的站台宜设为高站台。但高站台对货物列车通过有影响，特别是不能通过超限货物列车，因此，有超限货物列车通过的站台不应设为高站台。

为确保旅客列车通过安全和旅客安全，对旅客站台边缘距线路中心线的距离和站台安全标线位置进行了规定。

旅客高站台距轨面 1 250 mm，旅客站台边缘距线路中心线的距离应符合本规程附图 1“$v \leqslant 160$ km/h 客货共线铁路建筑限界”、“基本建筑限界图”中高度 1 250 mm 处“站台建筑限界（正线不适用）”的规定（1 750 mm）。因客货共线铁路的正线需要开行超限货物列车，因此，旅客高站台不会邻靠正线，而位于到发线一侧的高站台适用该标准。

非高站台安全标线位置与列车速度有关。根据空气动力学原理，列车运行时将带动周围空气以相同速度运动，在一个空间内，高速流动的空气比低速流动的空气具有更小的压力，因此，在列车通过时，站台上候车的旅客身体前后具有不同的压力，人的身体将产生向列车一侧倾倒的趋势，列车通过速度越高，与列车距离越近，列车通过时产生的压力差越大，因此，通过列车速度越高防护安全距离越大。为了确定站台旅客安全防护距离，中国铁道科学研究院曾在环形试验基地进行过专项试验，站台安全标线距站台边缘的距离，主要根据试验结论确定。如果站台设于正线与到发线之间，正线列车通过速度较高，除设置站台安全标线外，根据需要也可设置站台防护栅栏或其他设施。防护栅栏距站台边缘 1 200 mm（困难条件下 1 000 mm），主要考虑当列车停止时，在栅栏与列车之间可供 2 个单人行走避让或 1 人带大件行李走行的需要。

第 158 条 在铁路总公司指定的空调发电车加油点，动车组、客车卸污点所在车站，应设置加油车、吸污车、垃圾运送车走行通道，可与其他通道合设。

本条是关于设置加油车、吸污车、垃圾运送车走行通道的规定。

随着铁路的发展及技术装备水平的提高，旅客空调列车、动车组列车等比例越来越大，需要考虑空调发电车的加油、动车组和客车的卸污、垃圾运送等作业的需要，通常采用汽运方式，跨越线路需要专用通道，如果车站设有行包或其他通道并满足要求，可考虑合设。

货运设备

第 159 条 办理货运的车站，应设有办理托运、检斤、制票、收款、问询、交付等必要设备，并应根据需要设有货物站台、仓库及货位、堆场、集装箱装卸场地、雨棚、排水、消防、照明、通路及围墙、货运安全检测及防护、视频集中监控、信息化系统等设备。

货物装卸作业量较大的车站，应分设综合性货场和专业性货场；根据需要设爆炸品、剧毒品的专用货场和仓库，轨道衡、货车洗刷、散堆装货物抑尘等设备。办理集装箱的车站，根据需要配备集装箱专用装卸设备和超偏载检测设备。

货车洗刷除污地点，应设有处理污染及排泄设备。

在尽头站台处应设有车钩缓冲装置。

货物装卸作业应采用机械化设备。

本条是关于办理货运的车站应设有的设备的规定。

办理货运的车站，根据需要应设下列设备：

1. 办理托运、检斤、制票、问讯、交付等货运设备；

2. 办理货运作业的站台、仓库及货位、堆场、集装箱装卸场地、雨棚、排水、消防、照明、通路及围墙；

3. 货运安全检测及防护、视频集中监控等设备；

4. 为提高货运组织和作业管理现代化水平，应设信息化系统。

货物装卸量较大的车站，应设综合性货场和专业性货场。综合性货场办理不同种类的货物，以及与车站接轨的专用线作业。

专业性货场专门办理某一种或几种大宗货物，这类货场应按货物性质及数量合理设置。在大量装卸牲畜、家禽的车站应设置牲畜、家禽装卸站台，牲畜圈和供水设备。办理爆炸品货物的专用货场，应按规定设在远离城市的地点。该货场应按规定与铁路正线、到发线、城市居民点有足够的安全距离，并应有防爆围墙、照明及特殊消防器材等设备。在铁路总公司指定的机械冷藏车加油站，应设置机械冷藏车加油设备；冷链运输节点站，应设置为冷藏车作业的设施设备。办理集装箱业务的车站，因集装箱内部货物不可见，可能因货物集重或集装箱对位装载等原因造成车辆偏载。因此，可根据需要配置货车超偏载检查的设备，也可在集装箱装载时进行检测。

货车洗刷除污地点，应设处理污染及排泄设备。

尽头站台主要是为了装卸轮式、履带式货物而设的。为保证装卸过程中车辆与站台牢固连结，尽头站台端部应装设车钩缓冲装置。

为了减轻工人劳动强度，提高装卸作业效率，加速货物运送及车辆周转，货物装卸作业应采用机械化设备。

第160条 重载铁路编组站应设置列车组合车场和空车分解车场，根据需要设置机车整备、车辆检修、线路维护、通信信号设备维修、供电设备维修、应急救援等设施。

本条是关于重载铁路编组站站场设施的设置的规定。

重载铁路是指开行单元重载列车、组合重载列车、采用较强轨道结构和专用车辆的货运专线铁路，列车牵引质量一般在万吨及以上，通常采用集疏运一体化运营方式。当列车牵引质量超过万吨时，为了使列车起动和制动时车钩受力在允许的范围之内，需要采用组合列车方式。重载铁路编组站有别于普通编组站，主要功能是完成重载列车的组合和分解，应设列车组合车场；空车方向到达的列车，通常需要进行临时检查或分批入段检修，为满足车辆作业应设空车分解车场；根据运输需要，部分列车需要更换或加挂机车，车辆需要入段检修，因此，重载铁路编组站应设机务、车辆维修设施。

重载铁路运营方式有别于普通铁路，线路维护、通信信号设备维修、供电设备维修、应急救援等设置比较集中，除满足日常运输外，还应满足线路在集中修期间运输与维修的需要，因此，编组站应设置工务、电务、供电、应急救援等必要的设施。

第161条 集装箱中心站，应按整列装车的要求设置线路有效长及配套设施。根据需要设置集装箱装卸、储存、称重、交付、检修、清洗、多式联运、综合物流等设备及信息管理系统。

本条是关于集装箱中心站设备设施的设置的规定。

集装箱中心站除办理集装箱业务外，还兼办铁路物流业务，是铁路大型专业化货运基地，根据铁路总公司对大型装卸基地的建设原则，线路有效长应满足整列装车的要求，应具备各种集装箱运输、装卸、维修、物流及联运的设备，为提高运输组织与管理水平应采用信息管理系统。

第六章　机车车辆

机车设备

第162条　为保证机车良好的技术状态，应有进行检修和整备作业的机务段、机车检修段等机务维修机构。

机务段宜设置在客、货列车始发终到较多，车流大量集散的枢纽地区，有利于机车的集中配置使用。段内停放机车和整备作业的线路应平直，线路纵断面的坡度不得超过1‰。

本条对机务段、机车检修段等机务维修机构的设置及其担当的维修作业进行了规定。

1. 为适应运输需要，必须保证机车的良好状态，因此应在机务段或机车检修段等机务维修机构按有关修程对机车进行检修作业。一般在机务段进行机车年检或中修及以下的修程、整备作业和部分机车的大修修程等，由机车检修段等机务维修机构担当机车六年检、二年检或大修修程。

2. 机务段的设置应遵循资源优化配置、便于运输组织及提高运输效率等原则，一般设置在客、货列车始发终到较多，车流大量集散的枢纽地区。

3. 为保证机车在段内停放和整备作业的安全、防止机车溜逸，机车各停留线、整备作业线应保持平坦。因地形限制时允许线路纵断面坡度不超过1‰。

4. 为了适应和谐系列电力机车、内燃机车大量投入营运的发展需求，在上海、天津、广州、武汉、哈尔滨、成都和西安等地投资建设了和谐型机车检修段。

第163条　机务段、机车检修段根据承担机车运用、整备、检修

的范围配备必要的机车运用、整备、检查、检测、修理设备和设施。

机车整备根据需要应有股道管理自动化系统和整备库(棚)、检测棚、整备线检查坑和作业平台等设施,设置机车补充砂、水、润滑油、燃料及转向、检查、检测、清洗、保养、卸污、化验等机车整备设备;配备机车检修必要的设备、设施;电力机车整备线的接触网应有分段绝缘器、隔离开关设备及联锁标志灯等。

机车检查、检测、修理根据需要应有机车检修库和配件修理、辅助加工、动力、起重、运输、检测、试验、存储等厂房及设备,应设置行车安全设备检测、维修的设备和设施。

配属、支配使用内燃机车的机务段根据运用整备需要还应有1～2个月的机车燃料储存油库。

本条规定了机车运用整备和检修必须配置的基本设备,强调机务段、机车检修段应根据承担机车运用整备、检修的范围合理配备必要的设备和设施。

配备必要的机车运用、整备、检查、检测、修理设备和设施是保证机车正常维修、运用和保养的基本要求。根据内燃、电力机车的区别,机务段、机车检修段设置的整备、检修设备有所不同。

机车运用整备是指机车出段牵引列车前在段内进行的技术准备工作。内燃机车运用整备设备包括补充砂、水、润滑油、燃料及转向、检查、检测、清洗、保养、卸污、化验、照明等设备,还有加温保温、废油储存等设备;电力机车整备线上,除补充砂、润滑油及转向、检查、检测、清洗、保养、照明等设备外,还应有接触网和分段绝缘器、带接地的隔离开关以及联锁标志灯等,以确保作业人员的安全。机车运用整备场根据生产规模、作业条件等需要,合理配置必要的机车运用整备设备。各种设备的布局,应考虑最大限度地平行作业,不能采用平行作业时,可按作业程序设置,但要满足机车移动次数少、走行距离短、缩短机车整备作业时间的要求。作业量较大的机车运用整备场整备作业股道多,为了提高效率,应配置股道管理自动化系统。

机务段的基本检修设备包括直流传动机车的中修、小修、辅修及临修和交流传动机车的年检、半年检、季检、月检及临修等必要的设备、设施;

机车检修段的基本检修设备包括交流传动机车的二年检、六年检等必要的设备、设施。机车检修应有机车库、棚和配件修理、辅助加工、动力、起重、运输、试验等厂房及设备。依据机务段、机车检修段承担的检修任务及范围的不同，可以全部或部分设置。

配属或支配使用内燃机车的机务段机车用燃油的储存数量为 1～2 个月的最大消耗量。燃油库内油罐储量应按能保证储存 1～2 个月用油量设置。

第 164 条 机车车辆轮渡应有船舶、栈桥、墩架、船舶整备和检修等设备，并应经常保持良好状态。轮渡船舶应按国家规定进行检验和检修。

本条对机车车辆轮渡设备的要求进行了规定。

1. 机车车辆轮渡设备包括船舶、栈桥、栈桥升降控制系统等移动设备和固定设备。

(1) 船舶——停放和摆渡机车车辆用的大型船只，一般尾部为平头形状，并设置连接装置，便于与栈桥衔接。船上一般设有 2～5 股道，可容纳一定数量的车辆。

(2) 栈桥——一端固定在码头上，另一端与船舶连接，并通过升降控制系统可实现上下升降。当船舶与栈桥衔接稳妥后，机车车辆便可上岸或离岸。

(3) 栈桥升降控制系统——支撑栈桥桥体恒载、上桥活载，并控制栈桥升降设备，还能起到下述作用：

① 承担栈桥桥体恒载、上桥活载；

② 可以调整栈桥的高低位置以适应不同潮位的高低变化；

③ 由于船舶的载荷量的不同而引起船位高低的变化时，可使栈桥在装载过程中与船舶随动，保证栈桥上的线路与船舶上的线路顺利衔接。

2. 为保证运输安全，对上述轮渡设备应按国家有关规定进行定期检查和维修，以保持其良好状态。

机　车

第 165 条　机车按牵引动力方式分为电力机车、内燃机车，传动方式主要有交流传动和直流传动。

本条对机车的分类进行了规定。

1. 机车根据牵引动力分为电力机车、内燃机车。

2. 随着铁路牵引动力的技术进步，在我国交流传动机车已经逐渐取代直流传动机车成为铁路牵引的主力军，故对传动方式进行强调说明。

第 166 条　机车应有识别的标记：路徽、配属局段简称、车型、车号、最高运行速度、制造厂名及日期。在机车主要部件上应有铭牌，在监督器上应有检验标记。电气化区段运行的机车应有“电化区段严禁攀登”的标识。内燃机车燃料箱上应标明燃料油装载量。

机车须配备机车信号、列车运行安全监控系统（LKJ、机车安全信息综合监测装置 TAX 箱、机车语音记录装置、列车运行状态信息系统车载设备、机车车号识别设备）、车载无线通信设备、机车列尾控制设备等。机车应逐步配备机车车载安全防护系统、机车限鸣示警系统及空气防滑装置等。机车应向车辆的空气制动装置提供风源，具有双管供风装置的机车应向车辆空气弹簧等其他用风装置提供风源；具有直供电设备的机车应向车辆提供电源。

电力机车还应配备自动过分相装置，并根据需要装设弓网检测装置等。

根据需要机车还可配备车内通信、空调、卫生及供氧等设备。

本条对机车的标记要求进行了规定。

1. 为便于统计和区别所属局段，并明确维修、使用的责任，在机车上应规定各种标记及有关机车设备的配置，包括所属局段简称、类型及编号、最高运行速度、制造厂名及日期、监督器具上的检验标记等。标示牌应涂记于明显部位以便识别。

(1)属于标记方面的标记

①路徽——区别铁路机车与其他部门(如厂矿、地方铁路)专用机车的标记。

在电力、内燃机车上，路徽涂记在两端司机室瞭望窗外侧中心线的下方，如系单侧驾驶室则只涂记一侧。

②所属局段简称——机车配属管理单位的标记。如配属于北京铁路局北京机务段的机车，即用“京局京段”来表示。其涂记部位，在电力、内燃机车上，均为司机室两侧侧窗外部的下方。

③类型及号码——区分机车类型及其构造排号的标记。如“HXN50001”，其标记部位，在驾驶室前方外侧路徽的下方和司机室两侧局段简称的下方。

各类型机车的路徽、局段简称、类型号码字标的形式和尺寸，均应按铁路总公司的规定和所公布的要求执行。

(2)属于标示牌方面的标记

①速度标示牌——标明机车所允许的最高运营速度。该标示牌应置于司机容易查看的部位。

②制造厂名及日期标示牌——标明机车制造工厂及其制造的时间，一般装在机车车体侧面下部。

(3)监督器具上的检验标记

①在内燃机车上，监督器具有燃油进、出口压力表，润滑油进、出口压力表，柴油机转速表，牵引发电机的电流、电压表，辅助发电机的电压表和蓄电池充、放电电流表等。这些监督仪表经过检验后，均应打上检验标记。

②在电力机车上，各种电压、电流表等监督器具都应按规定期限检查，并须按规定打印检验标记。

2. 为保证电气化区段的作业安全，电气化区段运行的机车上应有“电化区段严禁攀登”安全性标记。

3. 根据技术设备水平的提高和保障行车安全的需要，明确规定了机车必须配备和应逐步配备的主要设备。

必须配备的设备有：

(1)机车信号;

(2)机车的列车运行安全监控类设备,包括 LKJ、机车安全信息综合监测装置 TAX 箱、机车语音记录装置、列车运行状态信息系统车载设备、机车车号识别设备;

(3)车载无线通信设备;

(4)机车列尾控制设备。

应逐步配备的设备有:

(1)机车车载安全防护系统(简称 6A,包括机车空气制动安全监测子系统、机车防火监控子系统、机车高压绝缘检测子系统、机车列车供电监测子系统、机车走行部故障监测子系统—、机车自动视频监控及记录子系统);

(2)机车限鸣示警系统(闪烁辅助照明灯、电笛等);

(3)机车空气防滑装置;

(4)双管供风装置;

(5)列车供电设备。

电力机车应配备自动过分相装置,必要时配备弓网检测装置。

4. 根据机车配属区域和运用区段的需要,还可配备车内通信、空调、卫生及供氧等设备。

---

* **第 167 条** 机车实行计划预防修,逐步推行基于大数据技术的预见性维修,开展机车主要部件的故障预测和健康管理,实施主要零部件的专业化、集约化、规模化、集中检修。

检修周期应根据机车实际技术状态和走行公里或使用时间确定,机车检修周期及技术标准按铁路总公司机车检修规程执行。

本条是关于机车修程、修制的规定。

1. 机车必须具有良好的技术状态,才能满足运输需要和保证行车安全。经过一定的走行公里或一定时间的运用后,机车部件会产生机械磨耗、损伤、变形、裂纹、材质疲劳和老化、性能减退等问题,从而影响机车运用性能并危及行车安全。为了及时消除上述缺陷和有害因素,恢复机件规定限度内的尺寸和性能,使机车保持良好的技术状态,铁路总公司规定了机车的检修制度。

计划预防修是目前及今后一段时期机车实行的维修体制，即根据检修规程规定的周期，预先安排计划，对机车进行规定内容的检查、修理。预见性维修是基于过程数据，通过预测设备可能的失效模式，根据设备实际状态需要，安排维修活动。与传统的计划修、状态修相比较，设备的检修成本较低，而可靠性更高。目前德、法、意等国家铁路公司应用刚刚起步，是当前世界设备维修技术的潮流和方向。未来逐步推行基于大数据技术的预见性维修，开展机车主要部件的故障预测和健康管理，实施主要零部件的专业化、集约化、规模化、集中检修。

2. 机车的检修周期是指机车经一定的运用时间或走行公里后进行检修的间隔。各种类型机车的检修周期，主要是依据机车担当牵引区段的线路质量、坡度和气候等客观因素以及机车检修、保养等条件，对该型机车完成规定的走行公里或一定使用时间确定的。调车机车不易统计走行公里，只能按运用时间规定。

第168条　机车实行年度鉴定。

本条规定了机车实行年度鉴定制度。

机车应按铁路总公司有关规定，实行年度鉴定制度。根据鉴定办法的规定对所有机车进行每年一次的检查、整修和评比。机务段应根据机车年度鉴定的结果进行全面分析，制定改善机车技术状态的有效措施。

第169条　机车乘务制度分为包乘制和轮乘制。机车乘务制度由铁路局确定。

本条规定了机车实行的乘务方式。

1. 包乘制

包乘制是指固定乘务人员(包车组)使用固定机车的乘务方式。包车组对所包乘的机车负有使用、保养和自检自修范围内的全部责任。包车组能熟悉了解机车的性能、技术状态、操纵特点等,有利于操纵和保养机车。

2. 轮乘制

轮乘制是指乘务人员不固定使用机车的乘务方式。每班乘务员按规定的时间得到充分休息后,根据机车周转需要,由机务段乘务值班室派班出乘。这样,可以提高机车运用效率,并可节省机车乘务员。机车实行轮乘制,必须配备技术熟练的地勤人员和加强机车乘务员的责任教育,以保证机车质量良好。

第 170 条 牵引列车的机车在出段前,必须达到运用状态,主要部件和设备必须作用良好,符合铁路总公司有关机车运用、维修的规定,并符合下列要求:

1. 车钩中心水平线距钢轨顶面高度为 815~890 mm。

2. 轮对:

(1)轮对内侧距离为 1 353 mm,允许偏差为±3 mm;

(2)轮箍或轮毂不松弛;

(3)轮箍、轮毂、辐板(辐条)、轮辋无裂纹;

(4)轮缘的垂直磨耗高度不超过 18 mm,并无碾堆;

(5)车轮踏面擦伤深度不超过 0.7 mm;

(6)车轮踏面上的缺陷或剥离长度不超过 40 mm,深度不超过 1 mm;

(7)轮缘厚度在距踏面基线向上 H 距离处测量应符合第 9 表的规定(轮缘原设计厚度在 25 mm 及以下,由铁路局规定);

第 9 表 机车轮缘厚限度

序 号	车轮踏面类型	测量点与踏面基线之间距离 H(mm)	轮缘厚限度(mm)
1	JM2、JM3	10	34~23
2	JM	12	33~23

(8)车轮踏面磨耗深度不超过 7 mm;采用轮缘高度为25 mm 磨耗型踏面时,磨耗深度不超过 10 mm。

本条规定了对机车在出段前的检查要求。

在机车出段前的规定整备时间内，机车乘务员和外勤值班人员、地勤组人员必须对机车的技术状态进行认真检查，各主要部件和设备必须作用良好，符合运用要求。

1. 车钩高度

车钩是机车与车辆或车辆与车辆之间相互连挂的牵引连接装置。为了便于连挂和保证行车安全，必须把车钩高度规定在一定范围之内。车钩高度是由钢轨顶面至车钩连接中心水平线的距离。

2. 轮对

轮对是指车轴及压装在车轴两端的一对车轮的总称。因为轮对负重大，并且在钢轨上高速运转，不仅与钢轨间产生复杂的力学作用，而且承载巨大的扭矩。因此，对机车轮对的技术要求要有严格的规定，以保证行车安全。

(1)两车轮内侧距离为 1 353 mm，容许偏差不得超过±3 mm。

这是因为机车在线路上运行时，车轮两侧的轮缘距钢轨内侧面需要保持一定的游间，以保证车轮顺利地通过，不致挤压钢轨而使钢轨变形或造成脱轨事故。

(2)轮箍(仅限于非整体车轮)或轮毂不松弛。

轮箍松弛时，如继续运用，必将造成轮箍折断、脱落，或曲拐销角度发生变化，从而引起严重机破事故。为了便于随时观察和鉴别轮箍是否松弛，在轮箍与轮辋侧面上相对部位涂有检查线，如发现该检查线错位，或在轮箍与轮辋套装处有透锈现象，应立即对该轮检查鉴定，如确认松弛时，则机车不能继续运用。

(3)车轮踏面、轮毂、辐板(辐条)、轮辋无裂纹。

机车运行中，车轮高速转动，这些部位受力复杂，产生裂纹后容易造成事故。因此，这些部位有裂纹时，不许投入运用。

(4)轮缘垂直磨耗高度不超过 18 mm，并无碾堆。

机车在运行中，轮缘与钢轨内侧面不断接触摩擦，必然在轮缘侧面垂直线方向形成垂直磨耗，并会发生碾堆现象。垂直磨耗超限后，当车轮通过曲线或道岔时，如果尖轨与基本轨不密贴，而轮缘侧面又紧紧贴靠基本轨时，由于剪切反力作用，可能导致轮缘爬上钢轨而脱线，或轧伤尖轨和挤坏道岔。出现碾堆后，对车轮或钢轨都会造成有害影响，应对车轮进行旋削。

(5)车轮踏面擦伤深度不超过 0.7 mm。

机车在运行中，由于踏面擦伤部位形成平面而失去圆滑滚动性能，并因动轴中心突然下降，必然与钢轨面间发生剧烈冲击，对机车部件及钢轨都有严重不良影响。擦伤深度超限越多，则危害越大。

(6)机车车轮踏面上出现缺陷时(如孔眼或空窝等)，可能在其深部组织中存在着铸造不良的隐患，不论其面积大小，只要深度超过 1 mm，均须经过处理后方准继续运用。

车轮踏面上出现剥离，即在车轮表面上所产生的重皮。机车车轮踏面上的剥离长度不超过 40 mm，深度不超过 1 mm 时，仍允许继续运用，否则须经处理后方准运用。

(7)机车轮缘厚度应符合规定。

如果轮缘磨耗超过规定限度，由于轮缘强度不足，容易发生轮缘破损。

当机车通过对向道岔，尖轨与基本轨又不密贴时，如果轮缘磨耗过薄，有可能挤坏道岔尖轨。

当机车通过曲线时，如果轮缘厚度磨耗过限，由于离心力作用，容易造成车轮在钢轨面上的安全搭载量减小，存在安全隐患。

(8)车轮踏面磨耗深度不超过 7 mm。

如果车轮踏面磨耗深度超限，会破坏轮轨正常的几何关系，使机车运行不平稳，各部件发生不正常磨耗，特别是机车通过曲线时容易发生空转或滑行，使钢轨及道岔加速磨耗或造成损伤。因此，车轮踏面磨耗到限的机车不准运用。

第 171 条 机务段对入段机车按规定进行整备、检测、维修。机车信号、列车运行监控装置(LKJ)、车载无线通信设备、机车列尾控制设备等须由相关专业维修机构进行检测，并及时互通信息。

各相关单位应对机车车载安全防护系统等行车安全设备记录的运行信息进行转储、分析。

本条规定了对入段机车的整备、检测、维修和运行信息的管理要求。

根据机车运用管理的要求，在机车入段整备时各相关专业维修机构应对机车信号、列车运行监控装置(LKJ)、车载无线通信设备、机车列尾控制设备等进行必要的检测、维修，对设备记录的运行信息及时转储，并由专人进行分析。

检测、维修机构应与机务段及时互通信息。

为充分发挥机车车载安全防护系统等行车安全设备的安全防护作用，各相关单位应及时对这些记录信息进行转储、分析。

车辆设备

第172条 为了保证车辆良好的技术状态，应有进行检修和整备作业的车辆段等车辆维修机构。

本条规定了车辆检修和整备作业单位的设置。

为了适应运输需要，必须保证铁路车辆良好的技术状态，因此需要在车辆段等车辆维修机构对铁路车辆进行定期检修、技术改造、日常维修及整备作业。

第173条 车辆段应设在编组站、国境站和枢纽，以及货车大量集散和始发终到旅客列车较多的地区。

车辆段应有车辆修理库、油漆库、配件检修库、预修库、车辆停留线和轮对存放库，并按车辆检修作业要求配备相应的起重、动力、配件检修、储油、压力容器、试验、化验、探伤、照明及废油、污水和污物处理等设备和设施，以及检测、维修车辆运行安全监测系统、轴温报警、客车尾部安全防护装置和车辆信息化系统、车辆集中空调及管道清洗消毒等设备和设施。段内的车辆检修、整备、停留的线路应平直，线路纵断面的坡度不得超过1‰。

本条规定了车辆段设置地域的原则，同时规定了车辆段应具备的主

要设备和设施。

1. 车辆段按其业务性质主要分为客车车辆段、货车车辆段、客货车车辆段等。

客车车辆段(简称客车段)一般应设在旅客列车始发终到较多的地区,并配属有一定数量的客车。

货车车辆段(简称货车段)一般应设在编组站、国境站、枢纽和货车大量集散或大量装卸货物的地区。

客货车车辆段(简称客货混合段)一般设在货车编组作业较多,还有一定数量旅客列车到发的地区。

2. 为了满足车辆检修作业的需要,保证检修质量,提高劳动生产率,减轻劳动强度,确保安全生产,车辆段应根据需要配备各种设施及相应的设备。

(1)车辆修理库(简称修车库)按用途分为客车修理库和货车修理库。

客车修理库:根据检修作业的需要,对客车实施段修(含快速、提速客车 A2、A3 修)、发电车中修,应备有起重、动力、轮对检修、储油、废油及污水处理、试验、化验和照明等设备,还应分别设有油漆库和检修柴油机、电机等设备。

货车修理库:从事铁路货车修理的车辆段应按货车修程设置厂修、段修、辅修、临修等修车库,并根据检修作业的需要备有起重、动力、轮对检修、储油、废油及污水处理、试验、化验和照明等设备。检修机械冷藏车的车辆段还应分别设有油漆库和检修制冷机、柴油机、发电机等检修作业所需的设施设备。

(2)配件检修库是为了满足车辆主要零部件专业化集中修的需要而设置的,须备有配件检测、检修基础设施设备。

(3)预修库是段修车入库前进行预检、预修的场所。为了满足段修车预检、预修的需要,车辆段应设置预修库。预修作业主要包含涂去车辆标记、清除车内垃圾等异物、拆解不良配件、更换不良车门、调修车体钢结构、铺设木结构地板及分解拉环、挡键、防盗罩装置等。

(4)罐车洗刷设备系指真空泵、水泵、洗罐器、打风机、油鹤、储油池、沉淀池、通风机、洗罐工作台和油、水、汽管路以及处理污染等设备。

(5)车辆停留线是为停留等待修理的定期检修车、事故破损车和整备车等的线路;轮对存放线是为停放良好备用或待修轮对的线路。

(6)客车整备库是为满足本外属客车的检修整备需要而设置的,应配备满足需要的客车不落轮数控镟床、架车机、落轮机、桥式起重机、车顶作业设备、制动机试验器、固定脱轨器等。地面电源需满足本属客车检修整备以及外属客车库内预冷预热的需要。

(7)车辆运行安全监测系统是为确保车辆运行安全配备在客、货车上的系统,目前主要有客车轴温报警、客车运行安全监控系统(TCDS)、红外线轴温探测系统(THDS)、货车运行故障动态图像检测系统(TFDS)、货车滚动轴承早期故障轨边声学诊断系统(TADS)、货车运行状态地面安全监测系统(TPDS)、货车轮对几何尺寸动态检测系统(TWDS)等。

(8)客车尾部安全防护装置是近几年新增设备,在动车组以外的旅客列车上使用。

(9)增设客车集中空调及管道清洗消毒设备设施是客运部门提出的要求,目的是改善空调通风质量。

(10)轮轴车间及其设备应根据需要设置。

3. 为防止车辆溜逸,确保安全,要求段内的车辆检修、整备、停留的线路应平直,线路纵断面的坡度限制为"不得超过1‰"。

第174条　客车技术整备场所须有车辆停留线、整备库、临修库、材料配件库,并有相应的检修地沟、地面电源、污水和污物处理、车顶作业等满足检修要求的设备和设施,根据需要还须有带动力电源的空调检修库、轮对镟修、暖气预热等设备和设施。设置电动脱轨器、微机控制列车制动机试验设备和客车尾部安全防护装置检测设施。

车辆技术检查作业场所须设有值班室、待检室、待班室、材料配件库及站场对讲、广播、地面试风系统、集控联锁安全防护装置,客列检作业场所还须设置列车预确报、现在车管理等信息系统设备终端。有货车技术检查作业的车站或枢纽应设站修场所。

站修场所须有修车库、材料配件库、轮对存放库,并有满足车辆检修作业要求的设备及风管路、水管路、电焊回路、照明等设施;根据需要还应有轮对镟修设备。

配备车辆运行安全监测系统的线路按规定设置探测站。铁路总公司设全路车辆运行安全监管中心，铁路局设车辆运行安全中心监测站和行调复示终端，车辆段设车辆运行安全管理工作站，货车技术作业场所设车辆运行安全中心复示站，根据需要设置动态检车室。

本条规定了客车技术整备所、车辆技术检查作业场所、站修线等应具备的主要设备和设施，同时对车辆运行安全监测设备的终端复示设备的配置进行了规定。

1. 客车技术整备所是维护保养客车的重要场所，是对运用客车施行技术整备，即实施全面检修、清除故障的场所，也是对客车施行辅修、临修（摘车）以及整备的重要场所。为此，应贯彻定期整修与日常维修保养并重，预防为主的方针，配备相关检修需要的设备设施，充分发挥客车技术整备所对客车日常检修保养的作用，确保旅客列车的安全、舒适、快捷地运行。

2. 为了保证车辆良好的技术状态，在路网性和编组站的车场设置特级列检作业场；在列车编组作业量较大或大量装卸货物的其他编组站、区段站的车场以及停车技术作业中转列车较多的区段站、中间站设置一级列检作业场；在利用 TFDS 进行通过作业，且列车编组、摘挂作业量较小的区段站、中间站设置二级列检作业场。列检作业场的列车技术作业包括列车技术检查、列车自动制动机性能试验、铁路货车故障处置和修理等。列车技术检查作业方式分为：动态检查、人工检查、人机分工检查等。

3. 在旅客列车到发较多的车站，按规定设客车列检所。在大量装卸货物的地点设装卸检修作业场，在国境站、路矿交接站等地点设车辆技术交接作业场。

4. 为缩短车辆技术检查作业时间，及时组织列检作业，并为尽快修复技术不良车辆创造条件，在车辆技术检查作业的地点，须设有值班室、待检室和扩音对讲设备。到发作业线路间应用砂石填平，线路应铺设木枕或平头钢筋混凝土轨枕，以便于起镐架车，并应设有空气压缩机、风管路、列车制动试验及列车车辆制动试验监测装置、集控联锁安全防护装置、搬运、排水、照明及其他必要的设备。客列检还须设置列车预确报、现在车管理等信息系统设备终端等设施。

5. 站修作业场应设在列检作业场所在站，应设有修车库或修车棚，其线路应铺设钢筋混凝土枕，地面应硬化，并应有机械化搬运、起重、试验、配件加修、风管路、水管路、排水、电焊及照明等设施设备。

6. 铁路货车安全防范系统是车辆运行安全监控系统的重要组成部分，包括车辆轴温智能探测系统（THDS）、货车故障轨边图像检测系统（TFDS）、车辆运行品质轨边动态监测系统（TPDS）和车辆滚动轴承故障轨边声学诊断系统（TADS）、货车轮对几何尺寸动态检测系统（TWDS）等，主要是通过信息化手段对车辆运行安全进行监控，及时发现车辆故障。须按照铁路总公司统一规划、分步实施的原则，不断优化和完善探测站布局，实现探测站、铁路局监测站、全路车辆运行安全监控中心三级联网，列检作业场、车辆段、铁路局监测站三级复示应用，满足点线成网、跟踪运行、局间互控的要求。

第175条 翻车机、散装货物解冻库应进行定期检修和测试。新设、大修及重大技术改造的翻车机、散装货物解冻库应符合规定的技术条件，并经检测合格后方可投入使用。其他装卸设备应满足爱护铁路车辆的有关要求。

本条是关于翻车机、散装货物解冻库检测及其他装卸设备要求的规定。

1. 翻车机是使用机械设备翻转车辆进行卸车作业的自动卸车装置。解冻库是使用红外线加热等设备对车体内部加热升温进行货物解冻的专用场所。

2. 根据《铁路货车翻车机和散装货物解冻库检测技术条件》（GB/T 18818—2002），对翻车机、散装货物解冻库定期检修和测试的目的是保证其功能符合相关规定，避免铁路车辆发生损坏。

第176条 车辆段、客车技术整备场所根据需要设置固定或移动卸污设备。

本条是关于客车及客货车辆段、客车技术整备场所设置固定或移动

卸污设备的规定。

2011年以来新造客车配备了真空集便装置，同时结合客车厂修实施加装集便器装置改造，全路安装真空集便装置的客车逐渐增加，各铁路局对真空集便装置客车的检修维护设备设施和技术力量需要相应配套加强，客车及客货车辆段、客车技术整备场所根据需要设置固定或移动卸污设备。

车　辆

第177条　车辆按用途分为客车、货车及特种用途车（如试验车、发电车、轨道检查车、检衡车等）。

本条规定了车辆按用途分类。对特种用途车进行了列举，使定义更明确。

1. 客车依其构造形式和用途主要分为：

（1）软卧车及硬卧车——供长途旅客乘坐及睡眠使用，车内设有铺位、厕所、洗面间等设备。

（2）软座车及硬座车——供旅客乘坐使用，车内设坐椅、厕所、洗面间等设备。

（3）餐车——供旅客在旅行中饮食就餐用的车辆，车内设有厨房、餐室及储藏室（同时还有小卖部）等设备。

（4）邮政车——供运送邮件及邮政人员使用，设有邮政间及邮政员办公室等设备。

（5）行李车——供运送旅客行李、包裹及行李员办公使用，车内设有行李间及办公室等设备。

2. 货车依其构造及用途分为：

（1）棚车——供装运贵重和怕日晒、雨淋的货物使用。

（2）敞车——供装运散粒货物（如煤、矿石、砂等）、木材、钢材以及小型机器设备和集装箱使用；加盖防雨篷布之后，还可装运怕雨淋的货物，以代替棚车使用。

（3）平车——供装运各种设备、汽车、木材、钢材和桥梁等体积较大的货物使用，并可装载各种军用装备。

(4)集装箱平车——供装运集装箱使用。

平集两用车——具备平车和集装箱车使用用途。

(5)罐车——供装运各种液体、液化气体和压缩气体货物使用。

(6)水泥车——供装运散装水泥使用。

(7)粮食车——供装运散装粮食使用。

(8)毒品车——供装运有毒有害化学品使用。

(9)冷藏车——供运输防冻防腐货物使用。

(10)家畜车——供装运家畜和家禽使用。

(11)矿石车——供装运各种矿石、矿粉等货物使用。

(12)长大货物车——供装运超限或超重货物使用。

3. 特种用途车——指具有特殊用途的专用车辆,如试验车、发电车、救援车、检测车、检衡车、轨道检查车、接触网检查车、电务检查车、除雪车、文教车及各类作业车等。

第178条 车辆应有识别的标记:路徽、车型、车号、制造厂名及日期、定期修理的日期及处所、自重、载重、容积、换长等;车辆应有车号自动识别标签;客车及固定配属的货车上应有所属局段的简称;客车还应有车种、定员、最高运行速度标记;罐车还应有容量计表标记;电气化区段运行的客车、机械冷藏车等应有“电化区段严禁攀登”的标识。

本条规定了车辆上的必备标识。

1. 为了便于运用、检修和管理,每一车辆均应具有《铁道车辆标记》(TB/T 1.1—1995)中所规定的各种标记,主要标记的规定如下:

(1)路徽:为区别于外国车辆和不属于铁路总公司的国内厂矿企业自备车辆,在铁路总公司所属的车辆上,一律按规定涂打铁路路徽。在货车上还应按规定安装带路徽的产权标牌。

(2)车型车号:车辆型号及号码。车辆车型车号按照《铁路客车车型车号代码》(TB/T 2913)、《铁路货车车种车型车号编码》(TB/T 2435)的规定进行编码。

型号又分为基本型号和辅助型号。基本型号代表车辆种类,用汉语拼音字母表示,如 YZ、RW、C、P、N 等(见表 178-1、表 178-2)。

表 178-1　客车基本型号表

客			车		
序号	车　种	基本型号	序号	车　种	基本型号
1	软座车	RZ	9	公务车	GW
2	硬座车	YZ	10	医疗车	YL
3	软卧车	RW	11	卫生车	WS
4	硬卧车	YW	12	试验车	SY
5	行李车	XL	13	维修车	WX
6	邮政车	UZ	14	特种车	TZ
7	餐　车	CA	15	救援车	JY
8	空调发电车	KD			

注:双层客车各车种的基本型号在相应车种前加“S”。

表 178-2　货车基本型号表

货			车		
序号	车　种	基本型号	序号	车　种	基本型号
1	敞　车	C	9	长大货物车	D
2	棚　车	P	10	毒品车	W
3	平　车	N	11	家畜车	J
4	罐　车	G	12	水泥车	U
5	冷藏车	B	13	粮食车	L
6	集装箱平车	X	14	特种车	T
7	平集两用车	NX	15	双层小汽车运输车	SQ
8	矿石车	K			

辅助型号代表车辆的构造形式,用阿拉伯数字表示,附加在基本型号的右下方。如 YW_{25}中的“25”、C_{70}中的“70”,即表示该车为 25 型硬卧车和 70 型敞车的结构。

号码为车辆的顺序号码,每一车辆应有唯一的车号。客车、货车的车号编码采用数字码,客车以六位阿拉伯数字表示,货车以七位阿拉伯数字表示。

(3)制造厂名及日期标牌:固定于车辆两侧梁的中部,内铸有制造厂名及制造年月。

(4)定期修理的日期及处所:车辆定期检修的时间和检修单位简称,右侧为本次检修时间和单位,左侧为下次到期检修时间。

(5)自重:车辆本身的重量,以 t 为单位,取小数点后一位,小数点以下第二位四舍五入。

(6)载重:车辆允许的最大载重量,以 t 为单位。

(7)容积:行李车、邮政车和货车(平车除外)可供装载货物的容量,以 m^3 为单位,保留小数点后一位,并在总容积下面附加括号内(长×宽×高)的尺寸,以 m 为单位,取小数点后一位。罐车还应标明容量计算表的号码,供计算不同罐车,装载不同深度时的实际装入量。

(8)换长:以两端车钩钩舌内侧距离为 11 m 长的货车为换算单位。测量车辆两端车钩钩舌内侧距离的长度(m)与 11 m 的比值,即为该车的换长。其计算公式如下:

$$换长=\frac{两端车钩钩舌内侧距离(m)}{11(m)}$$

(9)目前部分车辆已有车号自动识别标签,考虑到未来车辆信息化管理需要,应加装车号自动识别标签。

(10)配属标记:对固定配属的车辆,涂打所属铁路局和车辆段的简称,如"京局京段"是代表北京铁路局北京车辆段的配属车。

(11)客车车种标记:为便于旅客识别客车车种,在客车两侧外墙板端部涂打车种汉字称号,如"硬卧车"、"硬座车"等。

(12)客车定员标记:按客车设备(座位或卧铺数)标明可容纳人数,固定在客车内部两端门上部。

(13)车辆定位标记:车辆的方向定位称呼是以制动缸活塞杆推出的方向为第一位,相反的方向为第二位。在第一位车端还装有人力制动机。

车辆的车轴、车轮、轴箱、车钩、转向架、底架各梁和其他部件的位置称呼,是由第一位车端数起,顺次数到第二位车端。如果位置是左右相对的,则从第一位车端从左到右按照顺序数到第二位车端(站立在第一位车端,面向第二位车端,其左侧为单数,右侧为双数)。

在编成列车中的车辆,前后左右称呼是按照列车运行方向,前进的一端叫做前部,后面的一端叫做后部,在后部面向前部站立,按人的左右侧而定出左右。

(14)特殊标记：

㊄表示车内有拴马环或其他拴马装置的货车；MC表示符合国际联运条件的车辆；(Ж)表示禁止通过驼峰的车辆；㊎表示车辆活动门板及其他活动部分翻下时，超过车辆限界，必须关闭后，才准运行；㊇表示车辆某部分超出车辆限界；㊈表示在敞、煤、矿石等货车的侧梁端部装有卷扬机挂钩，指定在此部位用卷扬机拉车；㊉表示车辆允许延期检修标记；㊕表示可装运坦克及特殊货物；◎表示须在指定部位"顶车"标记；㊐表示须在指定部位吊装作业标记。

白色横线——在车体两侧墙中央涂以宽 200 mm 的白色横线，表示救援列车的车辆。

环形色带——装运危险货物的罐车，在罐体两侧纵向中部应涂刷一条宽 300 mm 表示货物主要特性的水平环形色带，红色表示易燃性，绿色表示氧化性，黄色表示毒性，黑色表示腐蚀性。

2. 为了实现铁路货车的"实时追踪管理"，采用了机车车辆自动识别设备系统，可实时、准确地采集车辆运行状态数据，如列车车次、车号、状态、位置、去向和到发时间等信息，大大提高了铁路运输管理效率。机车车辆自动识别设备系统应符合《铁路机车车辆自动识别设备技术条件》(TB/T 3070—2002)的规定。货车车体底部应装有车号识别标签，在标签中可输入车辆被识别的信息。

3. 为保证电气化区段的作业安全，在电气化区段运行的客车、机械冷藏车等车辆上，应有"电化区段严禁攀登"安全性标记。其标记位置，一般在车辆端部的登顶扶梯处。

---

* **第 179 条** 车辆实行计划预防修，并逐步扩大实施状态修、换件修和主要零部件的专业化集中修。

检修周期及技术标准，按铁路总公司车辆检修规程执行。

本条规定了车辆修制修程的原则。

车辆各种零部件在运用中会发生磨耗、裂纹、折损、变形、松弛及腐蚀等损伤。为了及时消除车辆的缺陷和各种损伤，经常保持车辆状态良好，必须实行定期检修。车辆实行定期检修是一种有计划的预防性维修制度。

车辆检修周期及技术标准按铁路总公司车辆检修规程执行。

第 180 条 机械冷藏车在铁路总公司指定的加油站及有上水设备的车站进行补油、上水，固定配属的成组专列油罐列车须定期施行整备维修。

本条是关于机械冷藏车补油上水、专列油罐列车整备维修的规定。

机械冷藏列车上，设有柴油发电机组、制冷机组及电控装置，要在列车运行中不断对不同品种的货物进行制冷或加湿。因此必须不间断地在铁路总公司指定的地点加油、上水。铁路总公司指定的地点或加油站，应按规定设储油及上水设备，并储备机保列车冬，夏季用轻柴油、柴油机油及燃油，经常保持规定的储备定量，保证按时供应。

第 181 条 车辆须装有自动制动机和人力制动机。车辆的制动梁、下拉杆、交叉杆、横向控制杆及抗侧滚扭杆必须有保安装置。

客车应装有轴温报警装置，安装客车行车安全监测系统；最高运行速度 120 km/h 及以上的客车应装有盘形制动装置和防滑器，空气制动系统用风应与空气弹簧和集便装置等其他装置用风分离；最高运行速度 160 km/h 及以上的客车应采用密接式车钩和电空制动机。

客车内应有紧急制动阀及压力表，并均应保持作用良好，按规定时间进行检查、校对并施封。

货车应装有空重车自动调整装置，轴重 23 t 及以上的货车应装有脱轨自动制动装置。

本条是关于车辆制动机、客车轴温报警装置、客车内紧急制动阀和压力表、货车空重车自动调整装置等的规定。

1. 制动机是铁路车辆在运行中用来调节速度和停车的装置。按其构造和作用可分为自动制动机和人力制动机。自动制动机以机车送来的压缩空气为动力，推动车辆的制动缸活塞并借杠杆传动作用，使闸瓦压迫车轮或闸片压迫制动盘而起制动作用。

(1)自动制动机按其控制方式可分为空气制动机和电空制动机。自动制动机的特点是除机车操纵外，当使用客车内的紧急制动阀或列车发生分离时，能自动停车。

我国自动制动机的种类很多，客车上使用的有 104 型和 F-8 型制动机，货车上使用的有 GK 和 103 型、120 型制动机。

(2)人力制动机分为手制动机和脚踏制动机。制动机通过手动或脚踏，借助杠杆的传动作用，使闸瓦抱压车轮，起制动作用。

2. 车辆基础制动装置的制动梁、下拉杆，是车辆配件的垂下部分，为防止脱落造成事故，必须有安全托、安全链及安全吊等安全装置。

3. 客车安装行车安全监测系统的作用是，利用该系统监测客车的轴温、速度、制动状况等和故障检测，以提高旅客列车的安全性。

4. 最高运行速度 120 km/h 及以上的客车装设盘形制动装置和防滑器的基本作用：

(1)盘形制动装置：作为基础制动装置的主要部分，以闸片压迫制动盘替代闸瓦压迫车轮的制动作用，可以提高旅客列车的制动能力和乘坐舒适性。

(2)防滑器：防止车轮滑行，可以提高轮轨黏着的利用率和制动能力。

5. 最高运行速度 160 km/h 及以上的客车采用密接式车钩的基本作用是减少旅客列车的纵向间隙，因此可减轻旅客列车的纵向冲动，提高旅客列车的乘坐舒适性；安装电空制动机的作用是，利用电气信号控制空气制动作用，可以减少制动空走时间和距离，并提高旅客列车的乘坐舒适性。

6. 压力表是供乘务人员随时观察列车管空气压力之用，紧急制动阀是供乘务人员遇到紧急情况时，使列车立即停车之用。因此，每辆客车内均需安装压力表和紧急制动阀，施加铅封，并应经常保持良好的技术状态。

7. 货车空重车自动调整装置的作用是根据车辆的载重自动调整空气制动力的大小，以免空车时制动力过大而擦伤车轮。轴重 23 t 及以上的货车应装有脱轨自动制动装置，该装置采用机械作用方式，在车辆脱轨时能及时使主风管连通大气，从而使列车产生紧急制动，避免脱轨事故的扩大。

8. 随着近些年客货车辆技术进步，增加了相关内容。货车转向架的交叉杆及客车转向架的横向控制杆及抗侧滚扭杆必须有保安装置。根据我国客车发展实际情况，最高运行速度 160 km/h 及以上的客车应采用密接式车钩、电空制动机。

第 182 条 车辆轮对在装配前，应对车轴各部位进行探伤检查。检修时，按规定对轴颈、防尘板座、轮座、制动盘座及轴身进行探伤检查。最高运行速度超过 120 km/h 客车的轮对装车前，应进行动平衡试验。

本条是关于车辆轮对装配前的探伤检查、动平衡试验的规定。

1. 轮对是车辆走行部分的主要部件，它承受车辆的全部重量，并使车辆沿着轨道安全运行，车辆的安全与否和它有密切的关系。特别是车轴，经过长期使用，材质疲劳，削减了车轴的强度或产生裂纹，易发生折断事故，所以规定轮对在装配前应进行各部位全面的探伤检查，在检修时，应对轴颈，防尘板座、轮座(制动盘座)及轴身部用探伤仪器进行检查。并做详细记录，如发现不符合规定者禁止使用。

检查轮对所使用的探伤仪器，主要有电磁探伤器和超声波探伤器两种：

(1)电磁探伤：利用电磁原理，采用电流产生磁力，使轮对被探部位磁化，然后将磁粉撒在被探部位的表面上，有裂纹的地方由于磁力线的作用使磁粉集中形成集聚线，用以判定金属表面的裂纹处所。

(2)超声波探伤：利用声学原理，采用脉冲反射法，并将反射回来的超声波接收放大，在荧光屏上以可见光波的形式显示出伤波的大小，以发现车轴内部及轮座镶入部的缺陷。其特点是能够发现较隐蔽的轮座部位裂纹和车轴内部的夹杂物、气孔等缺陷。

2. 根据《铁道车辆动力学性能评定和试验鉴定规范》(GB 5599—1985)对列车运行平稳性的要求，最高运行速度超过 120 km/h 客车的轮对装车前应在车辆工厂进行动平衡试验。

第 183 条 车辆轮对的内侧距离为 1 353 mm，其允许偏差为 ±3 mm，120 km/h $<v\leqslant$160 km/h 客车其允许偏差为 ±2 mm。车

辆轮辋宽度小于135 mm的，按铁路总公司车辆检修规程执行。

本条是关于车辆轮对内侧距离的规定。

1. 车辆轮对的内侧距离规定，最大为1 356 mm，最小1 350 mm，主要是考虑轮轨关系，轮对的内侧距离与钢轨和道岔各部尺寸应相互配合，相互制约，其理由是：

(1)道岔的翼轨作用面到护轮轨头部外侧距离规定不得大于1 348 mm。轮对的内侧距离最小规定为1 350 mm，即还有2 mm间隙，可使车轮圆滑地通过，如翼轨作用面到护轮轨头部外侧的距离再大或轮对的内侧距离再小时，轮对将被翼轨和护轮轨卡住或挤上钢轨造成脱线事故。

辙叉心作用面到护轮轨头部外侧的距离，不得小于1 391 mm，因轮对最大内侧距离加一个轮缘原型厚度之和等于1 388 mm，即车轮通过时还有3 mm的间隙。如果辙叉心作用面到护轮轨头部外侧的距离再小或轮对的内侧距离再大时，则容易碰坏辙叉心或进入异线，造成事故。其计算方法为

1 391－1 356－32(轮缘原型厚度)＝3 (mm)(即安全量)

(2)减少轮缘和钢轨的磨耗

轮对在直线轨道上行驶时，每侧轮缘的外侧与钢轨内侧面之间，应有一定的间隙，以减少运行阻力和轮轨间的磨耗。

我国标准轨距为$1\,435^{+6}_{-2}$ mm，直线部分的最小轨距为1 433 mm。轮对的内侧距离最大时，应能顺利通过1 433 mm。因此轮缘和钢轨之间必须保有一定的游间。游间＝最小轨距－(轮对最大内侧距＋2个轮缘原型厚度)，将数字代入上式，则

游间＝1 433－(1 356＋2×32)＝13 (mm)

2. 车辆轮辋宽度小于135 mm的，必须考虑轮对通过曲线时的安全搭载量，这类轮对的内侧距离，按铁路总公司车辆检修规程执行。

第184条 旅客列车和机械冷藏车组应实行包乘制，检修应实行包修制和专修制；固定装卸地点循环使用的特快货物班列、快速货物班列、整列集装箱车、罐车、矿石车、煤炭运输车，以及需实行固定配属的专用货车，实行固定配属制；其他货车实行按区段维修保养负责制。

本条规定了车辆检修责任制，规定配属车辆检修责任和通用货车按区段维修保养。

1. 旅客列车和机械冷藏列车上，都备有电机、照明、锅炉、取暖以及供水、供电、供气管路，防寒、防暑、防火等各项设施，机械冷藏列车上还设有柴油机、冷冻机等。为保证上述各项设施的正常使用，及时发现和维修运行中发生的各种故障，必须设车辆乘务组，以保证旅客列车和机械冷藏列车的安全运行。

包乘制是乘务人员固定车组，按规定的技术作业范围，由固定的乘务人员对其担当的车组进行检修的一种包乘负责制。凡属包乘组包修范围的故障，均应在值乘中或在停留时间内修复，并将本身不能修复的故障，预报前方列检所或在列车到达后向库列检进行交接。为贯彻包乘制，列车应保持固定编组、固定人员，并配备必要的工具、材料和配件。

2. 包修制是列车入库后，由库列检按库检、车电、乘务检修分工及规定的作业范围，对固定的车组负责包修的一种负责制。经检修或整备后的待发列车，达到列车出库质量标准。

3. 固定配属制是将车辆指定由固定的单位负责管理、使用和维修保养的一种制度。对于客车、机械冷藏车和固定装卸地点循环使用的整列罐车、矿石车、煤炭运输车和少数的专用车，由铁路总公司指定配属局，实行固定配属。凡固定配属的客、货车均按规定涂打配属标记。对配属客、货车的调拨按铁路总公司命令办理。

4. 区段维修保养负责制是列检作业场对列车中的车辆，按铁路总公司规定的技术作业范围和质量标准要求，负责进行技术检查和不摘车修理，以保证本列检作业场管辖内车辆技术状态良好的一种维修负责制。

动车组设备

第 185 条 为保证动车组良好的技术状态，应有进行检修和整备作业的动车段、动车所等维修机构。

本条规定了动车组检修和整备作业单位的设置。

为了适应运输需要，必须保证动车组良好的技术状态，因此需要在动车段、动车所等维修机构按时对动车组进行定期检修、技术改造、日常维修及整备作业。目前，动车段主要承担动车组高级修（三、四、五级修），动车所主要承担动车组运用维修（一、二级修）和整备作业。

第186条　动车段、动车所应具备动车组运用检修、行车安全设备检修、客运整备能力及相应的存车条件；承担动车组三、四、五级修程的动车段还应具备动车组相应修程的检修能力。

动车段、动车所应设有动车组管理信息系统。

本条规定了动车段、动车所应具备检修整备能力和存车条件、设有动车组管理信息系统。

动车段、动车所是动车组检修、整备的场所，为保证行车安全、满足行车需要，必须配备相应的检修设施设备，具备相应的检修能力。动车段、动车所为满足动车组运用检修、行车安全设备检修、客运整备能力及相应的存车条件，以及动车段承担动车组三、四、五级修程还应具备动车组相应修程的检修能力，所需要具备的设施设备见第187条和第188条。行车安全设备主要包括列控车载设备、列车运行监控装置、机车信号、列车无线调度通信设备、动车组监控设备等，以及与之配套的传感、信息输入、信息输出和连接设备等，用于防止列车运行事故或辅助司机提高操纵列车运行安全能力的装备。

动车组管理信息系统由系统软件平台、系统硬件平台及系统网络通信平台构成，可实现动车组履历管理、调度管理、安全质量管理、作业过程管理、技术支持、配件管理和配送支持、设备管理等相关功能。

第187条　动车所应设置存车线、检查库、轨道桥、立体作业平台、临修库、洗车线、备件存放库、轮对故障动态检测棚、空压机室等设施，配备对转向架、车下设备、车上以及车顶设备进行检查、维护、更换、检修和清洗等作业的相应设备，满足动车组一、二级检修需求。

本条规定了动车所应配备的设施设备。

(1)存车线是存放动车组的线路,包括:待入库检修动车组的存放、修竣出所前动车组的存放、夜间停留动车组的存放、备用动车组的存放等,存车线是辅助线的一种。

(2)检查库是动车组一、二级检修作业场所,库内配备立体作业平台、轨道桥、快速上水设施、真空卸污系统、地面电源、安全监控系统、信息化系统及各种检测设备。

(3)轨道桥是在一定间隔的支柱上安装钢轨,中间设地沟,一定距离内设下穿通道,用于动车组一、二级检修的关键设施。

(4)立体作业平台:设在轨道桥两侧,用于完成动车组的检修、整备工作的关键设施,可在相同的时间段内全方位开展动车组检修作业。地面(默认第一层)以上分两层,第二层在与车门底部平齐,人员可通过平台进入车厢,也可检修车窗玻璃等;第三层平台与车顶平齐,必须通过门禁进入,可进行车顶检修作业。

(5)临修库:用于动车组临时性、突发性故障修理的场所,如:动车组转向架、受电弓、空调、制动等大部件检修或更换,以及车内设备检修、车外其他机械或电气部分故障修理或更换。

(6)洗车线:进行动车组外皮清洗的场所,可实现动车组车体表面自动清洗和干燥。

(7)备件存放库:用于存放动车组检修材料、备件的场所,通常位于检查库边跨。

(8)轮对故障动态检测棚:检测棚内设有轮对故障检测系统 LY 及受电弓检测装置 SJ,可在动车组低速通过时,进行轮对状态检测。具有轮对外形尺寸自动检测、踏面缺陷自动探伤、车轮不圆度(擦伤)自动检测、车号及端位自动识别等功能。

(9)空压机室:为检修作业提供压缩空气的风源装置处所。

第 188 条 动车段可根据需要设置检修库线、材料运输线、试验线、牵出线、解编线等线路,整车检修库、转向架检修库、车体检修库、油漆库、调试整备库、电机电器间、制动空压机间、空调检修间、备件

立体存储库等设施；并应配备整列架车机、移动式接触网、大部件起重运输设备、电务车载设备，以及各类部件解体、清洁、测试、检修、组装、调试等设备，满足动车组相应级别检修需求。

本条规定了动车段应配备的设施设备。

(1)检修库线：检修库内用于动车组高级检修作业的轨道线路。

(2)材料运输线：从材料供应中心到检修库之间，用于运输动车组检修所需材料的特定轨道线路。

(3)试验线：用于动车组静态调试完成后、正式上线前的动态调试线路。

(4)牵出线：用于动车组牵引出库的线路。

(5)解编线：用于高级修动车组解编的线路。

(6)整列架车机：用于整列动车组架升，以及落转向架的设备。

(7)移动式接触网：一种带有平行移动结构可用于起重机械作业及车顶设备检修作业的刚性接触网，一般动车组行驶入库时展开，停放到位后上车顶检修或需用双梁桥式起重机时断电收拢；通常设置在高级修调试库和动车所临修库内。

(8)三级检修库：承担动车组三级检修作业的检修库内设同步架车机、转向架转盘、起重设备，根据检修需要设置作业平台及地面试验电源，库内宜设置活动式刚性接触网侧移设备及安全监控系统，库内或库外宜设通过式轮重检测设备。

(9)四、五级检修库：承担动车组四、五级检修作业的检修库内一般设置车体分解、组装台位，并配套检查作业平台或地沟，库内设车体移动设备、转向架及大部件的拆装设备、起重设备、车体气密性试验设备，库内宜设静态轮重检测设备。

(10)转向架检修库：转向架检修库内设有转向架分解、组装、试验设备，并配备轮对、轮轴、轴箱、构架等零部件的清洁、检修、探伤、油漆、试验起重运输设备，轮对、轮轴等的存储宜采用立体存储方式。

(11)车体检修库：车体检修库内应配备符合车体部件的分解、检修、组装、试验作业需要的设备，包括车体及部件运输设备。

(12)车体油漆库：车体油漆库应采用有利于降低污染的先进喷漆工

艺，油漆库规模应根据车体检修作业量确定，作业量大时宜采用流水作业方式。库内设备应按防爆要求配置。

(13)调试库：调试库内应配备轨道桥、作业平台、地面调试电源、安全监控系统、动车组功能试验设备，调试线上宜配备轮重检测设备。

动　车　组

第 189 条　动车组应有识别的标记：路徽、配属局段简称、车型、车号、定员、自重、载重、全长、最高运行速度、制造厂名和日期、定期修理日期、修程和处所。动车组应有“电化区段严禁攀登”的标识。

动车组应具有列车运行安全监控功能，对重要的运行部件和功能系统进行实时监测、报警和记录，并能及时向动车段、动车所传输。

动车组须配备机车综合无线通信设备(CIR)、列控车载设备、车载自动过电分相装置等，满足相应速度等级运行需要。

本条是关于动车组的标记、列车运行安全监控功能及须配备的相关设备的规定。

(1)机车综合无线通信设备(CIR：Cab Integrated Radio communication equipment)是装备在机车和动车组上的铁路专用车载无线通信设备，由主机、操作显示终端、送(受)话器、扬声器、打印终端、连接电缆、天馈单元及机车数据采集编码器等构成。可实现调度通信、信息传输、状态显示以及语音提示等功能。

(2)列控车载设备是以技术手段对列车运行方向、运行间隔和运行速度进行控制，使列车能够安全运行并且提高运行效率的设备。

(3)车载自动过分相装置由车载感应接收器和信号处理器组成，其主要功能是，当动车组通过分相区时，该装置会根据列车位置和速度自动平滑地降低牵引电流、分断主断路器，通过分相区后，根据位置信息自动闭合主断路器，实现动车组过分相区时自动化操作。

第 190 条　动车组重联或长编组时，工作受电弓间距为 200～215 m。在特殊情况下，工作受电弓间距不满足 200～215 m 时，须校核分相布置及工作受电弓间距匹配情况,并通过上线运行试验确认。

第191条 动车组实行以走行公里周期为主、时间周期为辅的计划预防修,检修方式以换件修为主,主要零部件采用专业化集中修。动车组修程分为一、二、三、四、五级,检修周期及技术标准按铁路总公司动车组检修规程执行。

第192条 动车组日常运用的上水、保洁、排污等整备作业一般应在动车所完成。不在动车所停留的动车组,需进行上水、保洁、排污等整备作业时,其停留地点根据需要应具备相应的条件。

本条是关于动车组整备作业处所的规定。

动车所是动车组进行整备和一、二级检修的场所,配备有相应设施设备和场地。动车组整备的内容其中就包括上水、保洁和排污等。但有时为了运营的需要或者根据动车组运用计划,动车组无法进入动车所,只能在车站到发线或存车线等地点停留,若需要进行上水、保洁、排污等整备作业,这些停留地点应根据需要配备相应的设施设备条件。

自轮运转特种设备

第193条 自轮运转特种设备是在铁路营业线上运行的铁路轨道车、救援起重机及铁路施工、维修专用车辆(包括架桥机、铺轨机、接触网作业车、大型养路机械等)。

本条是关于自轮运转特种设备的范围的规定。

自轮运转特种设备是自带动力无需机车牵引或附加牵引动力的移动设备，一般最高运行速度不超过 160 km/h。轨道车主要包括重型轨道车、起重轨道车、发电轨道车、轨道平车和收轨平车等。施工、维修专用车辆主要包括架桥机、铺轨机、接触网作业车、接触网放线车、高空作业车、大型养路机械等，其中大型养路机械是用于铁路线路大修及维修养护的专用设备，按照其作用不同分为清筛机、捣固车、路基处理车、大修列车、钢轨探伤车、桥梁检查车、钢轨及道岔打磨车、动力稳定车、配砟整形车和焊轨车等。

第 194 条 自轮运转特种设备须符合国家和铁道行业有关标准。轨道车等自轮运转特种设备按列车运行时，轨道车运行控制设备、列车无线调度通信设备应作用良好，运行状态下应满足机车车辆限界的规定。

本条规定了自轮运转特种设备必须满足的标准及规定。

1. 自轮运转特种设备的牵引、制动、动力学及作业性能等须符合国家和铁道行业相关标准。

2. 重型轨道车、大型养路机械等按列车运行时，须装备轨道车运行控制设备、列车无线调度通信设备，并保证作用良好。

3. 自轮运转特种设备在营业线上运行时(自运转或运输中)应满足机车车辆限界的规定；在施工使用状态下执行其他相关规定。

第 195 条 自轮运转特种设备的设计、制造、审查、监造、验收、试验、运用、检修及过轨技术检查，按有关规定执行。

本条规定了自轮运转特种设备设计、制造、运用等必须满足相关规定。

根据《铁路安全管理条例》(国务院令第 639 号)和交通运输部《铁路机车车辆设计制造维修进口许可办法》(交通运输部令〔2013〕13 号)的相关规定，自轮运转特种设备的设计、制造、维修或进口实行行政许可证管理制度。自轮运转特种设备的审查、监造、验收、试验、运用及过轨技术检查应执行铁路总公司的相关规定。

第七章　供电、给水

牵引供电

第196条　为保持牵引供电设备良好的技术状态，保证牵引供电系统安全运行，应设供电段等供电维修机构。

供电维修机构管辖范围应根据线路及供电设备条件确定。

牵引供电设备包括变电设备（变电所、开闭所、分区所、自耦变压器所）、接触网和远动系统。

本条是关于牵引供电设备构成及供电维修机构的规定。

铁路牵引供电设备是保障动车组或电力机车供电和运行，提高运输能力，实现列车安全可靠运行的关键基础设施之一，其状态的好坏直接关系到铁路的安全和效率。

为保证牵引供电设备的质量，应设供电维修机构。供电维修机构必须坚持以运输生产为中心，做好维护管理工作，保证供电设备和系统处于良好运用状态。

供电维修机构包括供电段、车间、工区等，其设置应满足生产力布局和抢修、维修的需要，管辖范围应与抢修、维修能力及运行管理能力相适应。供电维修机构的管辖区域还应考虑与既有铁路和路网规划的匹配，并根据线路状况、地形条件、设备情况以及便于管理等条件确定，其所在地应位置适中，以利管理工作和方便职工生活。管辖范围内如有动车段（所）、枢纽或编组站时，因有动车组走行线、联络线、存车线，增加了养护维修工作量和管理上的困难，应适当缩短管辖正线长度。

供电段应承担段管内的各牵引变电所、分区所、开闭所、自耦变压器所的电气设备及接触网及电力设备等牵引供电设施和供电调度系统的运行管理、维护、检修、试验和事故抢修任务，还应承担对接触网、变电所的检测任务。供电段除应配置必要的各种交通机具外，还应配备必要的抢修车辆、检测设备及车辆。

条文中的牵引供电设备包括牵引变电所、开闭所、分区所、自耦变压器所、接触网和远动系统的设备，其中各部分的功能描述如下：

牵引变电所：将电力系统经输电线路送来的三相工频(50 Hz)交流高压电能（110 kV及以上），降为工频交流25 kV送到单相的接触网上，作为电力机车的牵引电源。牵引变电所内设有主变压器、动力变压器、自用电变压器、断路器、隔离开关及各种控制、保护、信号显示和计量等设备。

分区所：在供电臂末端，设有开关设备的场所，它使牵引变电所可以进行越区供电，在复线区段可以实现上、下行接触网并联。

开闭所：设有开关设备，能进行电分段或变更馈线数目的开关站。

分区所、开闭所内设有断路器、隔离开关及各种控制、保护、信号显示等设备，采用自耦变压器供电方式的分区所、开闭所内还设有自耦变压器。

自耦变压器所：采用自耦变压器供电方式时，装设自耦变压器的场所。所内设有自耦变压器、断路器、隔离开关及各种控制、保护、信号显示等设备。

接触网：通过受电设备供给机车电能的导电系统。

远动系统：对牵引供电设备进行远程监视和控制的系统，包括数据采集、处理、传输和显示等。

第197条 牵引供电设备应保证不间断行车的可靠供电。牵引供电能力应与线路的运输能力相适应，满足规定的列车重量、列车密度和运行速度的要求。接触网标称电压值为25 kV，最高工作电压为27.5 kV，短时(5 min)最高工作电压为29 kV，最低工作电压为19 kV。

牵引变电所须具备双电源、双回路受电。牵引变压器采用固定备用方式并具备自动投切功能。当一个牵引变电所停电时，相邻的牵引变电所能越区供电。运行期间平均功率因数不低于0.9。

本条是关于牵引供电设备的运行方式、主要运行参数的规定。

依据《全国供用电规则》和《轨道交通　牵引供电系统电压》(GB/T 1402—2010)对牵引供电设备的运行方式、主要运行参数进行了规定。

牵引供电直接关系到铁路运输安全和秩序。为保证牵引供电的可靠性,牵引变电所须具备双电源、双回路受电,牵引变压器采用固定备用方式。

越区供电是牵引变电所超越正常供电范围,向相邻牵引变电所所属的停电牵引网供电的方式。越区供电属于非正常运行状态,不能满足正常行车需要,应对行车量加以限制,一般采用延长追踪时分、减速运行、减少该区间的列车运行数量等方式。越区供电时应至少满足客车或军用列车等重要列车运行。

第198条　牵引供电调度系统应具备对牵引供电设备状况进行远程实时监控的条件,并纳入调度系统集中统一管理。

本条是关于牵引供电调度系统应具备的功能的规定。

牵引供电调度系统由远动系统、安全监控系统、供电维护管理系统等子系统构成。远动系统实现对牵引供电设备进行远程监视和控制的系统,包括数据采集、处理、传输和显示等;安全监控系统实现对牵引供电设备运行状态及运行环境进行远程监视和控制;供电维护管理系统实现对牵引供电设备的管理者提供所需数据、信息,帮助管理者明确管理目标、修改管理模型,提供优先方案,为管理者提供决策支持。各铁路局牵引供电调度系统应集中设置在铁路局调度所。

普速铁路牵引供电、电力远动系统的设置方式可根据需要合设或分设。

---

* **第199条**　接触网的分段、分相设置应考虑检修停电方便和缩小故障停电范围,并充分考虑电力牵引的列车、动车组正常运行和调车作业的需要。分相的位置应避免设在进出站和变坡点区段。双线电气化区段应具备反方向行车条件。

负荷开关和电动隔离开关应纳入远动控制。

枢纽及较大区段站应设开闭所。

确需由车站接触网引接小容量非牵引负荷时，须经铁路局批准。

本条是关于接触网分段设置、分相设置、隔离开关运动控制、开闭所设置以及非牵引负荷引接的规定。

为提高接触网供电的可靠性、灵活性，缩小停电范围，接触网在电气方面划分成既相对独立又可相互供电的不同供电分区。接触网的供电分区是通过分段、分相实现的，不同的供电分区可通过开关的开合实现电气隔离或电气连接。

电分段：(在纵向或横向)将接触网分为几个电气段，每段从电气上相互分开。

电分相：阻止受电弓经过时连通不同电压、不同相位或不同频率接触网的区段。

为了避免列车过分相时停泊在关节式电分相的无电区内，故分相装置应避免设在进出站和变坡点区段。无法避免时，应根据列车长度、列车紧急停车的制动距离、列车基本阻力、加速性能以及坡度等进行行车检算确定电分相距最近信号机的距离。

普速铁路沿线负荷开关和电动隔离开关纳入远动控制具有准确判断故障、压缩故障停时的功能。

接触网一般不得引接非牵引负荷，确需引接小容量非牵引负荷时，应由车站接触网引接并须经铁路局批准。

第 200 条 牵引供电设备检修、试验和抢修应配备牵引供电安全检测监测系统，变电检测、试验设备，接触网检修、检测设备，接触网抢修车列，绝缘子冲洗设备等设备、设施。

本条是关于牵引供电设备检修、检测、监测、试验和抢修应配备的设备设施的规定。

牵引供电的维护管理应配备检修检测和试验设备、工装器具、抢修设备、交通工具、通讯设备、备品备件等。

检修设备包括接触网作业车、接触网检修车组、水冲洗车及各类检修专用工具及仪表、绝缘子水冲洗设备等。

检测监测设备包括高速铁路供电安全检测监测系统(6C 系统)、检测专用工具及仪器仪表。

试验设备包括电气设备检修试验所需的电气试验车、二次测试车、试验化验仪器设备、接触网测试仪器等。

抢修设备包括接触网抢修车组、事故抢修指挥车、接触网抢修材料等。

接触网抢修车组由放线车、轨道起重车、接触网专用平板车、综合检修作业车、高空作业车等组成。

铁路供电安全检测监测系统(6C 系统)包括高速弓网综合检测装置(1C)、接触网安全巡检装置(2C)、车载接触网运行状态检测装置(3C)、接触网悬挂状态检测监测装置(4C)、受电弓滑板监测装置(5C)、接触网及供电设备地面监测装置(6C),可实现对牵引供电系统的综合检测监测,提升供电系统安全保障能力,确保供电设备运行安全,为精测精修和合理确定修程修制提供技术依据。

第 201 条 接触网一般采用链型悬挂方式,其最小张力见第 10 表。接触线一般采用铜合金材质。

第 10 表 接触网最小张力

列车运行速度(km/h)	综合张力(kN)	接触线张力(kN)
$v \leqslant 120$	25	10
$120 < v \leqslant 160$	28	13
$160 < v \leqslant 200$	30	15

本条是关于接触网悬挂方式、接触线材质、最小张力的规定。

根据多年电气化铁路建设运行经验总结,我国电气化铁路接触网一般采用简单链型悬挂和弹性链型悬挂,简单链型悬挂是承力索直接通过吊弦悬吊接触线的链形悬挂方式,简单链型悬挂的弹性不均匀度较大,动态接触力标准偏差较弹性链型悬挂大，但简单链型悬挂接触网的结构相对简单，施工调整和运营维护较弹性链型悬挂方便，事故抢修难度较弹性链型悬挂小。弹性链型悬挂是在悬挂点两侧的主承力索上固定一短段连续辅助绳（吊索），此辅助绳通过一根或多根吊弦悬吊接触线的链型悬挂方式，适合于高速双弓运行，且双弓运行时后弓的受流质量方面弹性链型悬挂明显优于简单链形悬挂。

高速铁路接触网一般采用弹性链型悬挂方式，普速铁路接触网一般均采用简单链型悬挂方式。接触线一般采用铜合金材质。接触线张力直接关系着弓网运行性能，应根据线路允许的列车运行速度合理确定接触线张力值。承力索张力的大小要综合考虑对接触悬挂的稳定性和受流特性的影响。

第 202 条　接触线距钢轨顶面的高度不超过 6 500 mm；在区间和中间站，不小于 5 700 mm（旧线改造不小于 5 330 mm）；在编组站、区段站和个别较大的中间站站场，不小于 6 200 mm；站场和区间宜取一致；双层集装箱运输的线路，不小于 6 330 mm。

在电气化铁路竣工时，由施工单位在接触网支柱内缘或隧道边墙标出线路的轨面标准线，开通前供电、工务单位要共同复查确认，有砟轨道每年复测一次，复测结果与原轨面标准线误差不得大于 ±30 mm。特殊情况需调整轨面标准线时，由供电、工务部门共同确认，并经铁路局批准。

本条是关于接触线距钢轨顶面的高度及轨面标准线的规定。

为保证良好弓网受流性能，接触线高度与受电弓工作高度应相互匹配。

接触线的最低高度是指在最大正弛度时，接触线与钢轨顶面连线间的垂直距离，它是由货物列车最大允许装载高度及接触网带电部分距最高装载货物的绝缘空气间隙等因素决定的，还应综合考虑货车运行中向上振动量、工务抬道、接触网施工误差等因素。

考虑到接触线可能出现的最大负弛度及保证弓网间必要的接触压力，接触线距钢轨顶面的高度不能超过 6 500 mm。

接触线高度主要以钢轨顶面标高为基准，钢轨顶面标高的变化直接影响接触线距轨面高度、坡度和拉出值等几何参数，超过规定值时将恶化弓网关系。因此，必须设置轨面标准线，并加强管理。如遇轨道基础与接触网支柱基础不均匀沉降等特殊情况，仅调整轨面标高将劣化轨道纵断面，进而影响列车运行安全，此时可调整轨面标准线，由供电、工务部门共同确认，并经铁路局批准。

*** 第 203 条** 接触网带电部分至固定接地物的距离，不小于 300 mm；至机车车辆或装载货物的距离，不小于 350 mm。跨越电气化铁路的各种建(构)筑物与带电部分最小距离，不小于 500 mm。当海拔超过 1 000 m 时，上述数值应按规定相应增加。大风、严寒地区应预留风力、覆冰对绝缘距离影响的安全余量。

在接触网支柱及距接触网带电部分 5 000 mm 范围内的金属结构物须接地。天桥及跨线桥跨越接触网的地方，应按规定设置安全栅网。

有大型养路机械作业的路基地段，接触网支柱内侧距线路中心距离不小于 3 100 mm。

本条是关于接触网最小绝缘间隙、距接触网带电部分 5 000 mm 范围内的金属结构物接地、天桥及跨线桥跨越接触网时设置防护安全栅网以及有大型养路机械作业的路基地段接触网支柱内侧距线路中心距离的规定。

考虑机车车辆在运行中的振动，接触网带电部分至机车车辆或装载货物的距离应不小于 350 mm。

在实际运用中，接触网对地绝缘间隙还应充分考虑海拔高度、风速、温度、覆冰等因素的影响，确保满足最小距离的要求。

为防止接触网周围金属结构物上的过高感应电压，同时避免接触网断线或绝缘子损坏时，对人员和设备产生危害，接触网支柱上的金属结构物及距离接触网带电部分 5 000 mm 范围内的金属结构物须接地，有条件时应纳入综合接地系统。

大型养路机械作业宽度覆盖了道床的坡脚范围，接触网支柱过近将直接影响大型养路机械作业质量与作业效率，甚至可能造成刮碰。接触网支柱内侧距线路中心线距离不小于 3 100 mm，是保证大型养路机械快速、连续作业的最小距离。

第 204 条 架空电线路跨越接触网时，应符合第 11 表和第 12 表的规定。

第 11 表 跨越接触网的架空电线路与接触网的垂直距离

跨越接触网的电力线路电压等级(kV)	电力线至接触网的垂直距离(mm)
35 及以上至 110	≥3 000
220	≥4 000
330	≥5 000
500	≥6 000

第 12 表 跨越接触网的超高压架空电线路距轨面最小垂直距离

跨越接触网的电力线路电压等级(kV)	距轨面最小垂直距离(mm)
750	21 500
1 000	27 000（单回）
	25 000（双回）
直流±800	21 500

35 kV 以下的电线路（包括通信线路、广播电视线路等）不得跨越接触网，应由地下穿过铁路。

接触网支柱不应附挂通信、有线电视等非供电线路设施，特殊情况需附挂时，应经铁路局批准。

本条是关于架空电线路跨越接触网距离以及关于接触网附挂非供电线路设施的规定。

本条依据《1 000 kV 架空输电线路设计规范》(GB 50665—2011)及《110kV～750kV 架空输电线路设计规范》(GB 50545—2010)对跨越接触网的架空输电线路与接触网的垂直距离、跨越接触网的超高压架空输电线路距轨面最小垂直距离进行了规定。

为了便于设备维修管理，避免低压线路跨越高压线路，35 kV以下的电线路应由地下穿过铁路。

接触网在故障状况下，如接触网绝缘子闪络时，可能对附挂在支柱上的非供电设备造成一定影响，并考虑到设备维护人员的作业安全，故规定接触网支柱不应附挂通信、有线电视等非供电线路设施。特殊情况下，漏泄同轴电缆、防灾监控采集设备、摄像头等设备确需附挂于接触网支柱上时，应采取可靠安全的措施并经铁路局批准。

第205条 为保证人身安全，除专业人员执行有关规定外，其他人员（包括所携带的物件）与牵引供电设备带电部分的距离，不得小于2 000 mm。

在设有接触网的线路上，严禁攀登车顶及在车辆装载的货物之上作业；如确需作业时，须在指定的线路上，将接触网停电接地并采取安全防护措施后，方准进行。

双线电气化铁路实行V形天窗作业时，为确保人身安全，应在设备、机具、照明、作业组织等方面采取相应措施。

本条是关于安全距离和电气化铁路检修、作业安全要求的规定。

在牵引供电设备带电区域作业时，为了保证人身安全，专业人员在作业时均须按规定的程序和措施进行作业，其他人员（包括所携带的物件）与牵引供电设备带电部分的距离，不得少于2 000 mm，以防触电。

在电气化区段内，如因特殊原因（如整理、苫盖货物），确实需要攀登车顶或在装载货物的车辆上作业时，应将所在线路接触网断电，并做好接地防护措施后，方准进行车顶或车上作业。否则严禁在车顶或车上作业。

双线电气化铁路实行V形天窗作业时，一条线路停电检修，邻线接触网仍然带电并可能会有列车运行，所以双线电气化铁路实行V形天窗作业，应制定严格的安全保证和防护措施。

第206条 牵引、电力变配电所控制室，应采取防雷措施，设置机房专用空调。控制、保护及通信设备，应装有防止强电及雷电危害

的浪涌保护器等保安设备,电子设备应符合电磁兼容有关规定。

本条是关于牵引、电力设备及控制室应防止雷电危害与电子设备的电磁兼容性的规定。

牵引变电所(含变电所、分区所、开闭所、自耦变压器所)、电力变配电所控制室内装设有控制装置、继电保护等二次设备,一旦控制设备和继电保护失效,将无法操作高压电器设备,对牵引、电力配电所产生安全隐患。二次设备的耐压值较低,如综合自动化设备,其工频绝缘耐受电压为 2 kV/min,且多为电子设备,运行在高压环境下,对这些设备应符合电磁兼容有关规定。

为防止和减少雷电对变、配电所控制室内二次设备造成的伤害,控制室应采取防雷措施,并从外部和内部综合进行雷电防护,外部防雷就是防直击雷,内部防雷包括防闪电感应、防反击以及防闪电电涌侵入和防生命危险。具体措施如下:

(1)牵引变电所、电力配电所控制室应按《建筑物防雷设计规范》(GB 50057—2010)中规定的第二类防雷建筑物的防雷措施的要求执行。

(2)所内的控制、保护及通信设备应充分考虑完善的防浪涌保护措施,如在装置的电源回路、控制回路、开关采集回路、通信网络、GPS 天线等处装设防浪涌元器件。

(3)除此之外,还应按《电力装置的继电保护和自动装置设计规范》(GB/T 50062—2008)的规定采取抗干扰措施,对继电保护和自动装置应具有抗干扰性能,并应符合国家现行有关的电磁兼容及抗干扰标准的要求。

牵引变电所(含变电所、分区所、开闭所、自耦变压器所)、电力变配电所控制室的电子设备,对温度、湿度等环境条件要求较高,应设置不间断可靠运行的机房专用空调。

电力、给水

第 207 条 电力设备包括变电所、配电所、自闭贯通电线路、箱式变电站等。

电力设备应具备：贯通线路由两端变、配电所供电的互供条件，变、配电所跨所供电的条件，远程监控条件，电气试验设备，快速抢修能力。

电力变、配电所的控制保护测量设备，应纳入远动系统调度管理；箱式变电站应设置远动终端，纳入远动系统。

10 kV及以上电力线路不允许附挂通信、有线电视等非供电线路设施。

铁路各车站及设有人员看守的道口都应有可靠的电力供应，沿线车站原则上通过电力贯通线供电。根据需要，铁路应自备发电所或发电机组。自动闭塞信号应由单独架设的自闭电线路供电。

本条是关于铁路电力供电系统构成以及电力供电设备在运行、监控、维护等方面应满足的主要要求的规定。

“自闭贯通电线路”是指信号系统采用自动闭塞制式的铁路沿线的自闭贯通线路和电力贯通线路。

“互供条件”是指电力贯通线可以分别从两端的变配电所为线路供电。一般通过两端配电所相互间设置备用自投创造互供条件。原则上贯通线路的干线部分均应具备互供条件，局部分支出去为零星负荷供电的线路，可利用末端变电所环网开关实现等效双向互供。

“跨所供电”是特指当为电力贯通线路供电的两个相邻变配电所同时失去外部电源时，由相邻供电臂跨过其中一个变配电所向两所间电力贯通线供电的运行方式。跨所供电通常可通过设置外部线路快速搭接条件，或在所内对贯通母线上的断路器进行倒闸作业等方式实现。

“远程监控”是指电力远动系统对电力设备进行远程监视和控制，电力远动系统调度主站应设置在供电段，监控对象主要包括变配电所、自闭贯通线分段开关、沿线车站电力与信号、通信等专业的分界开关、箱式变电站等，监控功能主要包括数据采集、处理、传输和显示等。

快速抢修能力重点包括沿线电力工区配置的应急发电机、电力电缆头制作专用工具、箱式变电站维护专用工具、故障抢修车、夜间作业照明设施等。

10 kV及以上电力线路不允许附挂通信、有线电视等非供电线路设施，既是为了提高维护作业的人身安全性，也是避免不同部门交叉管理的需要。

铁路设有人员看守的道口一般由贯通线路供电，能够满足供电可靠性的要求。原则上通过电力贯通线供电的沿线车站是指没有地方电源的中间站。

根据需要，铁路自备发电所或发电机组的原因通常有：用电设备位于取得外部电源或备用电源很困难，或根本无法取得外部电源的地区；需要进一步提高供电可靠性，将发电设备设置为应急电源的区域或场所。

“自动闭塞信号应由单独架设的自闭电线路供电”是指将该线路作为信号设备的主供电源，且该线路正常运行模式下不负担其他负荷。

第 208 条 铁路供电设备应满足下列要求：

1. 一级负荷应有两个独立电源，保证不间断供电；二级负荷应有可靠的专用电源。

2. 受电电压根据用电容量、可靠性和输电距离，可采用110 kV、35(63) kV、10 kV 或 380 V/220 V。

3. 用户受电端供电电压允许偏差：

(1)35 kV 及以上高压供电线路，电压正负偏差的绝对值之和不超过额定值的 10%；

(2)10 kV 及以下三相供电线路，为额定值的±7%；

(3)220 V 单相供电线路，为额定值的+7%～−10%；

(4)自动闭塞信号变压器二次端子，为额定值的±10%。

在电力系统非正常情况下，用户受电端的电压值允许偏差为额定值的±10%。

本条是关于铁路电力供电电压质量、指标的规定。

符合下列情况之一时，属于一级负荷：

中断供电将造成人身伤害时；中断供电将在经济上造成重大损失时；中断供电将影响重要的用电单位正常工作、造成铁路运输秩序严重混乱时。

符合下列情况之一时，属于二级负荷：

中断供电将在经济上造成较大损失时；中断供电将影响较重要用电单位的正常工作、严重影响铁路正常运输时。

各级电压的允许偏差，系根据《电能质量　供电电压允许偏差》(GB/T 12325—2003)制定。该规定是指供配电系统与用户电气系统联结点处应达到的电压质量水平，其目的是使各级配电系统的供电电压得到基本的保证，并未涵盖具体的用电设备端电压偏差要求。具体用电设备端子处的允许电压偏差要求，可能会比本条对系统的规定苛刻，尚需根据具体设备标准确定。

“电力系统非正常情况”主要是指备用电源投入、跨所供电、环网闭合供电等典型的非正常运行状态。

***第 209 条**　35 kV 及以上铁路电力线路的杆塔内缘至铁路线路中心的水平距离不小于杆高加 3 100 mm。35 kV 以下铁路电力线路的杆塔内缘至铁路线路中心的水平距离不小于3 100 mm。

邻近铁路线路的路外电力线路杆塔内缘至铁路线路中心的最小水平距离应满足国家、行业相关标准规定，并采取防护措施防止杆塔倾倒后侵入铁路建筑限界。

电力线路导线至钢轨顶面的垂直距离，应根据规划考虑发展电气化的需要。

本条是关于电力线路的杆塔(指任何形式的架空导线支持物)至铁路线路中心距离的规定。

规定 35 kV 及以上铁路电力线路的杆塔内缘至线路中心的水平距离不小于杆高加 3 100 mm，其目的是一旦架空电力线路的杆塔倾覆，不至于倒入铁路建筑限界之内。规定邻近铁路线路的路外电力线路杆塔内缘至铁路线路中心的最小水平距离应满足《110 kV～750 kV 架空输电线路设计规范》(GB 50545—2010)、《66 kV 及以下架空电力线路设计规范》(GB 50061—97)、《铁路电力设计规范》(TB 10008—2015)等相关国家、行业标准规定，并采取防护措施，其目的是一旦架空电力线路的杆塔倾覆，不至于侵入铁路建筑限界。实际执行时，尚需考虑架空电力线路与路肩标高的差异，以电力线路的杆塔倾覆时不倒入铁路限界之内并不对铁路行车造成安全影响为判定标准。

在实际工程中，仍无法完全避免因受地质条件、周边环境等客观因素限制而无法满足水平距离要求，或出现技术经济极不合理等情况；对于交叉跨越高路基或桥梁的线路，还可能出现垂直距离与水平距离无法协调至同时满足的情况。遇有上述情况时，应根据《110 kV～750 kV 架空输电线路设计规范》(GB 50545)等国家标准、行业标准和其他铁路安全防护要求与产权方协商解决方案，报总公司批准。

考虑 35 kV 以下靠近铁路的电力线路大多是铁路内部配电线路，为避免因远离负荷、过多征地造成建设和运营成本的不合理增加，故而不按倒杆距离规定与铁路的水平间距。但为不影响大型养路机械作业，要求 35 kV 以下电力线路支柱边缘距线路中心不小于 3 100 mm。

对于电气化铁路，架空电力线路导体对铁路的垂直距离通常是由电力导体与接触网最上部导体之间的距离决定的，最终折算为距轨顶的距离一般会高于非电气化铁路，故对于规划有电气化的铁路，应按跨越电气化铁路的标准一次建设。

第 210 条 给水设备及建(构)筑物，应包括水源、输水、扬水、净水、消毒、配水、管网、水源卫生防护、水源安全保护、节水等设备。为保证供水质量，应按需要配备制水在线连续监控、水质检验和管网检漏等设备。

给水设备的能力及水源，在任何季节应保证列车密度最大时的车辆供水和车站及其他重要用水。客车上水设备应能满足在列车站停时间内、客车最大交会时同时上满水的需要。根据需要可设自动给水设备。

输水管路一般设置一条，管网布置一般为枝状。铁路枢纽、旅客列车给水站，扬水管路一般设置两条，配水管环状布设。

给水管道应尽量避免穿越铁路线路，必须穿越时，应设防护涵洞。

本条是关于铁路运输给水设备的设置原则(或标准)的规定。

1. 铁路给水设备说明：

铁路给水设备分为水道设备、水处理设备、扬水设备、管道设备、用水设备及自动化控制系统。

(1)水道设备包括水源设备、贮水设备、配水设备、计量设备、水道探测设备和其他设备。

其中水源设备包括堤坝、斗槽、集水管、进水口、集水井、大口井、管井、结合井等;配水设备包括水塔、山上水槽、加压水亭等;水道探测设备包括管道探测仪、管道测漏仪等。

(2)水处理设备包括饮水卫生消毒装置、净软水构筑物、净软水装置、水质检验设备、水处理检测设备。

其中饮水卫生消毒装置包括加氯机(器)、加氯缸、次氯酸钠发生器、紫外线消毒装置、臭氧装置、二氧化氯装置等;净软水构筑物包括沉淀池、澄清池、气浮池、过滤池、溶液池、曝气池、反应池等;净软水装置包括过滤罐、石灰苏打软水装置、固定床软水装置、移动床软水装置、流动床软水装置、浮动床软水装置、除铁装置、除锰装置、除氟装置、活性碳吸附装置、电渗析器、膜处理装置、除气装置、废水处理装置、污泥处理装置、溶液罐等;水质检验设备包括原子吸收光谱仪、气相色谱仪、精密天平、分光光度计、散射光浊度仪、细菌培养箱、超净工作台等;水处理检测设备包括漏氯报警器、压力传感器、液位计、温度传感器、连续浊度仪、连续余氯仪等。

(3)扬水设备包括发电机、工业水泵、电动机、电气控制装置等。

其中发电机包括交流发电机、直流发电机、励磁机、发电车等;工业水泵包括:离心泵、深井泵、潜水泵、轴流泵、真空泵等;电动机包括:同步交流电动机、异步电动机、特殊交流电动机、直流电动机等;电气控制装置高压开关柜、低压开关柜、启动控制柜、动力配电盘、自动(集中)控制屏及电线路、变频装置等。

(4)管道设备包括给水管道、排水管道和保护管道。

其中给水管道包括吸水管、扬水管、配水管、导水管、虹吸管、导水沟、导水渠等;排水管道为给水设备专用排水设施,包括排水管、排水沟、排水渠等;保护管道为套在给水管道外用于保护给水管道的管道,包括涵洞、涵管、套管等。

(5)用水设备包括机车上水设备、水栓设备、木材洒水装置等。

其中水栓设备包括机车给水栓、客车给水栓、货车给水栓、生活给水栓、消火栓等。

(6)自动化控制系统包括集中监控、终端控制的计算机监控系统。

2.旅客列车给水站为设有旅客列车给水栓、供旅客列车上水的车站。

3.给水设备能力是综合反映水源、扬水、配水、管道设备每日最大供给水量的能力。

4.关于输水、配水管道的设置:

输水管是指从水源地到水厂(输送原水)、水厂(给水所)到配水管网及管网与管网之间联通的管道。

扬水管是指从水源(或水池)的水泵出口至水塔、山上水槽进水口之间的管道。

配水管是指从水塔、山上水槽或水源(或水池)的水泵出口至用户的管道。

铁路枢纽、旅客列车给水站为满足不间断供水需要,扬水管道一般设置两条,配水管环状布局,其目的是当一条扬水管或管网局部发生故障时,仍可保证供水。

5.管道穿越线路的方式:管道埋设在铁路线路下,长期受振动和不均匀沉降的影响,易造成漏水,为保证线路安全,穿越铁路线路的给水管道不应直埋,须采取涵洞的方式对给水管道进行安全防护,避免管道漏水后线路塌陷造成行车事故。

6.安全防护:水源卫生防护、水源安全保护、节水塔、水池、山上水槽的进出口也须配备防盗门窗及锁,通风口设置为防止投入异物的方式,确保水质安全。

第211条 旅客列车及生产生活用水,须进行净化消毒处理;固定动力锅炉用水应进行炉外或炉内软水处理。给水站须进行定期水质检测。水质须达到国家规定的标准。

本条是关于铁路旅客列车及生产生活用水安全的规定。

1.为了提高固定动力锅炉的效能,充分发挥锅炉的蒸发效率,延长使用寿命,节省燃料,保证安全,机车和固定动力锅炉用水,须经软化处理。此外,水质混浊时,在软水处理之前,还须进行净水处理,除去水中的悬浮物，如泥沙、杂物等。

2. 供客车和生活的用水，还必须根据需要进行净化、消毒处理，处理后的水质应达到现行国家《生活饮用水卫生标准》(GB 5749—2006)。

3. 各给水站，为保证供水质量，应配备制水在线连续监控、水质检验等设备。

第八章 房屋建筑

第212条 为保证房建设备良好的技术状态，应设房建段等维修机构，根据检查和维修需要配备相应的维修工机具、备品备件及运输工具。

本条是关于房建维修机构设置的规定。

根据铁路总公司《铁路运输房建设备大修维修规则》（铁总运〔2014〕60号），铁路局应根据房建设备责任量、分布情况设置房产建筑段，负责管辖区域内房建设备的大修维修、安全管理、使用监督等工作。房产建筑段应根据设备使用维护手册、维修方案及相关规范要求，配备相应的维修机具、备品备件、运输工具及检修安全保护设施等。房产建筑段应对维修机具、备品备件、运输工具及检修安全保护设施定期进行检查检测。

第213条 铁路运输房建设备，包括为铁路运输服务的房屋、构筑物及附属设备，是铁路运输生产的重要基础设施，须满足运输生产、调度指挥及客货营销的需要，应保持完好和使用安全。发生自然灾害或其他意外事故造成影响房建设备安全使用时，应及时组织抢修，迅速恢复使用。

本条是关于铁路运输房建设备的使用的规定。

铁路运输房建设备是指为铁路运输服务的房屋、构筑物及附属设备，是铁路运输设备的重要组成部分。房屋主要指站房等运输生产办公用房。构筑物主要指站台、雨棚、天桥、地道、检票口、站名牌、道路、广场、围墙、栏板、架空走道、阀门井、消火栓井、检查井、雨水井、跌水井、渗水井、污水提升井、化粪池、隔油池、独立烟囱、生活水塔、水池、排污系统、花棚、自行车棚、建筑小品、挡墙等人工建造物。附属设备主要指与房屋、构筑物使用有关的设备,包括给水设备、排水设备、电气照明设备、供暖设备、空调通风设备、电梯设备、消防设备、制氧设备等。

第 214 条 铁路局应定期组织对管内房建设备的技术状态和使用安全情况进行检查,根据技术状态实行分级管理和有计划、按周期进行修缮(包括检修、综合维修和大修)。对无站台柱雨棚、大型钢结构房屋及幕墙等房建设备应进行预防性修缮,实时掌握其结构变化,及时消除病害隐患。

对有倒塌危险或存在严重安全隐患的房屋建(构)筑物,应尽快排险解危,须停止使用和整栋拆除的,应由房建单位书面通知使用单位。对技术状态不良、条件差的房建设备,要全面规划,逐年进行大修和改造。

本条是关于房建设备检查、维修的规定。

为了加强对房建设备的管理,合理安排日常检修、综合维修和大修计划,房屋按其技术状态分为三级。房屋技术状态等级根据现存病害及影响安全使用程度进行评定。铁路总公司规定房屋病害为九项,即倒塌危险、严重漏雨、严重腐蚀破裂变形、冻害蚁害、潮湿返霜、电照设备破损、水暖设备破损、消防设备破损、其他破损。房屋技术状态评定标准为:没有上述九项病害的评为一级;没有倒塌危险、严重漏雨、严重腐蚀破裂变形,其余病害不超过三项的评为二级;达不到二级的评为三级。铁路房屋技术状态等级,由房产建筑段按铁路总公司规定的标准进行评定,铁路局房建部门应加强检查,以保证评定等级的准确性。

对无站台柱雨棚、大型钢结构房屋及幕墙等房建设备,应按设备维护说明书及设计要求合理确定综合维修周期和大修周期,采取预防性修缮措施,并加强定期检查,实时掌握其结构变化,及时消除病害隐患。

房建设备使用年限达到设计使用年限时,应由具备相应资质的单位对其进行鉴定和安全评估,并出具能否继续使用及是否需要加固处理的结论。对有倒塌危险或存在严重安全隐患的房屋构筑物,应尽快排险解危。须停止使用和整栋拆除的,应由房建单位书面通知使用单位。对技术状态不良、条件差的房建设备,要全面规划,逐年进行大修和改造。

第215条 需要改变房建设备使用环境和用途时，须征得房建部门的同意，报铁路局相关部门批准。需要拆除或报废房建设备时，须经房建部门审核，按规定办理固定资产报废手续。

本条是关于改变房建设备使用环境和用途、拆除或报废房建设备的规定。

房建设备管理工作应实行“管、修、用”分工负责，统一管理。铁路局房建部门负责制定房建设备大修维修规章制度，监督考核房建设备大修维修和使用管理；房建单位负责房建设备的大修维修工作；使用单位负责房建设备的使用管理工作。任何单位均不得擅自改变房建设备的使用环境和用途或出租房建设备，确需时，应先向房建部门办理审批手续。拆除或报废房建设备，应按铁路总公司固定资产管理有关办法，先办理固定资产报废手续，不得先拆后报和擅自处理。

第九章　铁路用地

第 216 条　铁路用地是铁路的重要资产和运输生产的重要基础，应以保障用地安全、实现保值增值为目的，加强保护，合理利用。

铁路用地分为运输生产用地、辅助生产用地、生活设施用地和其他用地。

本条是关于铁路用地的性质、管理要求及分类的规定。

为了维护铁路运输生产的正常进行，必须保证铁路用地的完整性和有序使用；为了防止土地资产流失，促进保值增值，必须加强用地管理，维护土地权益，合理利用土地，提高利用效率。必须切实加强保护，合理利用，确保用地资产安全，提高土地利用效率和开发效益，实现土地保值增值。

根据铁路运输生产的功能性特点及专业需求，铁路用地分为运输生产用地、辅助生产用地、生活设施用地和其他用地 4 大地类。4 大地类分 16 个地目：运输生产用地分为区间线路、车站、管理维修仓储用地和其他运输生产用地 4 个地目；辅助生产用地分为机关、职工培训、专业生产修配、后勤保障、林场苗圃、采石用地和其他辅助生产用地 7 个地目；生活设施用地分为文体设施、职工住宅用地及其他生活设施用地 3 个地目；其他用地分为特殊用地和其他特殊用地 2 个地目。

第 217 条　铁路土地利用规划应依据铁路发展规划以及当地土地利用总体规划、城乡总体规划进行编制，并纳入当地土地利用总体规划和城乡总体规划。

本条规定了编制铁路土地利用规划的依据和要求。

铁路企业应当掌握当地土地利用总体规划、城乡规划主要控制指标和条件，根据铁路用地自然地理特点和铁路运输经营、持续发展及新型城镇化建设整体要求，编制铁路土地利用规划，协调地方政府合理确定土地开发利用范围和规模，在时间和空间上对铁路土地开发利用作出部署和安排，实现铁路土地最佳综合效益。编制铁路土地利用规划应做好与当地土地利用总体规划和城乡规划的衔接工作，如需要调整土地利用总体规划、城乡规划时，应当积极配合地方政府编制修改方案，按照审批程序报批。

---

*<u>**第 218 条**</u>　铁路用地应按规定申请土地登记，领取土地权属证书并集中保管。对涉及铁路用地的相关资料，应进行收集、分类、组卷、归档、统计。

本条规定了铁路用地权属管理的相关要求。

土地权属证书（包括国有土地使用证、不动产登记证）是权属管理的核心内容，是依法使用土地的重要依据，必须按照土地登记的程序和要求依法申请，保证国有土地权属证书的合法有效。鉴于国有土地权属证书的重要性，应由土地部门集中保管。铁路用地在取得、利用及管理中形成的相关资料，是土地权利归属的证明材料，也是土地利用情况的重要记录，应当及时收集、整理、归档、统计，妥善保管。

第 219 条　涉及铁路用地改变权属、用途等开发利用行为及在铁路用地范围内实施穿越、跨越等工程，应按规定程序审核、批准，办理相关用地手续。

本条规定了铁路用地资产处置的相关要求。

铁路用地资产处置包含铁路用地改变权属、用途等开发利用行为，以及在铁路用地范围内实施穿越、跨越等工程涉及他项权利等方面。铁路用地资产处置实行集中统一管理，由铁路总公司、铁路企业两级机构核准；土地部门归口管理用地资产处置，负责组织用地资产处置相关事项的调查、审核，提出处置意见，并根据批准文件办理相关用地手续。未经土地部门审核，未经铁路总公司、铁路企业核准，任何单位、部门和个人无权处置。

第 220 条　铁路用地应按地界线埋设地界桩，地界桩制作和埋

设应符合有关标准。

铁路封闭设施应在地界线设置。需为通行、排水、耕作等提供便利条件的地段，可在地界线内 0.5 m 处或根据实际情况设置。封闭设施设置在地界线上的，可不埋设地界桩。

本条规定了铁路用地地界桩制作、埋设和铁路封闭设施设置的要求。

地界桩是确定铁路用地范围和权属界线的标识，铁路企业应当针对铁路用地的现场特点，按照有关规定制作、埋设地界桩并加以维护。将铁路封闭设施设置标准规定为"应在地界线设置"，能够有效保护铁路用地，减少地界桩埋设数量，降低工程建设和界桩维护成本。同时，考虑为相邻单位提供通行、排水、耕作等便利以及特殊地段的埋设条件，规定"可在地界线内 0.5 m 处或根据实际情况设置"。

第 221 条 铁路建设应及时收集整理建设用地资料，编制建设用地竣工文件，按规定标准绘制竣工用地平面图。建设项目竣工后，应组织建设用地验收。

本条规定了铁路建设项目建设用地管理的相关要求。

建设单位应按规定负责收集整理建设用地资料，编制建设用地竣工文件，绘制竣工用地平面图。收集整理建设用地资料是铁路建设项目的重要工作内容，贯穿于铁路建设的全过程。铁路建设用地竣工文件应当合法有效，齐全完整，准确真实，清楚规范，满足土地登记的要求。绘制竣工用地平面图应当按照规定标准和专业规范，准确反映建设用地的现状，满足日常管理的需要。铁路建设项目竣工后，应当根据有关规定，成立验收组织机构，负责做好建设用地验收工作。

＊附图 1　客货共线铁路建筑限界

1. $v \leqslant 160$ km/h 客货共线铁路建筑限界

(1)基本建筑限界图

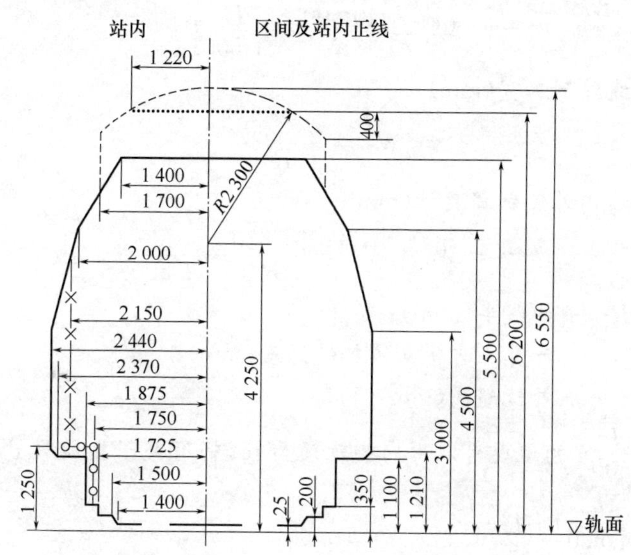

单位：mm

—×—×—×—　信号机、高架候车室结构柱和接触网、跨线桥、天桥、电力照明、雨棚等杆柱的建筑限界(正线不适用)。

—○—○—○—　站台建筑限界(正线不适用)。

————　各种建(构)筑物的基本限界。

- - - - - - - -　适用于电力牵引区段的跨线桥、天桥及雨棚等建(构)筑物。

···············　电力牵引区段的跨线桥在困难条件下的最小高度。

旅客站台上柱类建(构)筑物距站台边缘不小于 1 500 mm，建(构)筑物距站台边缘不小于 2 000 mm。旅客站台分为低站台、高站台，低站台高度为 300 mm、500 mm，高站台高度为1 250 mm。货物站台的高度为 900～1 100 mm。在非电气化区段的车站上，车辆调动频繁的站场内，天桥的高度不小于5 800 mm。

货物高站台边缘（只适用于线路的一侧）在高出轨面的1 100～4 800 mm 范围，距线路中心线距离可按 1 850 mm 设计。

曲线上建筑限界加宽办法

曲线内侧加宽(mm)：

$$W_1=\frac{40\ 500}{R}+\frac{H}{1\ 500}h$$

曲线外侧加宽(mm)：

$$W_2=\frac{44\ 000}{R}$$

曲线内外侧加宽共计(mm)：

$$W=W_1+W_2=\frac{84\ 500}{R}+\frac{H}{1\ 500}h$$

式中　R——曲线半径(m)；

H——计算点自轨面算起的高度(mm)；

h——外轨超高(mm)。

$\frac{H}{1\ 500}h$ 的值也可以用内侧轨顶为轴，将有关限界旋转 θ 角（$\theta=\arctan\frac{h}{1\ 500}$）求得。

曲线上建筑限界的加宽范围，包括全部圆曲线、缓和曲线和部分直线。加宽方法可采用下图所示阶梯形方式，或采用曲线圆顺方式。

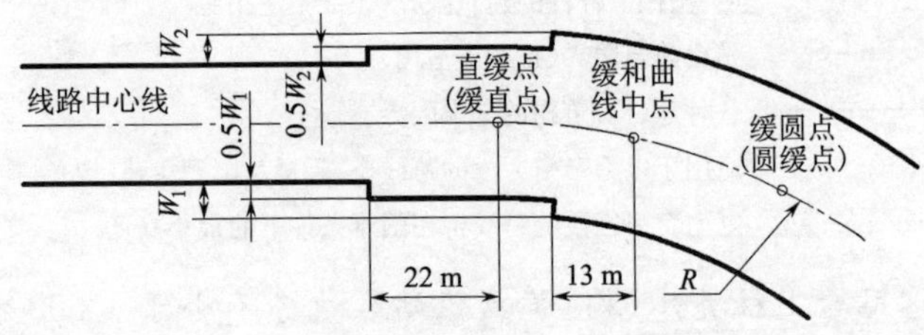

(2)基本建筑限界图(车库门等)

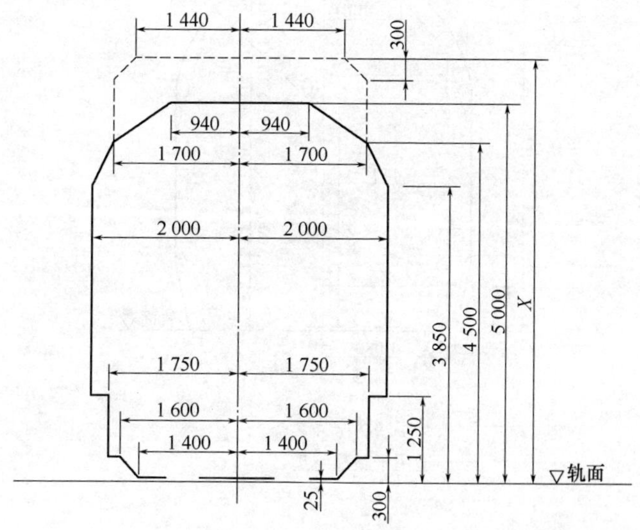

单位:mm

———— 适用于新建及改建使用内燃机车、车辆的车库门、转车盘、洗罐线、机车走行线上各种建(构)筑物,也适用于旅客列车到发线及超限货车不进入的线路上的雨棚。

- - - - - - - - 适用于使用电力机车的上述各种建(构)筑物。

X 的值根据接触网的结构高度确定。

(3)隧道建筑限界图(内燃牵引区段)

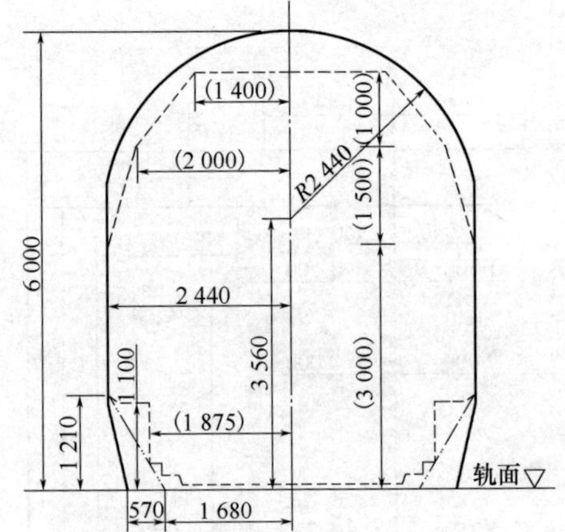

单位:mm

- - - - - - - - 基本建筑限界。

—·—·—·— 适用于新建隧道。

(4)隧道建筑限界图(电力牵引区段)

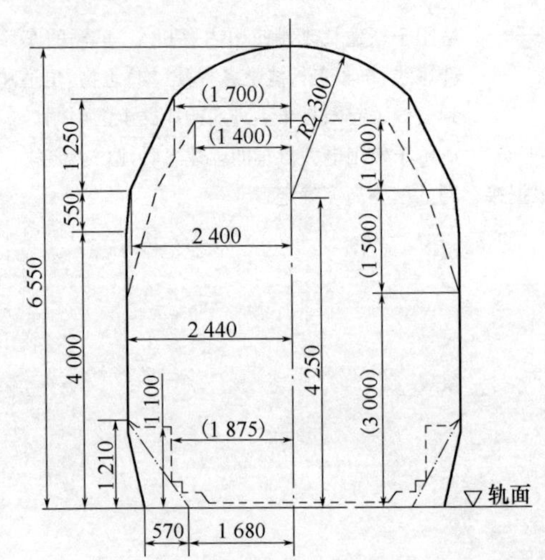

单位:mm

- - - - - - - - 基本建筑限界。

—·—·—·— 适用于新建隧道。

(5)桥梁建筑限界图(内燃牵引区段)

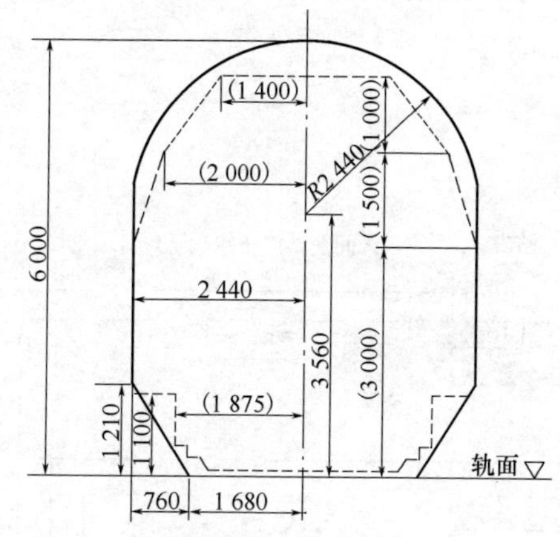

单位:mm

－－－－－－－ 基本建筑限界。

(6)桥梁建筑限界图(电力牵引区段)

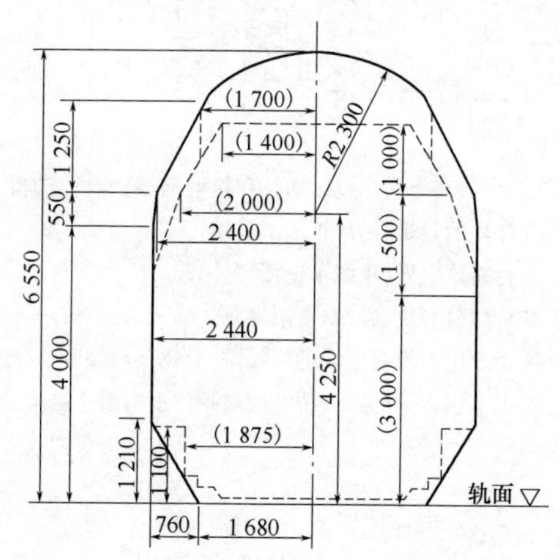

单位:mm

－－－－－－ 基本建筑限界。

2. $v>160$ km/h 客货共线铁路建筑限界

(1)基本建筑限界图

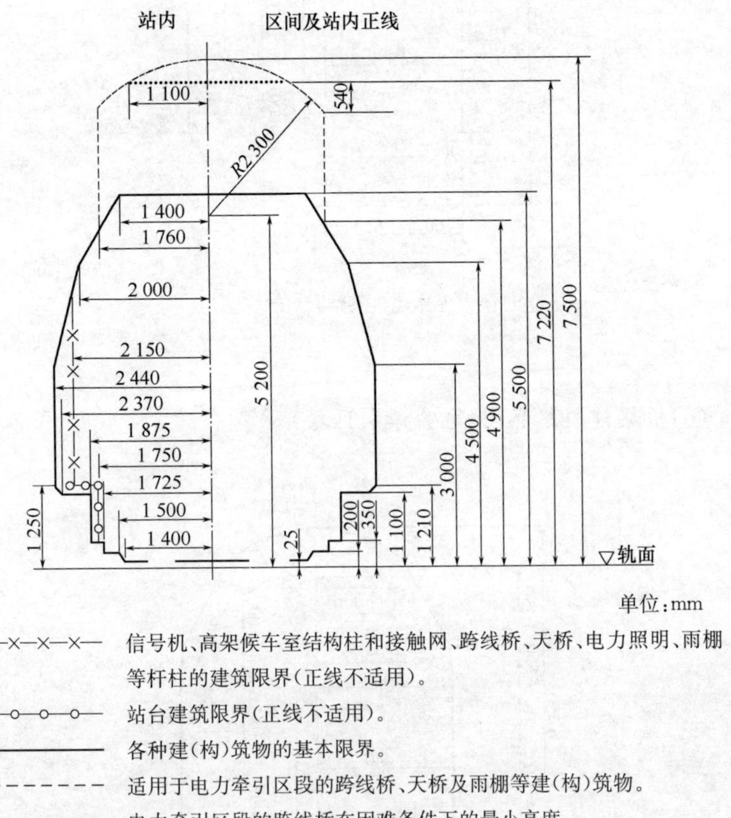

单位:mm

—×—×—×— 信号机、高架候车室结构柱和接触网、跨线桥、天桥、电力照明、雨棚等杆柱的建筑限界(正线不适用)。

—o—o—o— 站台建筑限界(正线不适用)。

———— 各种建(构)筑物的基本限界。

- - - - - - - 适用于电力牵引区段的跨线桥、天桥及雨棚等建(构)筑物。

·············· 电力牵引区段的跨线桥在困难条件下的最小高度。

(2) 桥隧建筑限界图(内燃牵引区段)

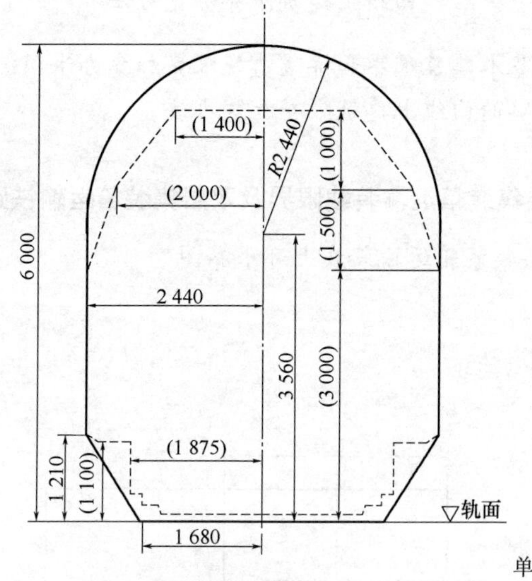

-------- 基本建筑限界。

(3)桥隧建筑限界图(电力牵引区段)

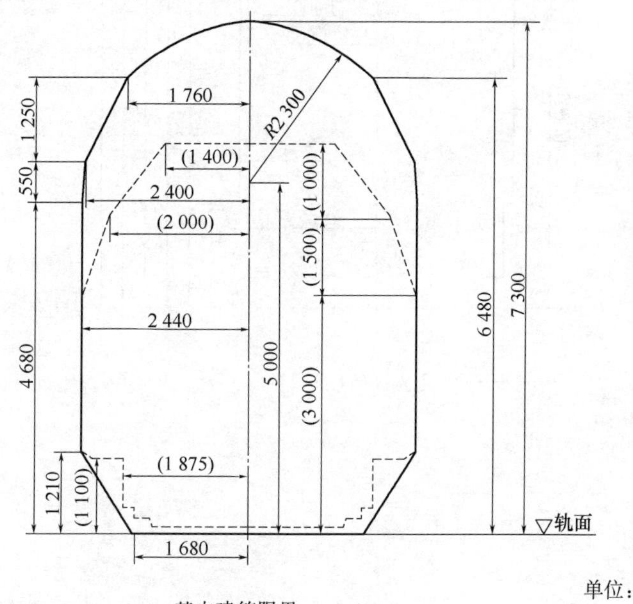

-------- 基本建筑限界。

曲线上建筑限界加宽办法

曲线上基本建筑限界和桥隧建筑限界加宽办法同 $v \leqslant 160$ km/h 客货共线铁路的曲线上建筑限界加宽办法。

3. 双层集装箱运输装载限界及双层集装箱运输铁路建筑限界

(1)双层集装箱运输装载上部限界图

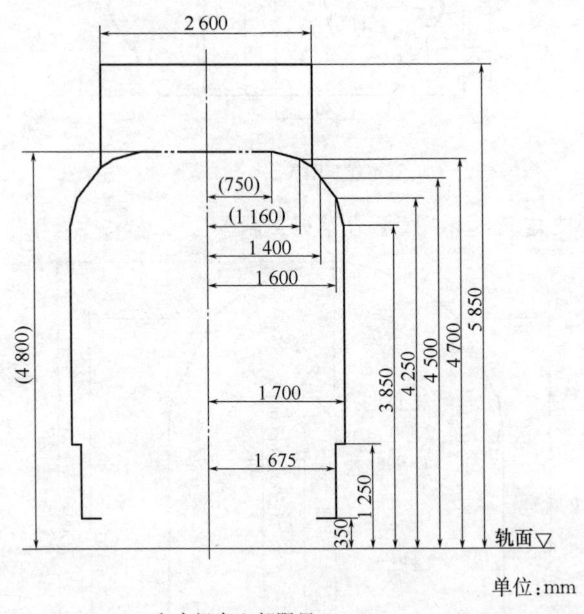

—·-·—·-·— 电力机车上部限界。

(2)双层集装箱运输基本建筑限界图

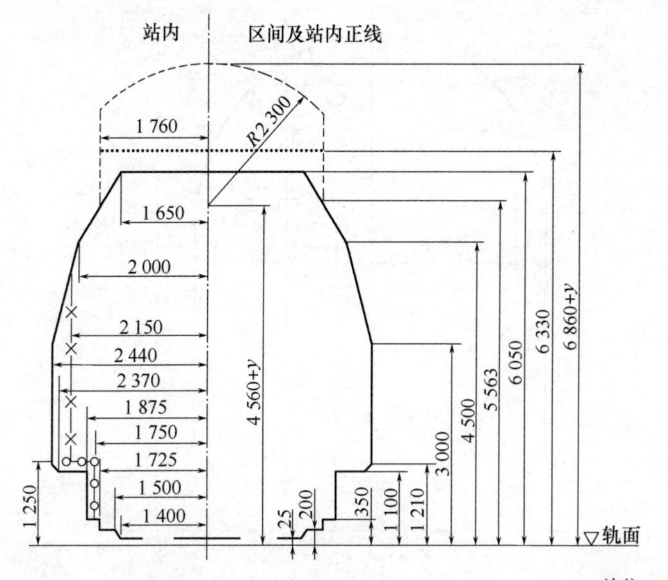

单位:mm

—×—×—×— 信号机、高架候车室结构柱和接触网、跨线桥、天桥、电力照明、雨棚等杆柱的建筑限界(正线不适用)。

—o—o—o— 站台建筑限界(正线不适用)。

———— 适用于内燃牵引区段的双层集装箱运输基本建筑限界。

- - - - - - - 适用于电力牵引区段的双层集装箱运输基本建筑限界。

·········· 接触线导线的最低高度。

y 为接触网结构高度。

(3)双层集装箱运输桥隧建筑限界图(内燃牵引区段)

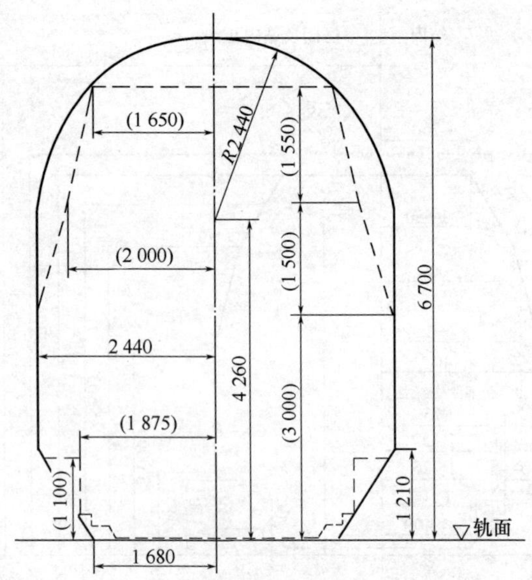

单位:mm

------- 双层集装箱运输内燃牵引基本建筑限界。

(4)双层集装箱运输桥隧建筑限界图(电力牵引区段)

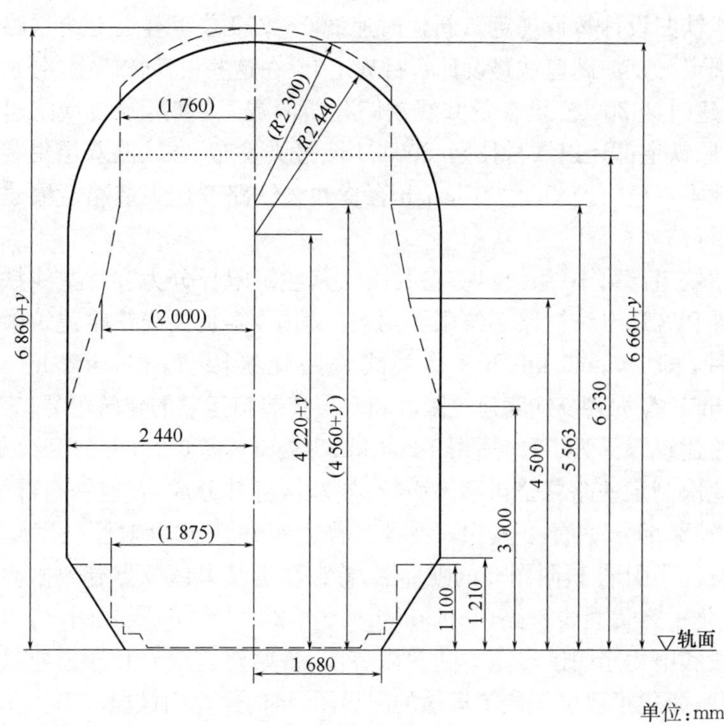

– – – – – – 双层集装箱运输电力牵引基本建筑限界。

·············· 接触网导线的最低高度。

y 为接触网结构高度。

曲线上建筑限界加宽办法

曲线上基本建筑限界和桥隧建筑限界加宽办法同 $v \leqslant 160$ km/h 客货共线铁路的曲线上建筑限界加宽办法。

根据《中长期铁路网规划》,我国自 2003 年开始大规模修建设计速度

为 200～250 km/h、300～350 km/h 的客运专线，至 2020 年将修建 1.2 万 km 客运专线铁路。同时，既有客货共线的繁忙干线将进一步进行提速改造，最高速度达到 200～250 km/h，并且在一些铁路主要干线还将开行双层集装箱列车。为此，原铁道部组织编制了《新建时速 200 公里客货共线铁路设计暂行规定》《新建时速 200～250 公里客运专线铁路设计暂行规定》《京沪高速铁路设计暂行规定》。在这些设计暂规中，分别制定了“新建时速 200 公里客货共线铁路建筑限界”、“客运专线铁路建筑限界”。原铁道部还以铁科技函〔2004〕157 号文发布了《铁路双层集装箱运输装载限界(暂行)》和《200 km/h 客货共线铁路双层集装箱运输建筑限界(暂行)》。

原铁道部第 10 版《技规》将我国铁路建筑限界分为客货共线铁路建筑限界和客运专线铁路建筑限界两类。其中，客货共线铁路建筑限界包括 3 种，即 $v \leqslant 160$ km/h 客货共线铁路建筑限界、160 km/h $< v \leqslant$ 200 km/h 客货共线铁路建筑限界和双层集装箱运输的建筑限界；客运专线铁路建筑限界为 1 种，适用于200 km/h$\leqslant v \leqslant$350 km/h 的客运专线。

此次制定铁路总公司第 1 版《技规》时，将其分成“普速铁路部分”和“高速铁路部分”两本。其中，《技规》(普速铁路部分)针对原铁道部第 10 版《技规》中附图 1、附图 2 的限界图，修改了客货共线铁路建筑限界的名称；简化了客货共线铁路(160 km/h$< v \leqslant$200 km/h)限界图，将内燃牵引区段和电力牵引区段基本建筑限界图、桥梁建筑限界和隧道建筑限界等合并；简化了双层集装箱运输的限界图，将内燃牵引区段和电力牵引区段基本建筑限界图合并，增加了双层集装箱运输的站台限界和侧线杆柱限界，补充了曲线建筑限界加宽方式。修改了机车车辆限界($v <$ 200 km/h)的名称。

1. $v \leqslant 160$ km/h 客货共线铁路建筑限界

$v \leqslant 160$ km/h 客货共线铁路建筑限界包括基本建筑限界(区间、站内和车库门等)、隧道建筑限界(内燃牵引区段和电力牵引区段)、桥梁建筑限界(内燃牵引区段和电力牵引区段)等 6 幅轮廓图，基本尺寸与原铁道部第 10 版《技规》相同。局部进行了修改，一是将桥梁、隧道双线区段限界图改为单线限界图，以与其他种类铁路建筑限界图一致；二是增加了曲线加宽的方法，即采用阶梯形方式或曲线圆顺方式；三是在隧道建筑限界图中增加了适用于新建隧道的下部轮廓尺寸，即将隧限-1A、隧限-2A 在轨面至1 210 mm 处的下部轮廓尺寸从距轨道中心线 2 250 mm 改为 1 680 mm，与 v>160 km/h 客货共线铁路的桥隧建筑限界一致，以利于隧道内两侧排水沟、安全通道的设置。既有线的隧道建筑限界下部轮廓尺寸不变，仍距轨道中心线 2 250 mm。

隧道建筑限界图和桥梁建筑限界图中的基本建筑限界采用虚线表示，其尺寸加括弧。

2. 旅客站台建筑限界

旅客站台建筑限界包括纵向尺寸和横向尺寸。纵向尺寸指站台顶面与钢轨顶面的垂直距离，即站台高度；横向尺寸指站台侧面至邻靠线路中心线的距离。

客货共线铁路的旅客站台分为低站台、高站台，低站台高度为 300 mm、500 mm，高站台高度为 1 250 mm。《铁道客车通用技术条件》(GB/T 12817—2004)规定客车车厢地板面高度应在 1 250～1 300 mm范围内，因此，为保证旅客上下车方便，将高站台高度与客车车厢底面高度统一。邻靠不通过超限货物列车的到发线一侧一般采用1 250 mm的高站台；邻靠正线或通过超限货物列车的到发线一侧应采用 300 mm 的低站台；考虑站台面的平顺和方便旅客乘降，与 300 mm 站台相邻的、不通过超限货物列车的到发线所夹中间站台，可采用 500 mm 的低站台。

邻靠到发线的站台及邻靠正线的 300 mm 低站台至线路中心线的距离为 1 750 mm；邻靠正线的高度超过 300 mm 的站台至线路中心线的距离为 1 875 mm。

3. 曲线上建筑限界加宽办法

列车在曲线上行驶时，转向架虽然可以随线路的曲度转动，但车身是一个刚体，不能随之弯曲，因此车体中心线与线路中心线不一致，从而造成车体的几何偏移，即车体两端突出于曲线外侧，而中部向曲线内侧偏移，致使机车车辆与建筑限界之间的净空减少。同时，由于曲线设有超高，当车体位于曲线上时，车体向曲线内侧倾斜，产生车体的超高偏移。为保持曲线上车体与建筑限界的净空与直线上的一致，所以需要对曲线上的建筑限界进行加宽。

车体的几何偏移量与车体的长度、转向架中心距及曲线半径 R 有关。根据《标准轨距铁路限界》(GB 146—1983)的规定,采用计算车辆的尺寸(车体长 26 m、转向架中心距 18 m)计算得出。车体的超高偏移量与超高 h 以及计算点距轨面的高度 H 有关。

曲线内侧需要的加宽量 W_1 为

$$W_1 = \frac{40\ 500}{R} + \frac{H}{1\ 500}h \quad (\text{mm})$$

曲线外侧需要的加宽量 W_2 为

$$W_2 = \frac{44\ 000}{R} \quad (\text{mm})$$

曲线上建筑限界的总加宽量 W 为

$$W = W_1 + W_2 = \frac{84\ 500}{R} + \frac{H}{1\ 500}h \quad (\text{mm})$$

需要说明的是,由于建筑限界是一个与线路中心线垂直的极限横断面轮廓。在曲线地段,其轮廓相当于围绕线路中心线整体旋转了一个角度,因此建筑限界轮廓上的每点加宽要根据此公式进行计算,公式中的 H 值即表示轮廓上的各点距轨面的高度。因此,曲线上的明线地段、隧道、桥梁,需要加宽的都是基本建筑限界,而不是隧道建筑限界和桥梁建筑限界的全部轮廓。同样,线路侧设置的杆柱、信号机、站台等,在曲线地段进行加宽时,公式中的 H 值则表示此设备的高度。对于 $v \leqslant 160$ km/h 客货共线铁路和 $v > 160$ km/h 客货共线铁路,H 值最大为 5 500 mm;对于双层集装箱运输铁路,则分别 6 050 mm(内燃牵引)、6 330 mm(电力牵引)。

由于缓和曲线的曲率和超高在逐渐变化,因此当车辆前部从直线进入缓和曲线而后部还处于直线时,车体就会发生几何偏移和超高偏移,且偏移量逐渐加大,全部进入圆曲线后达到偏移量的最大值。所以,曲线上建筑限界的加宽范围,应包括全部圆曲线、缓和曲线和部分直线。对于连续的建(构)筑物,加宽方法可采用图中所示的阶梯形方式,或采用曲线圆顺方式。

对于未设缓和曲线的圆曲线,其加宽范围应包括全部圆曲线和部分直线。部分直线段的加宽可采用折线方式,即从直圆点或圆直点外的 22 m处开始加宽,逐渐加大,至直圆点或圆直点前的 4 m 处达到计算所需的曲线内、外侧加宽量;直圆点或圆直点前 4 m 直线段和圆曲线部分按计算所需的曲线内、外侧加宽量加宽(注:计算车辆的长度为 26 m、转向架中心距为 18 m,当车辆两个转向架都刚进入或即将出圆曲线时,偏移量最大,而此时车辆的尾部仍在或头部已进直线段,此段长度为转向架心盘距车辆端部的距离,为 4 m)。

4. $v>160$ km/h 客货共线铁路建筑限界

在 2007 年 4 月既有线第六次大提速中,有些客货共线铁路提速改造后的最高速度已达 250 km/h。同时,2004 年开始修建的初期兼顾货运的客运专线的最高速度为 250 km/h。因此,原铁道部第 10 版《技规》中的名称"160 km/h$<v\leqslant$200 km/h 客货共线铁路建筑限界"已不确切,故此次将其改为"$v>160$ km/h 客货共线铁路建筑限界"。这样,客货共线铁路建筑限界以速度 160 km/h 为界,分为"$v\leqslant160$ km/h 客货共线铁路建筑限界"和"$v>160$ km/h 客货共线铁路建筑限界"两档。为保持与 $v\leqslant160$ km/h 客货共线铁路建筑限界的一致性,$v>160$ km/h 客货共线铁路建筑限界的整体轮廓、最大宽度和曲线上建筑限界加宽办法都未改变。由于 $v>160$ km/h 的铁路都是新建或改建线路,可不受既有设备(如隧道净空、高架桥)情况的限制。因此,电力牵引情况下的限界高度比 $v\leqslant160$ km/h 时的大。同时为简化限界轮廓图,将内燃牵引区段和电力牵引区段的基本建筑限界图、桥梁建筑限界和隧道建筑限界等合二为一,故"$v>160$ km/h 客货共线铁路建筑限界"仅包括基本建筑限界、内燃牵引区段桥隧建筑限界图、电力牵引区段桥隧建筑限界图等 3 幅轮廓图。桥隧建筑限界图中的基本建筑限界采用虚线表示,其尺寸加括弧。

曲线上的建筑限界加宽方法同"$v\leqslant160$ km/h 客货共线铁路建筑限界"。

5. 双层集装箱运输铁路建筑限界

双层集装箱运输的铁路限界包括双层集装箱运输装载上部限界图、双层集装箱运输基本建筑限界图和内燃牵引区段、电力牵引区段的双层集装箱运输桥隧建筑限界图等 3 幅轮廓图。

(1)双层集装箱运输装载上部限界

双层集装箱运输装载上部限界图的装载高度是根据 1AAA 箱+1AA 箱的叠装方案确定的。其中,车辆承载面高为 310 mm、1AAA 集装箱高为 2 896 mm、1AA(1CC)集装箱高为 2 591 mm、两箱间加固件厚

30 mm、制造公差 20 mm，故规定装载高度取整为 5 850 mm。装载宽度即为机车车辆限界的宽度 1 700 mm。轨面以上 350 mm 至 1 250 mm 间的半宽统一为电力机车尺寸 1 675 mm。

(2)双层集装箱运输建筑限界

双层集装箱运输的铁路也是客货共线铁路，不同之处是除有普通货物列车运行外，还要运行双层集装箱列车。因此，其基本建筑限界图与客货共线铁路建筑限界图在 4 500 mm 以下部分是重合的，其最大宽度与客货共线铁路建筑限界保持一致，也为 2 440 mm。为与客货共线铁路建筑限界一致，此次修改将原铁道部第 10 版《技规》中的内燃牵引区段和电力牵引区段的双层集装箱运输基本建筑限界图“合二为一”。

双层集装箱运输基本建筑限界图的有关尺寸如下：

①内燃牵引区段的限界高度

基本建筑限界双层集装箱运输基本建筑限界的高度为双层集装箱运输装载高度5 850 mm与双层集装箱车运行中垂向振动量、安全余量 200 mm 之和，即 6 050 mm。桥隧建筑限界高度为 6 700 mm。

②电力牵引区段的限界高度

电力牵引区段双层集装箱运输建筑限界的高度应为接触网导线最低高度、接触网结构尺寸、跨线建筑物与带电部分最小距离(带电体距固定接地体间隙)及接触网上部结构施工允许正误差等之和。其中，接触网结构高度是根据线路设计速度的不同而确定的。

接触网导线最低高度应为双层集装箱运输装载高度、接触网导线距装载货物的安全距离、货车运行中垂向振动量等之和。其中，双层集装箱运输装载高度为5 850 mm、接触网导线距装载货物的安全距离为 350 mm、双层集装箱车运行中垂向振动量为 50 mm，将数值代入式中得出接触网导线最低高度为 6 250 mm；此外，还应考虑工务抬道(50 mm)和接触网施工可能产生的负误差(30 mm)，因此接触网导线最低高度规定为 6 330 mm。

电力牵引区段双层集装箱运输基本建筑限界高度考虑接触网导线最低高度为 6 330 mm，接触网结构尺寸为 y(采用弹性悬挂时，200 km/h 及以上地段一般为 1 100 mm，160 km/h 及以下地段一般为 700 mm；采用刚性悬挂时，结构高度根据设计速度另行确定)，跨线建筑物与带电部分最小距离为 500 mm、桥隧按 25 kV 带电体距固定接地体间隙为300 mm，接触网上部结构施工允许正误差 30 mm，因此规定基本建筑限界高度为 6 860＋y，电力牵引区段桥隧建筑限界高度为 6 660＋y。

此外，针对原铁道部第 10 版《技规》中的不足，此次双层集装箱运输基本建筑限界图中增加了站台限界和侧线杆柱限界；补充了双层集装箱运输曲线地段的建筑限界加宽方式。双层集装箱运输桥隧建筑限界图中的基本建筑限界采用虚线表示，其尺寸加括弧。

附图 2　客货共线铁路机车车辆限界

(1)机车车辆上部限界图

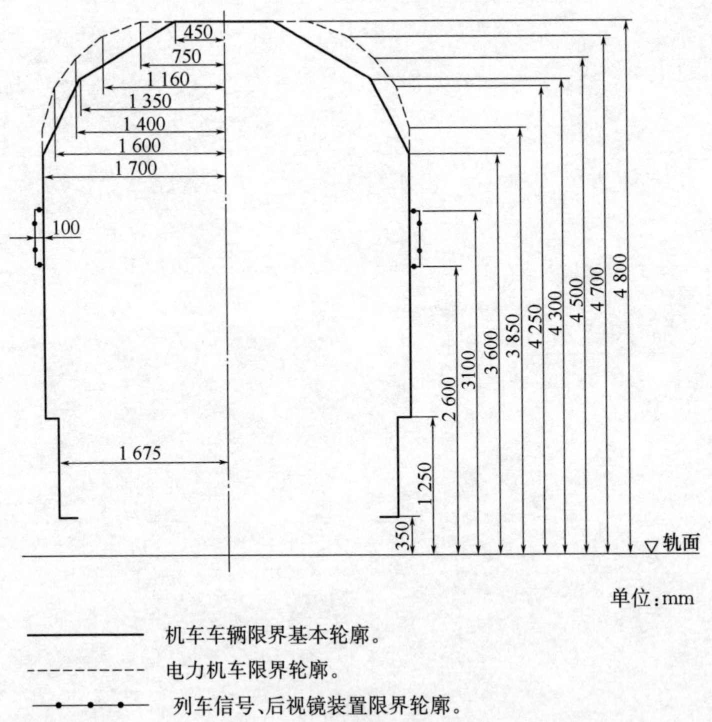

(2)机车车辆下部限界图

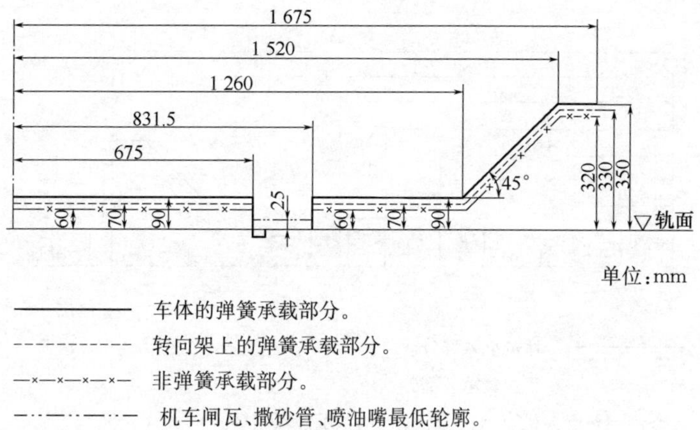

(3)通过驼峰车辆减速器(顶)(制动或工作位置)的货车下部限界图

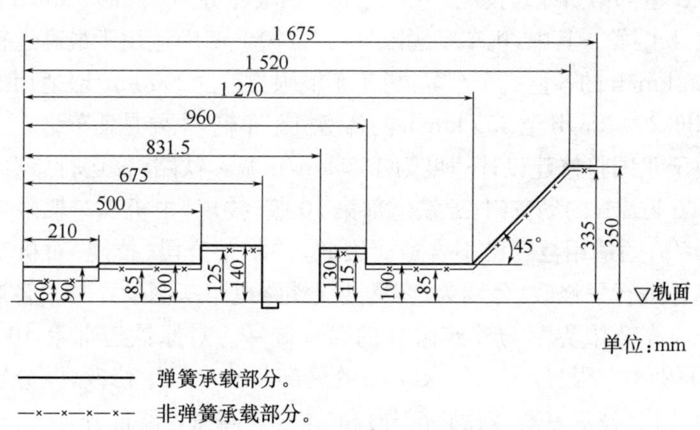

(4)通过驼峰车辆减速器(顶)(缓解位置)的调车机车下部限界图

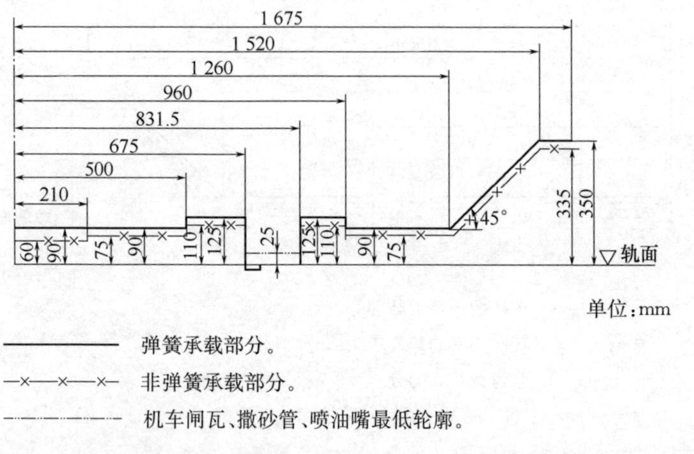

2003 年,为了满足不同运输模式、不同速度的铁路发展需要,原铁道部颁布了《高速机车车辆限界暂行规定》(科技装函〔2003〕62 号),原铁道部第 10 版《技规》修订时,纳入了上述限界规定,并对名称进行了修改。

原铁道部第 10 版《技规》中的机车车辆限界分为 $v<200$ km/h 和 $v\geqslant 200$ km/h 两类。其中,机车车辆限界($v<200$ km/h)适用于最高运行速度小于200 km/h 的各型机车车辆,机车车辆限界($v\geqslant 200$ km/h)适用于最高运行速度 200 km/h 至 350 km/h 的各型机车车辆,主要是动车组。

由于我国将修建设计速度为 160 km/h 城际铁路,仅运行旅客列车,采用 160 km/h 的动车组,原铁道部第 10 版《技规》中机车车辆限界($v\geqslant 200$ km/h)的适用范围已不合适。因此,铁路总公司《技规》对机车车辆限界名称进行了修改,分别为“客货共线铁路机车车辆限界”和“客运专线铁路机车车辆限界”,与建筑限界的名称统一。对原铁道部第 10 版《技规》中的机车车限界($v<200$ km/h)的局部尺寸进行了修改,并分别纳入铁路总公司《技规》(普速铁路部分)和《技规》(高速铁路部分)。

(1)客货共线铁路机车车辆上部限界

机车车辆上部限界的垂直尺寸为空载状况下垂直面内最大尺寸。机车车辆上部限界的横向尺寸应按《标准轨距铁路机车车辆限界》(GB 146.1—1983)规定的“机车车辆最大容许制造宽度的计算方法”确定，图示值为未进行缩减的尺寸。机车车辆在钢轨水平面上部 1 250 mm 至 3 600 mm 范围内，规定最大宽度为 3 400 mm。但为了悬挂列车尾部侧灯，允许在轨面以上 2 600 mm 至 3 100 mm 间左右各加宽 100 mm。

对于车体长度和转向架中心距不超过计算车辆(车体长度为 26 m、转向架中心距为 18 m)的机车车辆，其最大容许制造宽度不需缩减；对于车体长度和转向架中心距超过计算车辆的机车车辆，其最大容许制造宽度应按规定缩减。

总公司《技规》仅将轨面以上 350 mm 至 1 250 mm 间的半宽统一为电力机车限界轮廓的尺寸 1 675 mm。

(2)客货共线铁路机车车辆下部限界

新造机车车辆下部制造垂直尺寸在计入静载(或整备状态下)的弹簧下沉量以及最大磨耗量后，不得小于机车车辆下部限界图所规定的垂直尺寸。在钢轨水平面上 1 250 mm 高度以下，机车车辆宽度逐渐缩减，因为在这个范围内，建筑物和设备较多(如站台、道岔转辙机、电气装置、驼峰车辆减速器(顶)等)，为防止与这些设备接触，所以规定了不同情况的下部限界要求。限界轮廓尺寸没有变化，仍维持原铁道部第 10 版《技规》的限界图。